F. SANCHEZ-VENTURA Y PASCUAL

Las Apariciones de
Garabandal

A mi madre (†8 - II - 1964),
de quien recibí las primeras
lecciones de amor a la Virgen.
EL AUTOR

I

Este libro también se publica
en inglés bajo el título
THE APPARITIONS OF GARABANDAL

Historia Editorial

España:	Agosto 1965 y 3 ediciones mas	
Francia:	Diciembre 1965 & 2 ediciones mas	
Mexico:	1966	
Alemania:	1966	
Argentina:	1966	
Italia:	1967	
U.S.A.	Noviembre 1966	primera edición
	Agosto 1967	segunda edición
	Setiembre 1969	tercera edición
	Mayo 1970	cuarta edición
	Marzo 1971	quinta edición
	Mayo 1972	sexta edición
	Agosto 1973	séptima edición
	Junio 1975	octava edición
	Mayo 1976	novena edición
	Mayo 1978	décima edición
	Marzo 1979	undécima edición
	Noviembre 1981	duodécima edición
	Mayo 1984	decimotercera edición
	Julio 1989	decimocuarta edición
	Octubre 1991	decimoquinta edición
	Abril 1994	decimosexta edición
	Marzo 1997	decimoséptima edición
	Octubre 2000	decimoctava edición
	Mayo 2019	decimonovena edición
	Mayo 2020	vigésima edición

Derechos de autor © 1965, 2020
ST. MICHAEL'S GARABANDAL CENTER
FOR OUR LADY OF CARMEL, INC.
889 PALO VERDE AVE.
PASADENA, CA 91104 U.S.A.
www.garabandal.org

El Autor declara solemnemente que este libro fue sometido al criterio de prestigiosos teólogos y censores oficiales, rectificando cuanto le aconsejaron corregir.

A pesar de ello, y como consecuencia de oportunas indicaciones en tal sentido, a última hora se ha considerado conveniente no solicitar el «imprimatur», para no colocar a la Autoridad eclesiástica en el compromiso de aprobar una obra donde se expone la historia de unos hechos sobre los que no ha recaído sanción oficial. El citado «imprimatur» podría ser interpretado, por algunos, como que la Iglesia acepta el origen sobrenatural de unos fenómenos todavía en estudio.

Obediente y sumiso a la jerarquía, el Autor pone esta obra, incondicionalmente, en manos de la Autoridad eclesiástica, dispuesto siempre a suprimir lo que ella suprima y modificar lo que ella modifique, aceptando desde este momento sus decisiones en pro o en contra de Garabandal), para cuando el interrogante se cierre, y ofreciendo retirar la edición de este libro en cuanto el Arzobispo, a cuya diócesis pertenece, le hiciera, en tal sentido, la menor Indicación.

NOTA IMPORTANTE—El canon 1399, que prohibía publicar libros, folletos, etc., sin aprobación eclesiástica, fue derogado en fecha 15 de noviembre de 1966, por decreto de la Sagrada Congregación para la Defensa de Fe. El decreto lleva fecha 15 de noviembre de 1966, fue aprobado por el Papa el 14 de octubre del mismo año y publicado en el «Acta Apostoticae Sedis» el 29 de diciembre siguiente, figurando en él volumen 58, núm, 16. En él aparecen las firmas de Monseñor Párente, como secretario, y del Cardenal Ottaviani, como pro-prefecto. A partir de ese momento la censura eclesiástica ha sido suprimida en cualquier libro sobre temas religioso»

NOTA DEL AUTOR

El autor agradece la colaboración que le han prestado al redactar este libro, muchos de los testigos presenciales de los hechos que relatamos.

Gracias a ellos he podido reunir innumerables informes, cartas, películas, fotografías, cintas magnetofónicas, testimonios, en fin, de todas clases, que tras la comprobación de su autenticidad por varios conductos, me han servido para redactar la breve historia que, a manera de reportaje periodístico, ofrezco en este libro.

A todos ellos mi reconocimiento más sincero... y muy especialmente para los Marqueses de Santa María, los doctores. Gasea y Ortiz, don Plácido Ruiloba, don Alejandro Damians, don José María Concejo, don Máximo Foerschler y las señoritas Carmen Cavestany y Ascensión de Luis. Al hacerles patente el testimonio de estos sentimientos, quiero ante ellos, sin perjuicio de reservarme los derechos de autor de este libro, ofrecer los posibles beneficios que pueda proporcionar su venta para invertirlos en la obra que consideren más adecuada, entre las muchas que se dedican, o en el futuro puedan dedicarse, a la difusión y propaganda de los mensajes Marianos.

Con ello pretendo seguir el ejemplo que este excepcional grupo de colaboradores y amigos me ha dado siempre en cuanto a desinterés, entusiasmo y celo en su magnífica labor de apostolado.

F. S.-V. y P.

R.P. Gustavo Morelos
P R E S E N T E.

Estimado Padre:

Teniendo en cuenta las indicaciones de la Santa Sede y del ——
Exmo. Ordinario de Santander (España), así como lo prescrito por el Código
de Derecho Canónico, aprobamos y bendecimos la publicación del Mensaje de —
la Sma. Virgen en San Sebastian Garabandal en nuestra Arquidiócesis, sabien
do que, a la luz de la Divina Revelación, nos urge la necesidad de la ora—
ción y del sacrificio, del culto a la Sagrada Eucaristía y a la Sma. Virgen
María, y la obediencia, amor y adhesión filiales al Vicario de Cristo y a —
la Sta. Iglesia.

Por consiguiente, no encontramos en este Mensaje, atribuido a
la Sma. Virgen, nada contrario a la Fé y a las costumbres, y sí oportunas,—
útiles y saludables amonestaciones para obtener la salvación eterna.

La obediencia en acatar pronta y filialmente las disposicio—
nes de la Iglesia, ha sido la característica de las personas que han sido —
favorecidas en estas apariciones, y por tanto, es una clave segura para to—
dos, de que Dios está aquí.

La prudencia de la Sta. Iglesia en relación a este importante
asunto, se ha manifestado en el estudio atento y pastoral vigilancia, y de
ninguna manera, en prohibición y rechazo del mismo.

Uno de los Oficiales de la Sagrada Congregación de la Defensa
de la Fé, Mons. Philippi, declaró al Revmo. P. Elías, Superior del Carmelo—
en la Ciudad de Puebla, que lo consultó en Roma sobre las apariciones de la
Sma. Virgen en Garabandal, que el hecho de que el P. Pío, reconocido por su
virtud, ciencia y adhesión a la Santa Sede, apruebe estas apariciones, y —
aliente a las 4 niñas Videntes a propagar el Mensaje de la Sma. Virgen, es
una grande prueba de la veracidad de las mismas.

Dado en Jalapa de la Inmaculada, 8 de Julio de 1966

+ Manuel Pío López
Arzobispo de Jalapa

Manuel Pío López, Arzobispo de Jalapa

Introducción

Al presentar la cuarta edición española de «El Interrogante de Garabandal» (ahora conocido como Las Apariciones de Garabandal) suprimimos la primera parte, que se refiere a la polémica con el autor de «El mito de las Apariciones», por considerar que en estos momentos ya no tiene razón de ser. Entonces era necesaria, porque cuando este libro se editó por primera vez, hacía falta algo que justificase la publicación del mismo antes de que la Iglesia hubiese dado su aprobación a los hechos que relata esta historia. Y ese algo que sirvió de estímulo para justificar la obra y de mecha para disparar el cañón, fue alevoso ataque dirigido contra la Madre de Dios por un periodista, destacada figura del protestantismo español y director del periódico «La Verdad», don Juan Antonio Monroy. Si el ataque fue publicado sin censura de ninguna clase y firmado por un simple hombre de la calle, un profesional de la pluma, la defensa debía esgrimirse por otro hombre de la calle de la misma condición y parecidas circunstancias. La diferencia entre nosotros no es más que una: el señor Monroy siente la necesidad de atacar a la Virgen, la misma necesidad que este modesto escritor siente en defenderla. Aunque la polémica era intranscendente el ataque sirvió de oportuno impulso para despertar la indignación apasionada que hacía falta a fin de saltar barreras y sacar el libro.

El libro se editó y la historia de Garabandal es ya una realidad defendida en infinidad de relatos públicos que no necesitan justificarse a la sombra de tristes y descoloridas discusiones con declarados enemigos de la Señora.

Aquel primer libro fue publicado sin censura oficial, pero con una aprobación particular del Arzobispo a cuya autoridad fue sometido. Insertamos a continuación parte del epígrafe de mi obra «Las negaciones de Garabandal» donde se explican las circunstancias que concurrieron en aquella primera edición.

Circunstancias que justificaron la primera edición de «El interrogante de Garabandal»

En el año 1961 la Editorial Studium imprimió por primera vez una obra mía, titulada «Estigmatizados y apariciones». Con motivo de preparar una segunda edición, alguien me habló de lo que ocurría en Garabandal.

Debo confesar que no presté la atención al caso. Incluso quedé en escribir y entrevistarme con uno de los seguidores, mejor enterados, sin hacerlo. Al año de aquella promesa tuve ocasión, no obstante, de ver un reportaje de diapositivas, acompañado de una cinta magnetofónica donde se resumía la historia. El reportaje producía un gran impacto y difícilmente podía eludirse el interés por el tema. Entonces manifesté que el asunto no era para un capítulo sobre «Estigmatizados», sino para todo un libro, que debería salir en su momento. Me prometí a mí mismo —en ese afán apostólico que sentimos quienes hemos recibido el regalo de la fe y la complicada vida de negocios nos dificulta el hacer algo por Dios— el preparar Materiales y dedicar algún rato libre a la tarea de escribir la historia de Garabandal, para el día en que la Iglesia sancionase estos hechos. De mi disposición en tal sentido se enteraron quienes guardaban celosamente la documentación de todo lo ocurrido en aquella aldea; y un buen día me encontré en mi despacho con ocho libros encuadernados, que contenían su sinfín de cartas e informes, un montón de fotografías, películas, cintas magnetofónicas, etc.

En los ratos libres y con mucha calma empecé a estudiar, meticulosamente, los fenómenos de Garabandal, y debo hacer constar que cada día era mayor mi sorpresa y mi interés por el tema, y en consecuencia sentía crecer en mí una fe en la realidad de estas apariciones que, conforme el tiempo pasa y en virtud de lo que diariamente tengo ocasión de ver, oír y sentir, debo confesar, sin rubor, aumenta por momentos.

Así estaban las cosas, cuando Monroy editó su libro. Espero comprenda el lector que aquello fue una nueva circunstancia providencial que obligaba a tomar en serio la publicación. El ataque de Monroy era tan duro, tan malintencionado, tan sacrílego, que exigía una réplica inmediata, una réplica de alguien adecuado para responderle, es decir, un hombre de la calle, como él, de la misma profesión y situado a la misma altura. Aquello me dió el impulso que necesitaba para empezar a escribir febrilmente.

Pero en un momento en que sentía el desasosiego lógico de pensar que estaba haciendo algo que perdería la actualidad necesaria si no se podía publicar en seguida, recibí la visita del P. Andréu, quien me dio cuenta de la entrevista que los tres hermanos jesuítas (Alejandro, Marcelino y Ramón), habían hecho al doctor Beitia Aldazábal, para obtener permiso con vistas a subir a Garabandal. En dicha entrevista, el P. Andréu dio cuenta al Obispo de mi trabajo en preparación y le preguntó, en mi nombre, si sería autorizado; y el Dr. Beitia Aldazábal, dijo a los hermanos Andréu lo siguiente: «Dígale a Sánchez-Ventura que no dude en terminar el libro y me lo mande, que le daré el "imprimatur"».

Ante tal noticia volví a coger la pluma y esta vez, trabajando sin perder un minuto, rematé el trabajo.

Si el doctor Beitia Aldazábal no hubiera pronunciado aquellas palabras, que ignoro a qué extraño impulso obedecieron —pues ninguno podemos creer en un intención deliberada de prometer lo que no pensaba cumplir—, este libro nunca se hubiese escrito, otra circunstancia providencial que merece también ser meditada.

Terminado el libro, dirigí una carta, que supongo figurará en los archivos de la Secretaría del Obispado de Santander, aludiendo a la conversación con los hermanos Andréu y preguntándole al Obispo si quería le enviase el manuscrito conforme había pedido. Algo interior me decía que no se lo remitiera sin previa consulta y carta de conformidad. Pero la contestación no llegó nunca. El doctor Beitia Aldazábal daba la callada por respuesta.

En aquel momento alguien me propuso consultar el caso con el

Arzobispo de Zaragoza, pues el autor pertenecía a esta diócesis y no a la de Santander, y la obra, de imprimirse se imprimiría en Zaragoza. Faltaban pocos días para la aparición del día 18 de junio de 1965, anunciada desde el 8 de diciembre. De que esta aparición, prevista con tanto tiempo, se produjera o no, la historia de Garabandal cambiaba de signo. Para mí la aparición del 18 de junio representaba la confirmación de Garabandal. Por eso decidí esperar y subir a presenciar los hechos, para tomar la decisión que mi conciencia me dictara.

En efecto, subí a Garabandal, recibí la confirmación que esperaba y regresé al día siguiente con el mensaje entregado en mano por Conchita. A las pocas horas de llegar me recibía el Arzobispo de Zaragoza, le di a leer el mensaje original, le entregué el manuscrito y me sometí a su decisión. Providencial fue que en el correo de aquel mismo día, abierto en mi camino a Palacio, me encontrase con un folleto sobre Garabandal, publicado en inglés y sancionado con el «imprimatur» correspondiente, folleto que mostré a nuestro Arzobispo. Este no dudó en prometerme que no veía inconveniente en dar el «imprimatur» si el censor que fuese designado firmaba el «nihil obstat». Animado por esta promesa, me desentendí del asunto, dejando la solución, favorable o contraria, en manos de Dios. A los pocos días el censor me llamó para consultarme si estaría dispuesto a suprimir tres párrafos, lo que hice en el acto y ante mí, firmó el «nihil obstat», quedando en recoger el «imprimatur» al final de aquella semana. A los dos días de haber tenido en mis manos el citado «nihil obstat», firmado por el censor, toda la prensa nacional publicó la nota del Obispado de Santander, fechada en 8 de julio, en la que prohibía editar nada sobre Garabandal. Esta noticia, para mí, representaba, aunque pueda parecer lo contrario, una liberación, si bien con el permiso verbal del censor designado y ante la promesa del señor Arzobispo, yo había dado el libro a la imprenta que tenía compuesto más de la mitad. Sin embargo, no dudé ni un momento en aprovechar aquella oportunidad para hacer un acto de obediencia y sumisión plena a las decisiones de la Jerarquía. Pensé en pedir autorización para terminar de imprimir el libro y encuadernar algunos ejemplares. Insertaría una nota en la que haría constar que se trataba de una edición retirada voluntariamente por el autor; limitaría al máximo el número de ejemplares; solicitaría permiso para regalar algunos de ellos..., etc. Con esta decisión llegué a mi despacho y me encontré con una llamada telefónica de la Secretaría del Arzobispado. Era fácil imaginarse de lo que se trataba. En cuanto pude me personé en la citada Secretaría y al Vicario General y Secretario de Cámara les expuse mi plan. No quería crear problema alguno. Renunciaba a vender la edición, si bien por tratarse de un libro que con la autorización verbal del Arzobispo había mandado ya imprimir, pedía permiso para encuadernar unos ejemplares, y regalar algunos de ellos entre los seguidores más destacados de Garabandal. Ambos sacerdotes me escucharon en silencio. Eran conscientes de que el Arzobispo me había prometido el «imprimatur» si el censor daba el «nihil obstat» y el «nihil obstat» lo había tenido firmado entre mis manos. Sin duda por ello, y supongo que cumpliendo instrucciones recibidas, agradecieron mi buena disposición pero me sorprendieron con estas palabras: «No hace falta que haga usted nada de esto. Creemos que el libro puede hacer mucho bien y debe usted publicarlo y venderlo. Únicamente le rogamos que sustituya el «imprimatur» por una nota redactada en determinado sentido... y me transmitieron las instrucciones pertinentes. Y en aquella inesperada y sorprendente actitud seguí viendo una nueva circunstancia providencial que me obligaba a continuar adelante, rectificando aquel cómodo camino de deserción que había iniciado.

Redactada la nota, quise hacer una última prueba. Conchita González me había anunciado que para el 18 de julio esperaba algo especial, que no sabía si sería una locución o una aparición. Ante aquella carta decidí subir, pidiendo interiormente una prueba, y aquella madrugada —en la madrugada del 18 al 19 de julio— tuve la prueba más elocuente y clara que podía esperarse. A partir de aquel momento ya no dudé. Mi libro salía porque estaba de Dios.

En resumen, que si Monroy no hubiera editado el libro que puso en movimiento mi pluma; el Dr. Beitia Aldazábal, ante mi consulta, no me hubiera obligado a terminarlo, prometiéndome el «imprimatur»; la edición no hubiera estado virtualmente impresa cuando la prensa publicó la nota del Obispado de Santander; la autoridad eclesiástica de la que dependo no hubiera rechazado mi ofrecimiento, indicándome además la fórmula para publicarlo; y la Virgen no me hubiera confirmado en forma elocuentísima su conformidad con todo lo hecho, «El Interrogante de Garabandal» no hubiese visto la luz pública. Pero dadas todas estas circunstancias hacía falta ser un hombre sin conciencia y un desaprensivo sin fe alguna en el sentido providencial de la historia, para cometer la cobardía de claudicar. Hice lo que debía, lo que en conciencia no podía eludir; aunque en el deseo de atender, en parte, al Obispado de Santander, reduje la edición considerablemente y la limité a seguidores de Garabandal, suprimiendo su distribución en librerías.

Póngase el lector en mi caso y dígame, obrando en conciencia, que hubiera hecho en mi lugar.

Quiero hacer constar que be dudado mucho antes de relatar la verdad sobre el trámite de aprobación de mi libro. Temía pecar de indiscreto. Pero entiendo que la causa que defendemos es demasiado grande y la investigación sobre la realidad de estos hechos demasiado transcendente para callar por cortesía o prudencia.

El Arzobispado de Zaragoza me perdonará la aparente osadía de declarar la verdad a que me obligan las numerosas cartas que la Secretaría del Obispado de Santander ha dirigido a consultas recibidas de varios países, en las que se afirma que la nota publicada en la primera página de mi libro no responde a la realidad y que la obra no fue sometida al criterio de ningún teólogo ni censor oficial.

Por encima de mi nombre, que nada vale, entiendo que está el prestigio de una causa sagrada y la necesidad de hacer resplandecer la justicia sobre la recta intención con que, equivocadamente o no, hemos obrado desde el primer momento.

En cualquier caso confiamos en el perdón de las personas a que me he visto forzado a aludir en esta historia.

El Impacto del Libro

Publicado el libro, regalé unos pocos ejemplares entre determinadas autoridades eclesiásticas y un pequeño grupo de seguidores de Garabandal. La obra no se llevó a librerías, ni se anunció ni se ofreció a nadie. Pero aquellos ejemplares realizaron un esfuerzo de autodifusión que recuerda el milagro de la multiplicación de los panes y los peces. De mano en mano se cedían para leer y sin ayuda de nadie se extendían y propagaban por todas partes. A los pocos días empezaron a llegar pedidos y cartas de todos los continentes. Hoy se ha traducido a varios idiomas y se han hecho un montón de ediciones: reacción inesperada e ilógica tratándose de una obra mediocre y escrita por un autor desconocido.

En esta difusión espontánea, tan rápida y extensiva, cualquiera con un mínimo de fe, tiene que seguir viendo un nuevo signo de carácter providencial. Y esto lo afirma quien por estar implicado en negocios de publicidad conoce las dificultades que entraña el propagar un producto sin unas costosísimas campañas de publicidad previa.

Como consecuencia de esta difusión a nadie puede extrañar que reciba cartas de los lugares más insospechados en las que me agradecen el enorme bien espiritual que la lectura de mi obra les proporciona, ofreciéndome el apoyo de esas oraciones que tanto necesito y deseo[1]. Porque lo material, en este caso, no puede ni debe contar. Los beneficios económicos que resulten de esta publicación irán, íntegros, como hago constar en su primera página, a incrementar la difusión de las devociones marianas, pues si ella es quien inspiró este libro, quien lo tiene entre sus manos quien logró vencer las dificultades, justo es que para Ella sean también sus posibles resultados.

Con los beneficios del libro hasta la fecha se costeó la capilla a San Miguel erigida en los Pinos de Garabandal y otras inversiones relacionadas con la causa mariana, de las que se lleva una

---

[1] Entre las muchas cartas que recibo diariamente, me llegó una que merece especial comentarlo y que prueba la enorme difusión de los hechos de Garabandal en todas partes y entre todas las clases sociales. Se trata de la carta de dos «payasos» que me escriben desde Ginebra y me acompañan la fotografía de ambos vestidos con su traje de actuación en la pista. El clown serio, pintado de blanco y con su clásica ceja de gruesona» negro levantada, y el cómico, sonriente y desmelenado, me hablan de que han leído mi libro, que esperan acudir a Garabandal el día del milagro y que su amor y su fe en la Virgen les ha permitido vivir un sinfín de maravillas de las que me hacen un breve extracto. Acaban afirmando que diariamente, después del espectáculo, se reúnen en el camerino del circo para rezar juntos el rosario... Me imagino a la Señora contemplando desde el cielo aquel extraño número que le brindan en exclusiva dos artistas circenses, espectáculo que forzosamente tiene que complacer y hacerle sonreír...

contabilidad clara y al día, ya que el autor se considera obligado a rendir cuentas periódicamente por entender que desde que cedió sus derechos de autor, y los beneficios de la «Editorial Círculo», creada a tales efectos, a la causa de la Virgen, se ha convertido en un simple ad-ministrador de bienes ajenos. De aquí el que procure llevar estas cuentas con la máxima escrupulosidad.

Como prólogo de la historia

Hemos creído oportuno, antes de relatar la historia de Garabandal dedicar un capítulo a contemplar una rápida panorámica del cuadro general que presentan las apariciones de la Virgen aprobadas por la Iglesia para obtener de las mismas argumentos racionales que alienten nuestra fe. Ello nos permitirá darnos cuenta de la similitud de fenómenos que se dan en las diferentes apariciones y nos percataremos de cómo la Señora está recorriendo un itinerario por la Tierra, para desarrollar su apostolado en pro de la Humanidad. De tal estudio comparativo se desprende que si Garabandal es importante no por eso deja de ser un simple eslabón más de ese rosario de apariciones que se está dando desde hace años a través del tiempo y del espacio. PORQUE LO VERDADERAMENTE IMPORTANTE ES EL ESTUDIO DE LAS APARICIONES DE LA VIRGEN COMO FENOMENO UNIVERSAL.

Todas ellas, pues, muchas aprobadas, otras en estudio, con informes más o menos favorables, están en íntima relación de dependencia y obedecen a un plan de conjunto, de actuación divina, que merece ser objeto de toda nuestra atención.

La coincidencia de los mensajes es absoluta y encajan perfectamente unos con otros, y en todos estos fenómenos se nos dan las pistas para poder obtener, mediante el juego de nuestra buena voluntad, esa fe que obra prodigios...

¡Que el Cielo ilumine la mente del lector y este libro le sirva de posible ayuda y vehículo para llegar a conocer la verdad!

CAPITULO 1

ARGUMENTOS RACIONALES QUE ALIENTAN
NUESTRA FE

1. — En la aparición de Nuestra Señora de Paris, la Virgen le anunció a Sor Catalina las desgracias que se desencadenarían sobre Francia y sobre el mundo en general. «Llegarán tiempos en que el peligro será grande —dice la Señora—. Creerán que todo está perdido. Yo estaré con vosotros. Tened confianza. No os desaniméis».

Nuestra Señora de París, representa así, una llamada del cielo a la fe y a la esperanza. La Virgen pedía que se acudiera a Ella... Se mostró con anillos en los dedos, cubiertos de piedras preciosas, que lanzaban rayos de luz; «es el símbolo —dijo— de las gracias que derramo sobre los que me las piden». En ese momento se formó un cuadro, un poco ovalado, surgiendo, en lo alto del mismo, las siguientes palabras escritas con letras de oro: «¡Oh, María, sin pecado concebida, rogad por nosotros que acudimos a Vos!». «Entonces —nos cuenta Sor Catalina—, se dejó oír una voz que me dijo: «Haz acuñar una medalla según este modelo; todos los que la lleven recibirán grandes gracias; las gracias serán abundantes para las personas que la lleven con confianza... »[2]

La Virgen se presentó en esta ocasión como mediadora del cielo. Anuncia desgracias, es cierto, pero tranquiliza a sus hijos prometiéndoles su asistencia y ofrece atender los favores que se le pidan con fe. Los ofrecimientos de la Señora se cumplirán al pie de la letra. Esta es la «pista» para el hombre de mundo. La medalla se propagó a un ritmo vertiginoso. Cuantos la llevaban con confianza obtenían las gracias que pedían. No obstante el ambiente de fría religiosidad y gran escepticismo que había sembrado la revolución, la reacción de los fieles fue sorprendente. Esta es, para los ojos humanos, la mejor prueba de su autenticidad. El abate Guillón publicó la historia de la medalla en un opúsculo titulado: «Noticia histórica», del que se hicieron en un año cinco ediciones. La acuñación de la medalla se inició a un ritmo de más de cien mil mensuales, que pronto alcanzaron cifras fabulosas de millones.

En uno de los escritos de Sor Catalina, sobre lo manifestado por la Virgen, comenta la frase de «María es la Reina del Universo y de cada persona en particular». Y añade: *«Será ese tiempo de paz, de gozo y de ventura, que ha de ser largo, Ella será llevada triunfalmente y dará la vuelta al mundo.»*

Aquí tenemos, a mi entender, una profecía que la historia ha confirmado plenamente, profecía de gran interés también para el hombre racionalista. El libro de donde la tomo lleva por título «La

---

[2] La medalla lleva par el anverso la imagen de Nuestra Señora con las manos extendidas hacia abajo, de donde parten los rayos de luz, símbolos de las gracias que concede. Está sentada sobre el globo del mundo, al que rodea el cuerpo de la serpiente, que se retuerce aplastada. A su alrededor se lee: «Oh María, sin pecado concebida, rogad por nosotros, que recurrimos a Vos». Así aparece la Virgen como Madre Inmaculada, victoriosa del mal y Reina del Universo. Por el otro lado, el simbolismo de la medalla es también muy consolador: se destaca la inicial de María, en grande, atravesada por una barra que sostiene la Cruz y le sirve de vehículo. Debajo, dos corazones, uno coronado de espinas y el otro atravesado por una espada. El corazón de Jesús y el de María unidos en su misma misión expiatoria por la Humanidad. El Reino del Hijo de Dios se apoya así sobre el Reino de Nuestra Señora, que le sirve de carro triunfal. Estos son los símbolos y las interpretaciones de la medalla milagrosa que despertó en Francia el fervor religioso y lo propagó por el resto del mundo. Es la primera aparición del siglo XIX. de donde arranca un sorprendente movimiento de la Humanidad hada Dios...

venerable Catalina Laboure» y fue editado en Barcelona por los herederos de Juan Gilí. Se trata de una traducción, hecha por el Dr. Sánchez de Castro, Catedrático de la Universidad de Sevilla, de la obra que sobre las apariciones de la Milagrosa había publicado en Francia Edmundo Crapez.. *Ese recorrido triunfal de María, dando la vuelta al mundo*, es a mi entender una alusión directa y clarísima al viaje de la Virgen de Fátima, la Virgen peregrina por todo el orbe, y al que me refiero extensamente en las páginas 171 y siguientes de mi obra citada sobre «Estigmatizados y Apariciones».

En esta aparición, se da una circunstancia que se repite en la historia de Garabandal[3] . Cuando la Virgen se despidió de Sor Catalina en la última aparición, le dijo: «ya no me verás más, pero oirás mi voz en la oración». Las videntes de Garabandal, cuando cesaron los éxtasis, conocieron este nuevo fenómeno místico: las locuciones, mediante las cuales mantienen en su interior un diálogo con la Señora, «oyendo su voz sin palabras»; fenómeno a que nos referiremos en su momento. Pero la historia de la medalla milagrosa no quedaría completa, sin el broche de oro que representa la conversión de un joven banquero judío, Alfonso Ratisbona, quien después de darse a conocer por su odio hacia el catolicismo, a cuya religión se había convertido su hermano— que ingresó en la Compañía de Jesús— por una serie de circunstancias providenciales llegó a Roma, donde conoció al señor de Bussieres. Este le cuenta un sinfín de sorprendentes sucesos relacionados con la medalla milagrosa y le ruega acepte una, que le exige la promesa de llevar. Ratisbona le adelanta que con él perdía el tiempo, pues era judío y judío moriría. Pero entre ellos se sella un extraño pacto: Ratisbona, como prueba de que no tenía fe en la medalla ni miedo alguno a su «maravilloso poder» le promete llevarla al cuello y hasta invocarla de cuando en cuando.

Aquella promesa fue causa del prodigio, permitiéndole vivir, tan emocionado como sorprendido, una aparición de la Virgen y convirtiéndose al catolicismo en circunstancias extraordinarias. Ratisbona, después de alimentar durante tantos años su odio contra los sacerdotes y en especial contra los jesuitas, acabó ingresando,

---

[3] Véase sobre locuciones el contenido del parágrafo 20 en relación con la nota del ultimo capítulo.

como su hermano, en la Compañía de Jesús.

Las extraordinarias circunstancias que concurrieron en esta ruidosa conversión, de las que la historia recoge pruebas sobradas, son nuevas pistas que facilitan al hombre de mundo los medios para creer.

La Salette (año 1846)

2. — Brevemente nos referiremos a Nuestra Señora de La Salette. Tampoco aquí voy a relatar los pormenores de su historia, que trato ampliamente en mi libro sobre apariciones. Me limitaré a señalar algunos argumentos convincentes, esos fenómenos o circunstancias que sirven para levantar la fe del hombre, que como Santo Tomás, necesita palpar con sus manos las llagas de Cristo. Dios conoce esta necesidad de nuestra naturaleza racionalista y constantemente nos está prodigando pruebas de la realidad sobre natural.

En La Salette, Melania Calvet, de 15 años, y Maximino Guiraud, de 12, ven de improviso una luz inmóvil y al abrirse divisan en su interior otra en movimiento, mucho más brillante. Dentro de esta luz aparece la Señora.

«Si mi pueblo no quiere someterse —dice— me veré obligada a dejar que el brazo de mi Hijo caiga sobre él». *Y enumera una serie de calamidades que les amenazan.*

«Si los pecadores se arrepienten, las piedras y las rocas se convertirán en montones de trigo y las patatas se encontrarán sembradas en la tierra». El mensaje significa la afirmación, una vez más, del vínculo que existe entre el pecado y el sufrimiento, el estado de gracia y la paz; pero todo ello no condicionado sólo al otro mundo sino también, a éste. "Las piedras y las rocas se convertirán en trigo..."»»

La doctrina no es nueva. Ya en el Éxodo (XV, 26) se dice: «si escuchas al Señor, tu Dios, si obras lo que es recto a sus ojos, si das oídos a sus mandatos y guardas todas sus leyes, no traeré sobre ti ninguna de las plagas con que he afligido a Egipto».

Veamos ahora brevemente si aquellos anuncios del año 1846 fueron o no confirmados por la realidad histórica.

La Virgen anunció que en Navidad *no habrá patatas*; y así, al comenzar el invierno morían los campesinos de hambre en toda Francia y en el extranjero, principalmente en Irlanda. Como cita el periódico francés «Gazette du Midi», el 28 de enero de 1847, los periódicos de Londres del día 21 de enero del citado año decían: «Las pérdidas que suponen para Irlanda únicamente la escasez de las cosechas pueden evaluarse en doce millones de libras esterlinas, que son trescientos millones de francos».

«El trigo será agusanado y caerá convertido en polvos», dice la Señora. Y, en efecto, en 1851, una enfermedad del trigo causa en Europa pérdidas incalculables. El diario «L'Univers» escribe el 15 de julio de 1856: «Hemos abierto espigas secas. Algunas no tienen grano alguno, otras encierran un grano insignificante, incapaz de alimentar a nadie. En unas y otras hemos hallado un polvo amarillento, unos pequeños gusanos, que son los que causan, indudablemente, todas estos estragos. Todos pueden constatar el nuevo fenómeno en cualquier campo de trigo...».

«Sobrevendrá una gran hambre... Los hombres harán penitencia con A hambre. » El precio del trigo en 1854-1855 se eleva a 60 francos el quintal; y, según los periódicos «Le Constitutionnel» y «L'Univers», 1856, la carestía de víveres produce en Francia la muerte de 152.000 personas y más de un millón en toda Europa, según otros periódicos. El 12 de diciembre de 1856 añade «L'Univers»: «Bajo este eufemismo: fallecimiento producido por la carestía, hay que leer: muertos de miseria y hambre».

En España, el Gobierno compra trigo por valor de 60 millones de reales a fin de evitar la miseria. En Polonia, los víveres son tan caros, en 1856, que el Gobierno aumenta en un tercio las pagas de sus funcionarios.

«Los niños pequeños padecerán temblores y morirán entre los brazos de las personas que los lleven... » La profecía se empieza a cumplir en el año 1847, en el cantón de Corps. En 1854 mueren en toda Francia 75.000 niños de la enfermedad que se califica de «sudorina». Los síntomas son un frío glacial, que los hace después sudar abundantemente, produciéndoles a continuación un temblor y la muerte en dos horas de terribles sufrimientos.

«Las nueces se estropearán y se pudrirán...». Un informe

dirigido, en 1852, al Ministerio del Interior, constata que la enfermedad de las nueces ha aniquilado la cosecha del año precedente en las regiones de Lyon, Beaujoláis y en Isére. Añade que es una gran calamidad para estas regiones, uno de cuyos principales recursos es la recolección de nueces.

«Las uvas se pudrirán...». La plaga comenzó en esta época a consecuencia de la importación de plantas americanas; desde hace un siglo la filoxera y el «mildew» han perdido la uva.

Los castigos que la Señora anunció, para avalar la realidad de su mensaje, fueron confirmados plenamente. Obsérvese que la aparición tuvo lugar en el año 1846 y los comentarios de prensa a que hemos aludido corresponden al año 1847 los más próximos y al 1852 los más lejanos. Puede decirse, pues, que el pronóstico se empezó a cumplir inmediatamente.

La Inmaculada Concepción (año 1858)

3. — Del 11 de febrero de 1858, al 16 de julio del mismo año, la Virgen se aparece dieciocho veces a Bernadette Soubirons, de 14 años, en Lourdes.

La historia es sobradamente conocida. Nos limitaremos a subrayar algunos detalles. La aparición confirmaba el mensaje de siempre e insistía en la necesidad de hacer penitencia ; pero a la vez aceptaba la proclamación, que el 8 de diciembre de 1854, había hecho la Iglesia de la primera Gloria de María: su Inmaculada Concepción.

Conocemos el origen de la fuente milagrosa, el hilillo de agua que manó de pronto, cuando Bernadette, por encargo de la Visión, arañó la tierra. El hecho es tan expresivo que no necesita aclaración ni comentario.

En el «Café Francés» de Lourdes se reunieron los intelectuales enemigos de aquellos fenómenos místicos y de todo lo relacionado con la religión y designaron al doctor Dozous, para que en nombre de la ciencia, acabase con tanta superstición. El doctor, representando a todas las generaciones de hombres de mundo, racionalista, de los que necesitan ver para creer, llega a la gruta y se acerca a la niña. Le toma el pulso. Sus amigos están pendientes de sus palabras, de sus gestos. Pero el doctor, prudentemente, guarda silencio. La verdad es el que el doctor Dozous no comprende lo que ve. El primer día vuelve de la gruta y comenta: «Todavía no sé nada. No es posible hacerse idea exacta con un solo examen. Volveré».

Y en efecto, vuelve. Otro intelectual que la acompaña, cuando le preguntan si había visto algo, contestó, cortando el tono de broma de la víspera: «He visto el impresionante semblante de Bernadette».

El doctor Dozous, contempla extrañado, desde la primera fila, las evoluciones de Bernadette siguiendo las indicaciones de la persona invisible que le habla; se impresiona al comprobar la facilidad con que la niña trepa de rodillas por la pendiente; la observa arañando la tierra y ve salir el agua, incontenible en su pujanza, que al día siguiente una brigada de obreros tiene que encauzar. Pero hay algo que le sorprende más: el hecho que constituyó para él la prueba decisiva de que no se trataba de fenómenos naturales que tuvieran posible explicación científica. Nada mejor como transcribir sus propias palabras. Decía así el encargado, en nombre de la ciencia, de acabar con la fe supersticiosa del pueblo cristiano:

«Estaba de rodillas recitando con fervor angelical los rezos de su rosario, que tenía en la mano izquierda, mientras con la derecha sostenía un grueso cirio bendito encendido. En el momento en que empezaba a hacer de rodillas su ascensión ordinaria, ocurrió de repente una detención en este movimiento, y su mano derecha, aproximándose entonces a la izquierda, colocó la llama del grueso cirio bajo los dedos de esta mano, y suficientemente separados unos de otros para que la llama pudiera pasar entre ellos fácilmente. Reavivada en este momento por una corriente de aire bastante fuerte, la llama no pareció producir ninguna alteración en la piel que tocaba.

Asombrado por este hecho extraño, impedí que nadie lo hiciese cesar y, sacando mi reloj, pude observarlo perfectamente durante un cuarto de hora.

Bernadette, después de este intervalo, siempre en éxtasis, avanzó hasta lo alto de la gruta, separando las manos y alejándolas una de otra. Así hizo cesar la acción de la llama sobre la mano izquierda».

Al recobrar la niña su semblante habitual —dicen loa

historiadores—, el doctor Dozous reconoció su mano, que no ofrecía anormalidad alguna. Entonces le rogó a la pequeña que volviera a encender el cirio, y tomando su mano la forzó hasta la llama. La niña dio un salto hacia atrás y protestó de que la hubiera quemado.

La Virgen le enseñó a la niña a santiguarse. Así nos hablan del gesto amplio y elegante con que Bernadette, imitando a la Señora, se santiguaba con la cruz del rosario a partir de la primera aparición; gesto característico, de impresionante dignidad, que emocionaba a cuantos lo veían reproducido por una niña tan humilde e ignorante.

Y como rúbrica divina de toda esta historia, confirmando la realidad sobrenatural del prodigio, las curaciones y los milagros individuales. Del 5 al 25 de marzo —dicen los comentaristas de Lourdes— se multiplican los milagros, milagros que desde entonces no han cesado aún. De aquellas fechas son las curaciones sorprendentes de Eugeno Oroy de Baréges, Enrique Busquet, Dionisio Bouchet, Croisina Ducoups, etc., y lo que es más importante, las curaciones espirituales que llenaban de público las iglesias y los confesionarios. En estos días se colgó de la gruta la primera muleta, ofrenda de un tullido que recuperó su pierna al contacto con el agua de Lourdes. Desde entonces, la fuente milagrosa, sigue manando, las peregrinaciones no cesan y hechos sorprendentes de todas clases se están constantemente produciendo.

La oficina médica de Lourdes, recoge, estudia y analiza meticulosamente, las curaciones más inexplicables.

No resistimos la tentación de añadir aquí el testimonio del Rvdo, P. Arrupe, sacerdote jesuíta, que ha consagrado universalmente su prestigio de hombre bueno, sabio y prudente al ser elegido general de la Compañía de Jesús. El P. Arrupe, en su libro de Memorias, como misionero, titulado «Este Japón increíble», cuenta los inicios de su vocación religiosa. Siendo estudiante de medicina en la Facultad de San Carlos, de Madrid, tuvo ocasión de pasar un mes en Lourdes. «Llegué a Lourdes con mucha curiosidad». Curiosidad de creyente, pero también de universitario, amante de la verdad y, por lo mismo, propenso a toda clase de escepticismos. Pronto hubo de convencerse de que «la vida en Lourdes es el milagro». En el «Bureau de Constatación», aquel joven estudiante, casi médico oficial, con espíritu crítico y severo, y con afanes científicamente polémicos, tuvo ocasión de asistir de cerca, como testigo privilegiado, a la comprobación de tres milagros. No estaba anímicamente propenso a aceptar con facilidad cualquier apariencia más o menos inexplicable. «Había oído tantas veces a algunos de mis profesores de San Carlos» despotricar contra las supercherías de Lourdes...».

En las páginas 16 a 20 del libro citado encontrará el lector el relato pormenorizado de las tres curaciones milagrosas que el P. Arrupe pudo científicamente comprobar. Recordamos que el P. Arrupe es mundialmente reconocido como una autoridad en Medicina Psiquiátrica. La conclusión de aquella extraordinaria experiencia la resume el santo jesuíta en estas palabras: «Debo reconocer que aquellos tres milagros, contemplados por mí mismo, me impresionaron profundamente. Después de estar estudiando mi carrera en un ambiente de Universidad irreligiosa, en la que los profesores no hacían más que pronunciar diatribas contra lo sobrenatural, en nombre, según decían, de la ciencia, me encontré a Dios tres veces, a través de un triple milagro».

La Virgen de Fátima (año 1917)

4.— Cada vez el apostolado de la Virgen se hace más espectacular y en consecuencia sus mensajes resultan más fáciles de creer para la humanidad.

La Señora se esfuerza en su misión, prodigando sus intervenciones, anunciando con exactitud su próxima visita y prometiendo un milagro espectacular para que todos crean. Estas son las circunstancias que concurren en las apariciones de Fátima. La Señora promete volver el día 13 de cada mes, durante seis meses seguidos. Y anuncia un milagro para las doce de la mañana del 13 de octubre. La Humanidad, cada día más debilitada en su fe, necesita para remontarse hasta Dios, una ayuda sobrenatural más intensa, un medicamento más fuerte. La actividad de la Señora y sus milagros tienen que ser, por consiguiente, más convincentes, en función a la mayor resistencia del hombre frente a la fe, y quizá también a que «la copa» de la justicia divina, con el tiempo, se va llenando, y la amenaza del posible castigo se aproxima cada vez más.

«En octubre diré quién soy y qué es lo que quiero. Y haré un milagro que todos han de ver para que crean».

El mensaje responde, en su espíritu esencial, al contenido de todos los anteriores: pide sacrificios para reparar por los pecadores; el rezo del rosario para alcanzar la paz del mundo y el fin de la guerra; les enseña a las niñas el infierno adonde van las almas de los pobres pecadores; para salvarlas quiere establecer el Señor la devoción al corazón inmaculado de María y la comunión reparadora de los primeros sábados de mes... «Si los hombres hacen lo que voy a pedirles, muchas almas se salvarán y habrá paz. La guerra va a terminar (la del 14-18), pero si no dejan de ofender al Señor, bajo el próximo pontificado comenzará otra peor. Cuando veáis una noche iluminada con una gran luz desconocida, sabed que es la señal que Dios os da y que está próximo el castigo del mundo por la guerra, el hambre y las persecuciones contra la Iglesia y contra el Santo Padre».

Esta señal de Dios, en forma de extraña luz, se produjo el 25 de enero de 1938. Los periódicos del 26 de enero del citado año, hacen alusión al sorprendente fenómeno en las diferentes regiones europeas. El hecho se produjo entre las veintiuna y veintitrés horas. En la costa belga se presentó bajo la forma de un arco iris de color rojizo; era un resplandor de un rojo profundo y violeta. En Briançon, los empleados de telégrafos pudieron trabajar sin más iluminación que la de esta aurora. Los términos en que se describe el fenómeno cambian de unas zonas a otras, pero la realidad de esta sorprendente luz fue confirmada por muchos testimonios de diversos países.

Esta puede ser una de las muchas pruebas para creer que nos ofrecen las apariciones de Fátima. Como puede ser otra bien expresiva la actitud de los niños cuando el administrador de la Villa de Oruem, Oliveira Santos, les secuestró, encerró en la cárcel y amenazó con «mandarlos freír vivos en una gran sartén». Uno a uno les fue separando, para fingir que cumplían la sentencia, y los tres, firmemente convencidos de que iban a ser quemados vivos, aceptaron heroicamente esta muerte antes de desdecirse de sus manifestaciones ni traicionar el secreto de la Señora.

Pero la prueba principal y la que difícilmente podrá refutar nadie, por someramente que se estudie, es la del milagro del sol.

La historia no recuerda caso similar: un milagro anunciado con antelación, como si se tratara de un espectáculo público al que no le faltó ni el detalle de la publicidad previa. Se comprende que de los rincones más apartados de Portugal, e incluso del extranjero, acudieran peregrinos ávidos de presenciar tan excepcional acontecimiento. Se supone que pasaban de 70.000 el número de concurrentes que llegaron de los más apartados rincones. La prensa liberal envió a sus representantes después de anunciar que al día siguiente darían cuenta del resultado final de aquella farsa; pero el reportaje anunciado no se publicó en ninguno de los periódicos ateos, salvo en aquellos donde, a pesar de su ideología, no tuvieron inconveniente en servir a la verdad y reconocer que, en efecto, se habían producido unos hechos inexplicables desde el punto de vista humano.

La multitud contempló, absorta, el prodigio. El cielo se abrió, cesando la lluvia inmediatamente y deshaciéndose las nubes. El centro aparece el sol, como una luna de plata. De repente empieza a girar sobre sí mismo, como si fuera una rueda de fuego, lanzando en todas direcciones resplandores de diferente color. Los reflejos amarillos, verdes, rojos, azules, etc., colorean las nubes, los árboles, los montes, todo aquel escenario fantástico de la Naturaleza agitada por su Creador. A los pocos minutos se para y vuelve a brillar con luz que no hiere la vista; y en seguida reanuda su danza. El fenómeno se reprodujo por tres veces y cada una de ellas con impulso más intenso y mayor brillo y colorido en la luz. «Y durante la inolvidable docena de minutos que dura aquel espectáculo impresionante, la multitud que está allí en suspenso, contemplando aquel drama sobrecogedor, que se percibe a más de 40 Km. a la redonda».

De repente el sol se despega del firmamento y se precipita sobre la multitud. Un grito inmenso enronquece las gargantas. Unos caen de rodillas, otros gritan o rezan... Cerca de la tierra, el sol se detiene en su recorrido y vuelve lento y majestuoso a su sitio. Adquiere el resplandor normal. No hay nubes: el cielo está limpio, vestido de azul. Todo el pueblo se levanta y entona el Credo. Sus vestidos, totalmente mojados por la lluvia hasta hacía unos momentos, se han secado en un instante. El entusiasmo es indescriptible. La Virgen había cumplido su palabra, y la Humanidad, tenía ya la prueba que necesitaba para creer. Como dice el P. Federico Gutiérrez en su obra que lleva por título «La verdad sobre Fátima»: «este espectáculo fue percibido claramente por tres veces, durante más de diez minutos, por 70.000 personas, por creyentes y por incrédulos, por simples ciudadanos y por hombres de ciencia. Los niños habían fijado de antemano el día y la hora en que había de realizarse. Ningún observatorio astronómico registró este fenómeno, que por lo visto no tiene explicación natural alguna. Hubo individuos situados a varios kilómetros de distancia que lo vieron también» [4].

El rumor del milagro se extiende por todo Portugal y salta las fronteras. La prensa del mundo entero lo difunde. El periódico más importante de Lisboa, «O'Século», publica amplios artículos titulados «Cosas admirables», «Cómo el sol ha danzado en pleno mediodía en Fátima», etc. El redactor jefe, Paulino D'Almeida, que hacía gala de incredulidad, publicó en el periódico del día 15 de octubre de 1917, bajo el título de «En pleno sobrenatural», un artículo que entre otras cosas decía: «Y asistimos entonces a un espectáculo único, increíble, para cuantos no han sido testigos... El sol recuerda una placa de plata mate... ¡No deslumbra! Se diría que se ha producido un eclipse... Pero he aquí que se levanta un clamor formidable: "¡Milagro, milagro!", ante los ojos espantados de la muchedumbre, cuya actitud nos transporta a los tiempos bíblicos y que, pálida de temor y con la cabeza descubierta, contempla el azul del firmamento. El sol empieza a temblar. El sol tuvo movimientos bruscos jamás vistos fuera de todas las leyes cósmicas. El sol "se puso a danzar" según la típica expresión de los campesinos... No hace falta más que una cosa: que los sabios nos expliquen, desde las alturas de su competencia, la macabra danza solar que en el día de hoy ha hecho en Fátima brotar "hosannas" del pecho de los fieles y que, según afirman personas dignas de fe, ha dejado muy impresionados a los mismos librepensadores, así como a otras personas sin preocupación religiosa alguna, que habían presenciado esta danza desde ahora célebre...».

El mensaje queda plenamente consumado. Es la voz del cielo dirigida a nuestra generación. Habló para nosotros, como anteriormente había hablado para nuestros padres. Pero nosotros,

---

[4] Padre Federico Gutiérrez, «La verdad sobre Fátima», página 44.

más exigentes, necesitamos más para creer; y el cielo nos dio ese más en medida cumplida. Como a Santo Tomás, nos ha permitido ver y tocar para que creamos. ¡Qué difícil le va a resultar al hombre moderno el asomarse a Fátima, comprobar su realidad con todas las pruebas que tiene a su alcance y huir de la fe!

Estoy convencido de que el señor Monroy, no se habrá tomado la molestia de hojear los periódicos de Portugal de aquel día, periódicos de fechas tan próximas a las nuestras; ni se habrá asomado a ver las fotografías que existen; a todas esas pruebas, en este caso, fáciles de localizar, que le hubieran permitido investigar y vivir de cerca, a través de tanto testimonio reciente y vivo, la realidad de lo que allí ocurrió; testimonios que difícilmente encontrará si su escepticismo le llevase a comprobar la aparición de Samuel al rey Saúl...

Los dos pastorcitos, Francisco y Jacinta, murieron pronto, como la Señora les había predicho. La muerte de ambos, en medio de grandes sufrimientos, les dio ocasión para manifestar el espíritu heroico de sus almas, ansiosas de padecer y ofrecer sus sufrimientos por los pecadores

Pero la afirmación más consoladora de todo el Mensaje, es la recogida en aquellas palabras, en las que después de hablar de lo que significaría Rusia, como amenaza y castigo de la Humanidad, acaba diciendo: «pero al fin, mi Corazón, Inmaculado, triunfará...». Quizá la parte del secreto todavía oculto se refiera al momento de este triunfo, a la fecha en que deberá iniciarse el Reinado de los corazones de Jesús y de María. Si bien se teme, y a estas alturas existen pruebas sobradas en tal sentido, que ese momento sea después de un terrible castigo, que como el Diluvio Universal, arranque de la tierra las hierbas del pecado.

En resumen: que, como repetía constantemente la pequeña Jacinta a lo largo de toda su enfermedad, la esencia del mensaje de Fátima queda concretada en las siguientes palabras con que respondió la citada vidente al Dr. Formigal cuando al día siguiente del milagro del sol le preguntó sobre lo que había dicho Nuestra Señora: «Vengo aquí para deciros que no ofendan más a Nuestro Señor, que ya está demasiado ofendido; que si el pueblo se enmienda acabará la guerra, y si no se enmienda, acabará el mundo». Con palabras muy parecidas se expresan también, como veremos luego, las videntes de San Sebastián de Garabandal.

Siracusa (año 1953)

5. — No quiero terminar esta mirada retrospectiva al mundo sorprendente de las apariciones marianas, sin hacer una breve alusión a la Virgen de Siracusa; la Virgen que, como en La Salette, se ha manifestado al mundo, conmovida por las desgracias de la Humanidad, llorando. Las lágrimas de la Virgen de Siracusa atraen, en ferviente peregrinación, a miles de peregrinos que sufren y que allí van a fundir sus lágrimas humanas con aquellas otras divinas que durante cuatro días se derramaron en Siracusa a la vista de todo un pueblo. Porque no fueron unas cuantas personas, más o menos escogidas, las que pueden rendir testimonio de tan extraordinario suceso, sino todo un pueblo, compuesto de creyentes e incrédulos, sabios o ignorantes, ateos o religiosos, millones de siracusanos, en fin, testigos del prodigio, que se agitaron durante varias horas, conmovidas y emocionados, ante las lágrimas humanas de Nuestra Señora...

La historia es sencilla, con la sencillez humilde de todos los prodigios sobrenaturales. Antonia Giusto, joven obrera de Siracusa, contrajo matrimonio a los veinte años con Ángel Llanuaso. Entre los regalos de boda habían recibido un modesto retablo de escayola adquirido por 3.500 liras en cualquier bazar de la plaza. Se trata de un matrimonio muy humilde, que sufre la penuria propia de la postguerra, con dificultad para conseguir trabajo y todavía más un piso. Se acomodaron provisionalmente en la casa núm. 11 de la calle de los Huertos, donde Ángel vivía de soltero con su madre y un hermano. Antonia quedó embarazada. El embarazo se complica con unos ataques epilépticos y dolores de todas clases. La enferma está abatida y se aferra a su fe, rezando con frecuencia ante el hoy milagroso retablo. Los médicos diagnostican su dolencia de toxicosis de gestación. Tiene que permanecer inmóvil en la cama. Los dolores son cada vez más fuertes, y Ángel, aunque no ha perdido del todo la fe, se queja de su desgracia y en el fondo se ríe de los rezos de su mujer [5].

---

[5] «Estigmatizados y Apariciones», página 192 y siguientes.

A las ocho y media de la mañana del día 29 de agosto de 1953, Antonia se dirige a la Virgen, en un momento de angustia, por los dolores de su enfermedad y ve, sorprendida, que la Virgen llora. Llama a su cuñada que presencia el prodigio. Esta no sabe qué hacer y, como si se tratara de una nueva enferma encomendada a sus cuidados, enjuga cuidadosamente los ojos angustiados de la Madonna. Después llama al resto de los familiares, que contemplan la misma escena.

Mientras, a Antonia, le han desaparecido los dolores. Se levanta de la cama y concentra sus desvelos en atender el llanto de la Virgen. Durante unas horas se limita a contemplar el prodigio y a enjugar, primero en pañuelos, después en algodones, el copioso llanto de la Señora. Aquellas mujeres comprenden, por fin, que tienen que tomar alguna determinación, y alguien propone: «Llámenos a la policía». Y la policía llegó, escéptica y divertida, al lugar del suceso y pudo comprobar, en el colmo de su asombro que, ciertamente, la Virgen lloraba... Cuando llegó el marido, la casa estaba inundada de público. El Comisario de Policía, brigadier Ferrigno, comprueba la realidad de este fenómeno inexplicable. Sin saber qué hacer, se lleva el retablo a la Comisaría. La Virgen sigue llorando a lo largo del itinerario de su detención. El «jeep» se humedece por el llanto que resbala hasta el suelo. Son las nueve de la noche del sábado 29 de agosto. La Señora lleva llorando casi un día entero.

Al llegar a la Comisaría deja de llorar. Allí no saben qué hacer con el retablo. Por fin deciden devolvérselo a su dueño, que teme volver a su casa inundada de público. Entonces, como si se tratara de un delito, lo toma bajo el brazo y se pierde en la oscuridad de la noche, peregrinando de casa en casa para sustraerlo a las ansias de la multitud, que a toda trance quiere presenciar de nuevo el prodigio. El público no se conforma, y alguien dice que la Virgen está detenida por la Policía. Enfurecidos arremeten contra el hermano de Ángel, que sale huyendo. A medianoche regresa el fugitivo portador del sagrado retablo, escondiéndose del público, hasta su casa, donde deja la imagen sobre unos almohadones. María sigue llorando...

Al día siguiente, domingo 30 de agosto, la multitud espera estacionada ante el número 11 de la calle de los Huertos desde las primeras horas de la mañana. Muchos pasaron allí toda la noche. El comisario de Policía, don Nicolás Samperisi, llega para dominar el alboroto del pueblo. Entra en el dormitorio y contempla el suceso. La Virgen está sobre el lecho y continúa su llanto. La multitud clama, impaciente, desde la calle. Se coloca la imagen sobre una mesita y se organiza una fila de visitantes para que el público compruebe el milagro. Llega el primer sacerdote, que contempla el prodigio, el P. Vicenzo Sapio, de los Siervos de María, capellán del Hospital-Sanatorio de Siracusa. La noticia ha corrido hasta el último rincón de Siracusa y se extiende por toda la isla. De todas partes acuden coches, taxis, autobuses... El público impaciente sigue alborotando desde la calle, y entonces se toma el acuerdo de sacar la imagen al balcón y colocarla sobre la fachada de la casa. Posteriormente se traslada a la fachada de la casa del profesor Lucea, que vive enfrente, y dispone de un pequeño jardín protegido por una tapia. Se improvisa un altar modesto, y allí queda colocado el milagroso retablo. Así comenzó el diálogo vivo del pueblo con su Madonna. Se rezaron rosarios en voz alta. Se pidieron gracias y favores... A las once de la mañana del martes, 1 de septiembre, deja de llorar. Los algodones empapados en aquellas lágrimas divinas y a la vez humanas, amargas y salobres, recorren la ciudad y se extienden por toda la tierra. El prodigio ha quedado consumado y testificado por miles de personas de todas las clases sociales. La Virgen, a través de un retablo modestísimo y en la casa de una familia obrera, ha llorado durante casi cuatro días, con ligeras interrupciones. Y aquellas lágrimas están ya actuando sobre los cuerpos y las almas de esta desgraciada Humanidad. Antonia no ha vuelto a tener la menor molestia y el hijo llegó normalmente, aquel hijo que cuando sea mayor se enterará de su popularidad antes de nacer por haber sido causa indirecta del llanto de la Madre de Dios.

A los pocos días del portento empezaron a llegar cartas y telegramas del mundo entero dirigidos a «La Virgen del Llanto» o a «La Madonnina de las Lágrimas», misivas que los empleados de correos apilaban a los pies del retablo. Del fenómeno existen fotografías que la piedad de las gentes ha prodigado por todas partes. Prestaron testimonio los peritos y hombres de ciencia. Uno de estos testimonios decía así: «Con el auxilio de los agentes de la policía pública, que nos permitieron atravesar el gentío inmenso agolpado ante la casa, entramos en un dormitorio al que da luz una ventana que se abre a la calle Carso, donde la señora Antonia Giusto, de conformidad con nuestro requerimiento, abrió un cajón cerrado con llave, donde, cubierta con un lienzo, estaba una imagen de la Virgen que parecía de mayólica, en diversos colores, sobre cristal negro.

La imagen aparecía, sin duda alguna, mojada en diversas partes del rostro y del busto, pero el líquido había sido enjugado cuidadosamente con algodones. Sólo quedaba una gota en el ángulo interno del ojo izquierdo. Con una pipeta fue inspirada dicha gota. Una tras otra brotaron varias gotas del mismo lugar, las cuales fueron asimismo recogidas.

Mientras se traspasaban las gotas a un tubo de vidrio surgieron más lágrimas del ojo, las cuales se detuvieron en el hueco formado por la mano que sostiene el corazón de la Virgen, de donde fueron también extraídas.

No pudo impedirse que durante estas operaciones los circunstantes enjugasen con algodones algunas lágrimas. En total se llevó al laboratorio poco más de un centímetro cúbico de líquido.

El fenómeno duró cerca de quince minutos, desde que el retablo fue sacado del cajón, y no volvió a repetirse, por lo que no fue posible obtener más material para el análisis.

Con lentes de aumento se examinaron los ángulos internos de los ojos y no se descubrió ningún poro ni irregularidad en la superficie esmaltada. Se separó la efigie de mayólica del soporte de cristal negro y pudo apreciarse que la imagen está constituida por un bloque de escayola, cuyo grosor varía de uno a dos centímetros. Su parte exterior está barnizada en varios colores, y en la interior, tosca, se advierte una superficie blanca y regular, que al examinarla aparecía completamente seca». Este testimonio lo firman tres doctores y el párroco, don José Bruno. El informe original de la reacción analítica del líquido, que no transcribimos íntegro por su extensión, termina con las siguientes conclusiones:

«En definitiva, el aspecto, la alcalinidad y la composición indican que el líquido examinado es de análoga composición que la secreción lacrimal humana. Siracusa, 9 de septiembre de 1953.

Firmado: Doctor Michele Cassola, Director de la Sección

Micrográfica del Laboratorio Provincial.

Doctor Francesco Cotzia, Asistente de la Sección Micrográfica del Laboratorio Provincial. Siracusa.

Doctor Leopoldo La Rosa. Químico higienista.

Doctor Mario Marietta. Médico quirúrgico.

El abajo firmante, párroco Giuseppe Bruno, atestigua haber asistido a las pruebas de examen practicadas en el líquido de que habla la presente relación, y de haber recibido de los signatarios el juramento sobre los Santos Evangelios, los cuales signatarios han firmado en mi presencia. Doy fe. Giuseppe Bruno».

Desde el momento de la lacrimación se sucedieron las gracias y favores. No vamos a citar ninguno de ellos porque nos extenderíamos más de lo previsto. Nos limitaremos a afirmar la continua manifestación de prodigios indiscutibles, y a decir que incluso éstos llegaron a países muy distantes de Siracusa y se realizaron al contacto con algodones que no llegaron a empapar las lágrimas, sino meramente a rozar el rostro seco de la imagen. Concretamente, en España, la joven Benita Juárez, alumna de la casa de formación de Santa María que tienen las Teresianas en Villalba, recupera la vista al contacto con el algodón recibido de Siracusa; Mariano Sastre Sana, de dieciocho años, con domicilio en las afueras de la capital de España, cura fulminantemente de la parálisis que le tenia imposibilitado desde su infancia; y así otros muchos casos que no vamos a citar, pero que demuestran la realidad del prodigio que ha merecido la aprobación de la Iglesia.

La Virgen de Siracusa, con su llanto silencioso, renueva los mensajes de La Salette, de Lourdes y de Fátima, cada vez más entristecida por la conducta humana y temerosa de no por sostener por más tiempo el brazo de la justicia de su Hijo, que exige un castigo ejemplar. Como afirma el senador D. Luigi Sturzo, «acaso por esto la Madre llora; porque los hombres se entregan a la potencia destructiva en lugar de la constructiva, al odio más que al amor, a la envidia más que a la concordia; al orgullo de raza, de casta, de clase, más que a la fraternidad y a la colaboración internacional. Llora la Virgen porque el mundo no ruega; no sabe rezar porque le come la soberbia y no dobla su frente a Dios ni invoca al Espíritu Santo. Cree y confía en los hombres; no cree, y por esto no confía en Dios».

A España llegaron también las lágrimas de la Virgen de manos de un sacerdote español, don Javier María de Castro, párroco de Santiago, en Ciudad Real, que levantó en esta capital uno de los primeros altares a la Virgen que llora, y ostenta hoy día la representación en nuestra patria de la curia arzobispal de Siracusa. A él pueden dirigirse cuantos deseen tener en su poder la piadosa reliquia de un algodón pasado por el rostro milagroso de la Virgen de Siracusa, con la seguridad de ser atendidos con apostólico celo.

El interrogante se abre

6. — A través de este breve resumen que hemos hecho de las principales apariciones de la Señora, podemos destacar una serie de circunstancias comunes a todas; circunstancias que también se han dado en los fenómenos aparentemente milagrosos de San Sebastián de Garabandal De aquí deducimos que la historia de lo ocurrido y de lo que está ocurriendo en Garabandal puede llegar a encajarse, perfectamente, como una continuación, en el desarrollo lógico y natural de las manifestaciones marianas.

De antemano diremos que el asunto ha merecido la atención de selectos grupos piadosos, de escritores y de especialistas en la materia, principalmente extranjeros, que siguen de cerca la historia de este pueblecito santanderino y han propagado, mediante circulares, artículos y folletos sus principales acontecimientos.

En España —y sin duda como consecuencia de las notas publicadas por el obispo de Santander, de fecha 26 de agosto y 24 de octubre de 1961, donde declaraba que de momento, no había constancia del origen sobrenatural de estos hechos, prohibiendo a los sacerdotes el subir sin su permiso y recomendando a los fieles se abstuvieran de tomar parte activa en un movimiento pendiente de esclarecer— el asunto no ha tenido, a mi juicio, la repercusión que merecía.

Mas la actitud de justificada prudencia de la Iglesia, adoptada por el Obispado de Santander —que nosotros acatamos y aplaudimos— es a mi entender compatible con una exposición objetiva y una fiel información de lo acontecido, a título de simple reportaje, sobre todo cuando en letras de molde se ha lanzado una peligrosa publicación que desvirtúa la verdad.

Por otra parte, y como afirma una Hoja informativa editada en lengua francesa, si «la Madre de Dios se ha aparecido últimamente cinco veces en Francia y en Portugal y en Bélgica y en Italia, ¿por qué ha de rechazarse la posibilidad de que alguna de sus misericordiosas visitas se las dedique a España...?», de tanto fervor cristiano y devoción mariana, añadimos nosotros.

Lo que si podemos adelantar, después de haber estudiado el tema, es que ni en Fátima, ni en Lourdes, ni en Siracusa, ni en París, ni en Banneux, ni en Pontmain, ni en ninguna parte, se manifestó la presunta aparición con tal alarde de fenómenos, con tal exuberancia de circunstancias espectaculares; en ninguna de ellas fueron tan frecuentes las apariciones ni de tanta duración... Todos los fenómenos de la historia de la mística parecen se dieron cita en esta pequeña aldea santanderina: éxtasis continuos, diálogos celestiales, marchas y caídas extáticas, fenómenos de levitación y de hierognosis, comuniones administradas por el ángel —una de ellas visible, previa anuncio del milagro por la vidente—, locuciones, etc. Y como complemento de todo ello, el anuncio para el futuro de un milagro público, con muchas de las circunstancias que en él han de concurrir... Por el interrogante de Garabandal, no está, ni mucho menos, cerrado... Pero contestemos al lector, que quizá, en estos momentos, se pregunte impaciente: ¿Qué pasa, pues, en San Sebastián de Garabandal…?

SANTANDER

LOURDES

SAN SEBASTIAN DE GARABANDAL

BILBAO

BARCELONA

MAR ATLÁNTICO

PORTUGAL

MADRID

FÁTIMA

ESPAÑA

LISBOA

MAR MEDITERRÁNEO

Plano del Pueblo

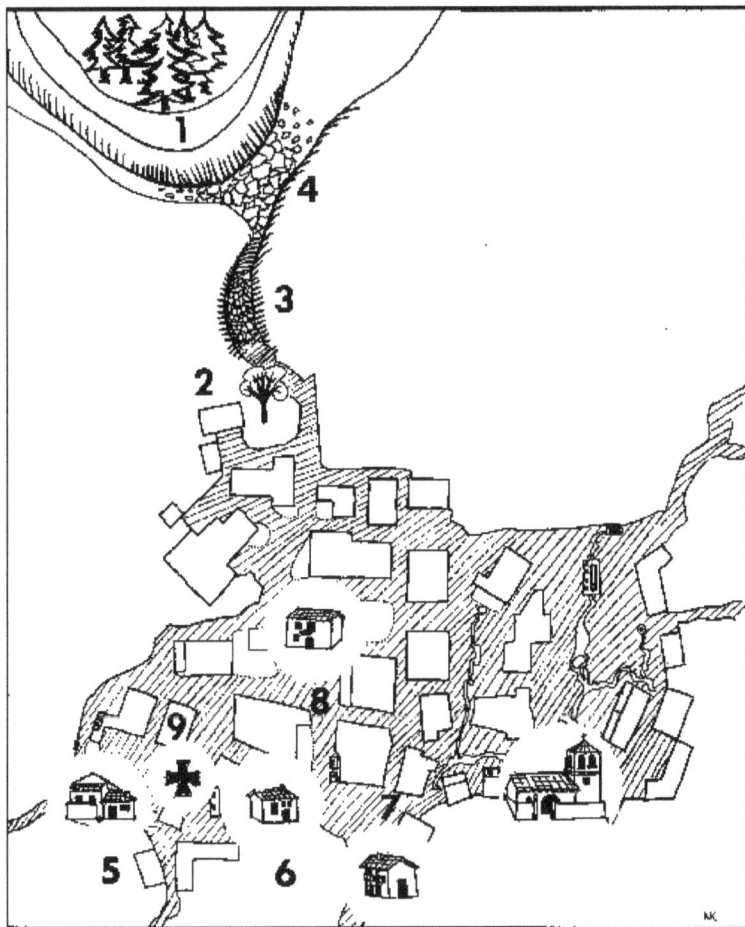

1. Los Pinos   2. El Manzano 3. El "cuadro", donde apareció por primera vez el Arcángel San Miguel 4. La "calleja 5. La casa de Conchita 6. La casa de Jacinta 7. La casa de Mari Cruz 8. La casa de Loli 9. Lugar donde ocurrió el Milagro de la Ostia

CAPITULO 2

COMIENZA LA HISTORIA

7. — San Sebastián de Garabandal, es un pueblo pequeño, de setenta familias escasas, situado en la falda de la montaña. Para llegar hasta él, hay que subir por un duro repecho que arranca de Cosío, donde acaba la carretera. Pertenece a la provincia de Santander, de cuya capital dista noventa kilómetros. Sus casas son de peculiar tipismo y las calles, estrechas, pedregosas y normalmente con barro, presentan un pintoresco aspecto. Está enclavado en la cordillera cantábrica, a seiscientos metros de altitud. El ambiente es tranquilo, de impresionante silencio y profunda paz.

Aquí, aisladas del mundo, viven cuatro niñas de familias humildes: Mari Loli, Conchita, Jacinta y Mari Cruz. La primera se apellida Mazón y las otras tres, González; sin que entre ellas exista relación de parentesco próximo. En 18 de junio de 1961, tenían doce años las tres primeras y once la última.

Aquel día era domingo. Don Valentín Michalar, párroco de Cosío, había subido a celebrar la misa, como todos los días festivos.

Después, los vecinos se reunían en la plaza. Las niñas acudían también a jugar. Los juegos de las niñas, como las conversaciones de los mayores, tenían ese aire de espontánea sencillez, propia de un pueblo como Garabandal donde suele haber muy poco que comentar. En Garabandal no existen cafés ni bares ni diversiones. En Garabandal *«nunca ocurría nada digno de mención»*. Las conversaciones de los mayores giraban en torno al ganado, al estado de los pastos y a las lluvias.

Vista panorámica de Garabandal 1961

Pero por la tarde de aquel 18 de junio, Conchita lanzó en los oídos de Mari Cruz una idea atrevida. Le propuso, para distraerse, huir de la plaza, saltar el cerco de la pomarada y coger manzanas. El manzano, un árbol hermoso, enclavado en el huerto de la casa del maestro, está, situado, tras la pequeña tapia, a orillas del camino que conduce hasta los pinos. Allí acudieron las niñas, escondiéndose, huyendo de miradas ajenas. Pero María Dolores, Jacinta y otra niña más pequeña que les habían visto marchar, les seguían de cerca. Estando Conchita y Mari Cruz en plena tarea, aparecen de pronto éstas y Jacinta les gritó:

—¡Conchita, que estás cogiendo manzanas!

—Calla —le dijo—. Que si te oye la señora del maestro se lo dirá a mamá.

Asustada, creyendo que venía alguien, se escondió entre las malezas mientras Mari Cruz salía huyendo por los campos.

—No corras, Mari Cruz, que te vimos y se lo diremos al dueño —le grita Mari Loli.

Entonces Mari Cruz desiste de correr y vuelve a reunirse con ellas. Conchita sale de su escondrijo. Una voz llama a la pequeña que había acudido con Jacinta y Mari Loli. Y las cuatro se encuentran, por fin, reunidas y solas. Durante unos momentos no saben qué hacer. Pero al fin —nos dice Conchita en su diario— pensándolo mejor, «volvimos las cuatro a coger manzanas».

Las 4 niñas: Conchita, Mari Cruz, Jacinta y Mari Loli.

Se encontraban divertidas en su inocente travesura, cuando escuchan la voz del maestro, que le dice a su mujer:

—Vete al huerto y espanta las abejas que están otra vez en el manzano.

Al oír esta frase les entra un acceso de risa y con los bolsillos llenos de fruta se apresuran a salir del huerto para comerla tranquilamente en el camino. La verdad es que lo habían pasado muy bien. Jadeantes, llegan a la calleja. Entonces escuchan un gran trueno. Eran las ocho y media de la noche.

—¿Habéis oído?

—Sí. Eso es que truena y va a llover.

Satisfecho el apetito, sienten los primeros remordimientos de conciencia.

—Lo que hemos hecho no está bien —dice una.

—El ángel de la guarda estará triste —comenta otra. –

—En cambio al demonio le hemos dado una alegría —añade la tercera.

Estas fueron las palabras, más o menos, con las que interpretaban lo ocurrido a través de lo que habían oído al párroco en la catequesis. Conchita, entonces, a fin de reparar el daño, lanzó una nueva idea:

—Para consolar al ángel bueno, vamos a tirarle piedras al malo.

Mari Loli y Mari Cruz

Y cogiendo piedras del camino, empezaron a dispararlas «con todas nuestras fuerzas —dice Conchita— hacia el lado izquierdo donde decíamos que estaba el demonio».

Después, más tranquilas de conciencia por esta reacción. que tan gráficamente expresaba su arrepentimiento, fatigadas por el esfuerzo, se sentaron en el suelo para jugar, con piedras, a las canicas.

Las niñas jugando. Empezando por la izquierda: Mari Loli, Mari Cruz, Conchita, Jacinta y otra niña del pueblo.

En plena calleja, en la posición que indica la foto que publicamos —reproducida a los pocos meses de esta primera visión— se encontraban las cuatro cuando Conchita vio aparecer de pronto «una figura muy bella, con muchos resplandores, que no me lastimaban los ojos»[1] . Las otras tres niñas, al verla traspuesta, piensan que le ha dado un ataque y comienzan a gritar. Conchita, con las manos juntas señalaba hacia la aparición y decía: «Ahí, ahí...» Ya se había levantado Mari Loli para ir a pedir auxilio, cuando mirando las tres hacia la dirección señalada por Conchita, exclamaron a la vez: «¡El ángel...!» Hubo un corto silencio, sumidas todas en la misma

---

[1] Del Diario de Conchita

contemplación. .Ni las niñas dijeron nada ni el ángel tampoco. Después, se disolvió en el aire...

Esta es la posición que tenían las niñas sentadas sobre los guijarros del camino, cuando se les apareció el Ángel.

Muy asustadas por la impresión de cuanto acababan de ver, corrieron hacia la iglesia. Por el camino pasaron por la plaza donde se estaba organizando un baile, al son de la gaita y el tamboril. Allí se encontraron con una niña. Pili González, que les dice:

—¡Qué blancas y asustadas estáis! ¿De dónde venís? Y avergonzadas de confesar la verdad, le contestan:.

—De coger manzanas.

—¿Y por eso venís así?

Y las cuatro a la vez, aclaran:

—Es que hemos visto a un ángel.

—¿De verdad?

—Sí, sí... —insisten, continuando su camino, apresuradas, hacia la iglesia, mientras Pili, sorprendida, comenta en la plaza lo que le acaban de decir. Llegan a la iglesia, pero no se atreven a entrar. Dan la vuelta por detrás y se refugian llorando en un rincón. En aquel lugar se encuentran con otras niñas más pequeñas que estaban jugando.

—¿Por qué lloráis? —les preguntan.

—Porque hemos visto a un ángel...

Y las pequeñas echaron a correr para comunicárselo a la maestra. Desahogadas con aquel llanto silencioso, dieron la vuelta al edificio y entraron en la iglesia. En seguida llegó, tan asustada como sorprendida, la maestra.

—¿Es verdad que habéis visto a un ángel?

—-Sí, señora.

—¿No será imaginación vuestra?

—Estamos seguras. Lo hemos visto.

—¿Cómo es?

—Venía vestido con un traje azul, largo, sin costuras. Las alas rosas, bastante grandes. Su rostro pequeño, ni alargado ni redondo. Los ojos negros. Las manos muy finas. Las uñas cortadas. Los pies invisibles. Parecía tener unos nueve años. Aunque niño, daba la impresión de fuerte...

Van dando detalles, unas y otras, coincidiendo todas en las mismas respuestas. La maestra, que tiene un alto concepto de las niñas, no duda ni un momento de su sinceridad.

—En acción de gracias —dice— vamos a rezar una Estación al Santísimo.

Al terminar de rezar, se van cada una con una dulce impresión, mezcla de temor y alegría, hacia sus casas. Eran las nueve de la noche.

La madre de Conchita, viuda de González, que vive pendiente de su hija, la recibe de mal humor.

—¿Son horas de venir? ¿No te he dicho muchas veces que a casa hay que venir de día?

Conchita, desconcertada por la impresión que aquella figura

deslumbrante le causó y por la tardanza del regreso, no se atrevía a entrar en la cocina, situada en la planta baja —donde acostumbraban a hacer la vida— y se quedó junto a la pared de la entrada, desolada y triste.

—Madre, es que hoy hemos visto a un ángel.

La madre se indigna.

—Encima de llegar tarde a casa me viene diciendo tonterías.

—No, madre, es cierto. Hemos visto a un ángel.

Aniceta, que conoce la sinceridad de su hija, ante tal insistencia, se queda perpleja. Conchita explica lo ocurrido. Añade detalles... La madre no sabe qué pensar y opta por el silencio.

—Vete a la cama. Mañana hablaremos.

Eran las nueve y cuarto de la noche.

Las primeras contrariedades

8. — Al día siguiente, 19 de junio, lunes, se comentaba por el pueblo la noticia.

—¿A qué va a venir un ángel a San Sebastián?

—Seguramente habrán sufrido una alucinación, pero algo han visto, porque bajaban muy asustadas.

—Yo la vi muy pálidas y como temblorosas.

—Estuvieron llorando mucho rato.

—Dan detalles de la figura que vieron y las cuatro coinciden en la descripción.

—Dicen que llevaba alas.

—-Sería alguno de esos pájaros grandes.

—O algún niño pequeño... Como era casi de noche... El pueblo entero comentaba la noticia. Y comenzaron los interrogatorios de unos y de otros, a los que las niñas contestaban sin dudar, concretando detalles de cómo iba vestido y del extraño resplandor de su figura...

Entre preguntas y comentarios, más o menos burlones, llegaron a la escuela. Eran las diez de la mañana. La maestra, antes de empezar la clase, insistió en su pregunta de la víspera:

—¿Estáis seguras, hijas mías, de lo que dijisteis ayer?

—Sí, señora.

Jacinta, Mari Loli, Mari Cruz y Conchita atraídas por la contemplación celestial.

Y volvieron a relatar la historia ante la admiración de las restantes niñas que procuraban, con sus preguntas, satisfacer su curiosidad. La clase se reanudó y nosotras —dice Conchita en su diario— «hacíamos como siempre sin preocupación ninguna».

A la una salieron de clase y se dirigieron a sus casas. Jacinta y Mari Cruz iban juntas cuando las alcanzó el párroco de Cosío.

—A ver. a ver... ¿es verdad que visteis al ángel?

—Si, señor.

—No sé, no sé, si no os engañáis.

Y sonriendo. Je contestaron:

—No tenga miedo, que no nos engañamos. Hemos visto al ángel

Las niñas siguieron su camino. Don Valentín enderezó sus pasos hada la casa de Conchita, encontrando a ésta por el camino. Según Conchita llegó nervioso y le dijo:

—Sé sincera y dime toda la verdad, ¿qué visteis anoche?

Conchita le relata la aparición con todos los detalles. Don Valentín le escuchó atentamente y se despidió con estas palabras.

Mari Cruz y Conchita contemplando la Virgen.

—Bueno, pues si esta tarde le volvéis a ver, preguntadle quién es y a qué viene.

De allí se fue a casa de Loli para completar su información, quedando impresionado ante la coincidencia de todas las respuestas.

—Esperaremos dos o tres días —comentó don Valentín— para ver si vuelve esa figura tan bella y qué os dice. Después iré a Santander para hablar con el señor obispo. Las niñas comieron y volvieron a la escuela. Al salir Conchita se fue a comprar leche. La vendedora, amiga de su madre, le interrogó de nuevo. Al terminar la explicación, cuenta Conchita que aquella mujer le dijo sonriendo:

—Como a ti te conozco bien, creo que has visto al ángel. Pero las otras, no.

—Pues se equivoca. Estábamos las cuatro juntas y las cuatro lo vimos perfectamente. Llevó la leche a su casa y le pidió permiso a su madre para ir a rezar a la calleja. En la casa estaba trabajando en una pequeña obra de albañilería, Pepe Diez y el hermano de Conchita, Aniceto González. El primero oyó la conversación y se sonrió, diciéndole a la madre:

—¡Déjala ir! ¡Si rezando no hacen daño a nadie! Su hermano intervino, molesto:

—Madre, no se te ocurra. ¡Para que se ría la gente de ti y de nosotros!

En esta discusión estaban cuando llegaron las tres niñas. Aniceta se puso nerviosa, luchando entre el deseo de complacer a su hija y de atender las prudentes indicaciones de su hijo.

—Dios mío, en qué lío nos han metido.

—Lío, ninguno —decía Conchita.

—¡Mira que si fuera verdad!

Por fin dio el consentimiento y muy contentas se fueron a ese rincón de la calle que sube hacia los pinos, que las niñas calificaron con el nombre de «la calleja», su trocito de cielo, como le llaman en el diario. La gente, al verlas reunidas, les preguntaban al pasar:

—¿A dónde vais?

—A rezar a la calleja.

—¿Y por qué vais a la calleja? ¿No tenéis la iglesia para rezar?

—Es que ayer se nos ha aparecido el ángel y vamos a rezar para ver si se nos aparece de nuevo. Y entre risas y bromas de los vecinos, las niñas siguieron su camino. Al llegar allí se arrodillaron y los que pasaban por el camino y los niños y niñas que les seguían, se reían de ellas. Después quisieron echarles de aquel lugar y para conseguirlo emplearon un argumento contundente: un grupo de pequeños, escondidos entre las plantas de maíz de un sembrado próximo, empezaron a tirarles piedras, mientras Jacinta, Mari Loli, Conchita y Mari Cruz, protestaban y les pedían, por favor, que las dejaran tranquilas, pues estaban rezando el rosario.

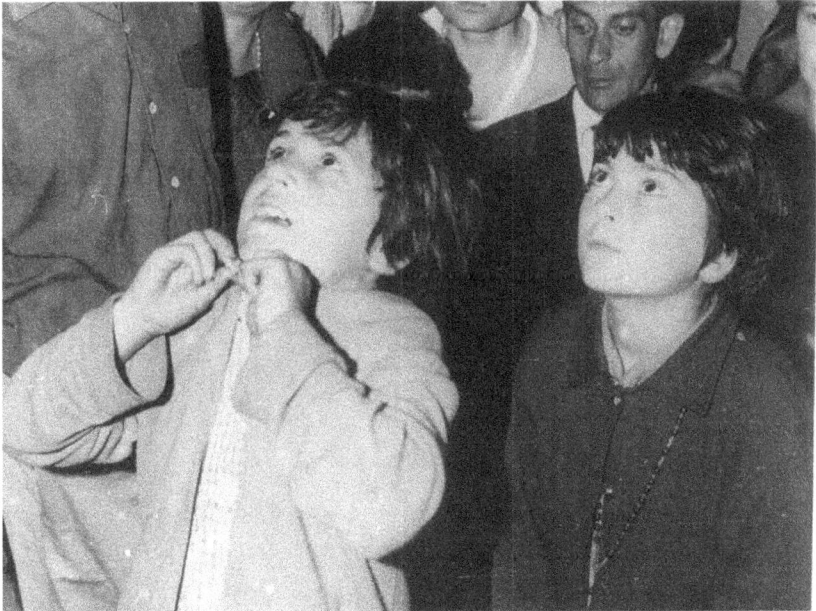

Mari Loli ofrece a la Virgen una medalla para besar. A su lado, Jacinta en éxtasis.

El cielo aparecía nublado y hacía un fuerte viento. Quizá por el comportamiento de aquellos pequeños, no hubo aparición. Un escenario apedreado no parece en principio el lugar más apropiado para el enorme favor que representa una aparición celestial.

Se hizo de noche y entre las burlas de cuantos les rodeaban se fueron hacia la iglesia, a rezar la Estación al Santísimo. Por el camino se encuentran con la maestra.

—¿Habéis ido a la calleja?

—Sí, pero no hemos visto nada.

—No os preocupéis —dice la maestra, a quien la desilusión de las niñas en aquel momento confirmaba la realidad de la víspera—. Vendrá mañana.

—¿Por qué no ha venido hoy? —preguntan las niñas.

—Sin duda porque está muy nublado.

Eran las seis y cuarto de la tarde. Entraron en la iglesia y después se fueron a sus respectivas casas. Las familias les preguntan:

—¿Habéis visto al ángel?

—Hoy no hemos visto a nadie.

Hicieron sus labores, cenaron y se fueron a la cama. Serian las diez menos cuarto —dice Conchita— cuando me puse a rezar y entonces «oímos una voz que decía: No os preocupéis que me volveréis a ver».

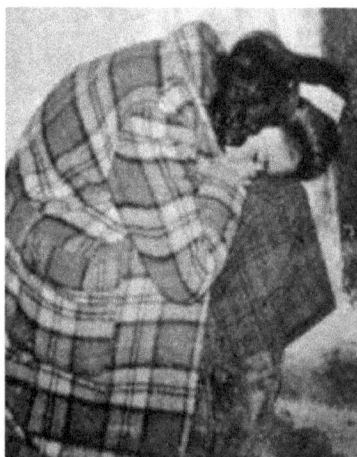

Los éxtasis van procedidos de lo que las niñas han bautizado con el nombre de las "llamadas". Conchita he tenido la primera llamada a la hora de acostarse y espera la

El fenómeno les ocurrió a las cuatro niñas al mismo tiempo y a cada una en su respectiva casa. Asustadas, «seguimos rezando con toda devoción basta que nos hemos dormido»[2] .

La luz de las visiones

9. — La locución es otro fenómeno frecuente en la historia de la mística. En las apariciones de la Virgen suele darse cuando las apariciones concluyen, como medio de mantener el diálogo entre la Señora y sus videntes. Como hemos visto en el capítulo anterior, a Sor Catalina Laboure la visión le dijo: «No me verás más, pero oirás mi voz en la oración.» En Lucía de Fátima las locuciones han sido frecuentísimas. En Garabandal, veremos en su momento oportuno, cómo las locuciones vinieron a sustituir los diálogos con la visión. Las llamadas de que hablaremos luego —esa especie de aviso interior sin palabras, como dicen las niñas— responden también a este mismo grupo de fenómenos.

El día 20, tuvo Conchita en la cocina de su casa la misma lucha con su madre, que no le dejaba volver a la calleja. En pleno forcejeo llegaron las otras tres niñas. La madre se mantuvo firme:

—Id vosotras, Conchita no va.

Lentamente fueron saliendo, pero se quedaron rezagadas tras la tapia de la casa. Conchita se quedó muy triste. Su madre salió a la puerta y llamó a Mari Loli.

—Venid aquí las tres. Si hacéis lo que yo os mande, dejaré ir a Conchita.

Muy contentas dijeron que sí. Aniceta les expuso su plan. Había ideado una habilidosa fórmula para complacer a su hija salvándola del aparente ridículo.

—Id solas, como si fueseis a jugar, sin decir nada a nadie. Y cuando estéis en la calleja, escondida por los campos, llegará Conchita.

Ellas no acabaron de creer en la promesa de Aniceta y salieron

---

[2] Del Diario de Conchita.

de muy mala gana, pero Conchita les dijo:

—Id corriendo, que yo voy detrás.

En el campo les alcanzó Conchita y las cuatro llegaron, alegres y emocionadas, al lugar predilecto, donde se arrodillaron para rezar. Terminaron el rosario y el ángel no aparecía.

Mari Loli, en éxtasis da a besar el Crucifijo. Sus movimientos son inconscientes, cumpliendo las instrucciones de la Virgen y sin mirar, ni ver nunca, a las personas que les rodean.

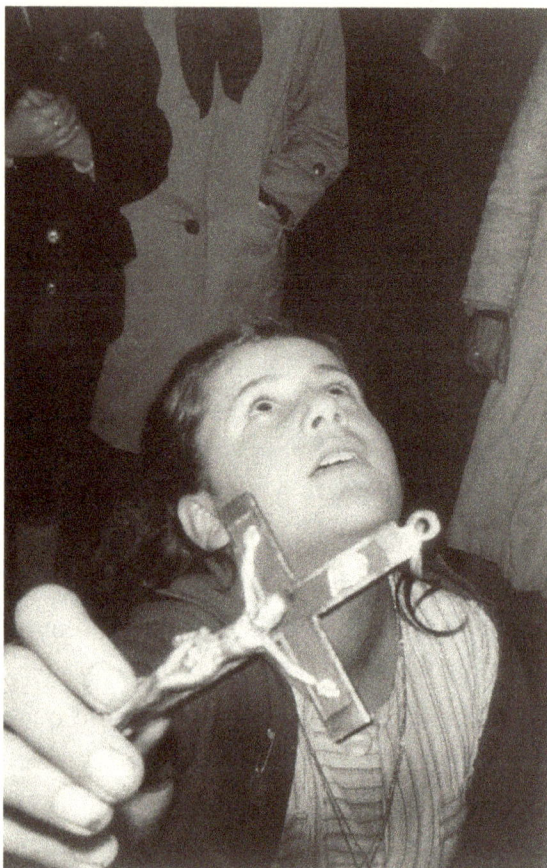

Nos levantábamos para bajar al pueblo —dice Conchita— cuando vimos una luz resplandeciente que nos tapaba el camino. Las niñas se asustaron, quedaron desconcertadas y temerosas, cegadas por aquella luz. En su diario comenta Conchita que «gritaron horrorizadas...». Pero en seguida se apagó el resplandor, volvieron a recuperar la visión de cuanto les rodeaba y tomando el camino del pueblo bajaron hacia la iglesia. El ángel preparaba el espíritu de las niñas para las visiones celestiales. Por eso vieron primero su figura.

Después el fuerte resplandor que acompañaba a las visiones... Hasta tenerlas dispuestas para entrar y salir con extraordinaria frecuencia, como veremos luego, en aquel escenario esplendoroso, donde los personajes celestiales se manifestaban, hablaban y movían.

Las niñas empiezan a sentirse más del cielo que de la tierra. Del fenómeno de aquel día no dijeron nada a nadie en un principio. Se encerraron, frente a los demás, que no les comprenderían, en su silencio, guardando todas aquellas maravillas en su corazón. Pero al día siguiente recordaron las palabras del párroco.

—Si volvéis a ver algo no dejéis de comunicármelo inmediatamente.

Tenían que decir a don Valentín lo de la luz, pero sus padres no les dejarían bajar hasta Cosío. Por fin comprendieron que no tenían más remedio que contárselo todo a sus padres para que éstos hablaran con el párroco. Así lo hicieron. Los padres cumplieron el encargo. Las noticias iban corriendo por el pueblo. «Sólo que la gente —dice Conchita— va creyendo algo más».

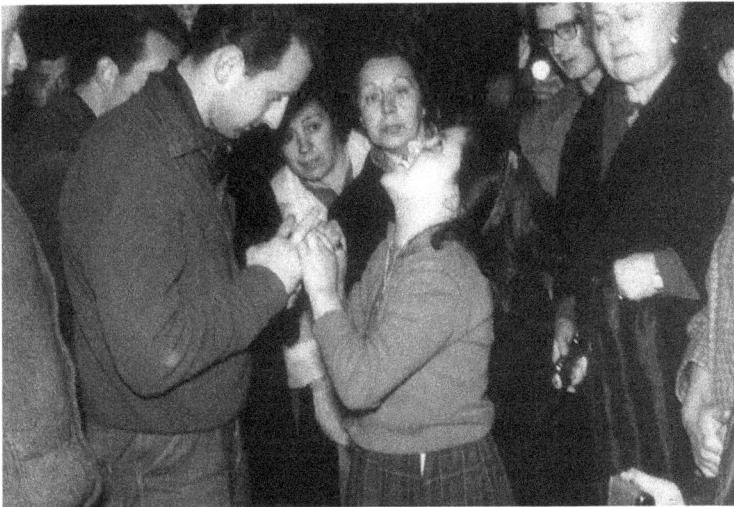

Sin despegar los ojos del Cielo, Mari Loli devuelve la alianza de boda a a la persona interesada.

Vuelve el Ángel

10. — Ha llegado el día 21. Las niñas se sienten autorizadas por la familia. Aquella tarde no hubo forcejeo con Aniceta para

conseguir el permiso. Pero algo les dice que no deben ir solas y le piden a una señora, doña Clementina González, que les acompañe. Clementina, al principio, no se atreve. Además que no creía en nada de todo aquello. Llama a una amiga y le consulta el caso. Si fuéramos las dos... Las dos juntas no importa. Irán a satisfacer su curiosidad de mujer. A ver qué pasa... Y Clementina González, acompañada de Concesa, se incorporaron al grupo que formaban las niñas. Por el camino se cruzan con caras conocidas, que al verlas acompañadas de personas mayores no dudan en hacer lo propio. Así, entre varios vecinos del pueblo, se reza el rosario en aquella tarde del día 21 de junio. Una niña lo dirige, y las otras, con sus acompañantes, contestan. Termina el rezo y no ha pasado nada. Se oyen las primeras risas, se escuchan las primeras bromas.

Rezad una Estación, a ver si así...

Se reza la Estación, entre las risas ahogadas de algunos. Pero al terminar la Estación ocurre algo insólito. Las cuatro niñas, a la vez, han quedado como petrificadas, pálidas, con una dulce expresión en sus rostros que parecen reflejar una extraña luz. Las cuatro miran, absortas, en la misma dirección. Tienen la cabeza impresionantemente caída hada atrás. Los ojos, que no parpadean, clavados en d cielo. Una, sonríe. Otra formula la pregunta que les encargó del párroco.

...¿Quién es y a qué viene...? Pero el ángel no contesta. Las risas han cesado. Se palpa en el ambiente el miedo a lo sobrenatural. Clementina llora, en pleno ataque de nervios.

—Era verdad, era verdad. A estas niñas se les aparece el ángel.

Con la misma facilidad con que entraron en éxtasis, salieron de él, normales y sonrientes. Están contentísimas. La visita celestial les ha dejado una dulce impresión. Las gentes las rodean, las besan. Cunden las noticias por el pueblo. Se forman grupos, comentando el suceso, dándoles a los hechos las más extrañas interpretaciones. —

Si no creéis en esto, es porque no creéis en Dios —dicen los más exaltados.

Las niñas no cesan de ser interrogadas por unos y por otros. Las gentes ——dice Conchita— estaban impresionadas, porque nunca habían visto ni oído cosa parecida.

Pero, ¿para qué tenía que bajar un ángel del cielo a Garabandal ?

Dormidas a lo divino

11. — El párroco de Cosío, enterado por varios vecinos de todos los detalles de lo ocurrido la víspera, tenía impaciencia por informar a su superior. Pero los más prudentes le aconsejan que espere hasta el día siguiente, puesto que podría presenciar él también los posibles acontecimientos y después contarle al Sr. Obispo lo que había visto personalmente.

Aceptó la sugerencia, y a las ocho y cuarto de la tarde acudió con un grupo de vecinos, curiosos de ver lo que pasaba, al lugar de la presunta aparición. Juntos rezaron el rosario, y en el mismo instante de terminar, las niñas entraron en éxtasis. Entre los curiosos se encontraba un profesor apellidado Manin...[3] . Durante los éxtasis quedan insensibles al dolor, a los pinchazos y a las quemaduras* Como dormidas a lo divino, no se enteran de nada cuanto ocurre a su alrededor. Entran en un campo de visión colocado por encima de lo natural, que las aísla de las cosas de este mundo. Cuando están en éxtasis se ven entre ellas. En cambio, si una pierde el estado extático desaparece del campo de visión de las otras, como si se tratara de un escenario, lleno de luz, del que se sale.

La anestesia al dolor parece completa. Se les ha hecho pruebas, como la de pincharles, sin acusar reacción alguna. Cuando se arrodillan de pronto, se clavan en el suelo, cayendo de golpe, sin hacer el menor gesto de dolor. Un testigo presencial, de absoluta garantía, nos cuenta, impresionado, el golpe que pegó Mari Loli con la cabeza contra la arista del peldaño de una escalera. El peldaño era de cemento y el ruido que produjo el golpe, escalofriante. Los presentes —dice el citado testigo— ahogaron un grito de angustia, pero la niña, sentada en el suelo, sonreía y hablaba tranquilamente con la Visión. Al volver en sí le preguntaron si había sentido el

---

[3] Sobre el citado professor recayeron las primeras sospechas en orden a una posible influencia de tipo hipóptico, por lo que fue inmediatamente apartado del escenario de las aparaciones.

golpe. Ella no recordaba nada. Dijo que acaso había coincidido con una especie de calambre que notó, sin dolor alguno, por todo el cuerpo. Sin embargo, en la cabeza, aparecía, en él lugar del choque, un pequeño hematoma.

En resumen: que cuando el éxtasis es total y completo, la insensibilidad es absoluta.

«Las incisiones más dolorosas, las sacudidas más bruscas, las mismas quemaduras, etc., son inútiles para despertarlas. Con frecuencia los ojos conservan su actividad, pero es para fijarlos sobre la visión divina con una vivacidad que parece agrandarlos considerablemente. No perciben nada de las cosas materiales, como puede comprobarse pasando bruscamente por delante de sus ojos abiertos, una luz o cualquier otro objeto, sin que se produzca el más leve movimiento en sus párpados o pupilas»[4] .

De las videntes de Garabandal existe una película tomada con grandes focos de luz. Las niñas, que se encontraban en éxtasis, llegaron a la zona iluminada sin parpadear. Cuando cesó la Visión y recuperaron su estado normal, cerraron los ojos en el acto, cegadas y protestando de aquella luminosidad que no podían resistir. El efecto puede comprobarse claramente cuando la película se proyecta. La luz de las visiones es muy intensa. Pero en cambio no daña la vista. De aquí la justificada reacción de las videntes. En cambio, cuando el éxtasis es de noche, en los pinos o en la calle y no existen focos, al cesar y volver a la normalidad, las niñas se sorprenden de que sea de noche, pues la luz que acompaña a la Visión y les guía en plena inconsciencia, tiene la claridad de la luz solar.

El párroco y demás acompañantes, salieron convencidos, el día 22 de junio, de que el estado extático de las niñas era real, imposible fingir por las pequeñas, niñas ignorantes de doce y once años de edad. Aquellos fenómenos escapaban a toda explicación natural. Garabandal estaba ante un prodigio inexplicable. No sabían si su origen era sobre o preternatural. Pero aquellas cuatro niñas veían alguna figura con la que hablaban. Y para lograr su Visión y su

---

[4] Tomado de un documentado informe, que cumpliendo instrucciones superiores, redactó el Padre Ramón María Andreu.

diálogo se producía en ellas una conmoción física que les arrancaba de este mundo y anestesiaba sus cuerpos frente a cualquier estímulo natural.

Del 23 de junio al I de julio

12. — El día 23. con mayor número de público, pues la noticia había corrido por los pueblos próximos del valle, acudieron las pequeñas, puntualmente, a la cita. La visión del ángel se produjo a las nueve y cuarto de la noche. El público contempló la escena impresionadísimo. Al terminar las besaban y transmitían encargos para el cielo. La Guardia Civil les acompañó hasta la sacristía, donde el párroco quería interrogarles. Tras el interrogatorio salió don Valentín y dijo a la gente que esperaba en la puerta de la iglesia: —

Las he interrogado juntas y por separado. Las cuatro coinciden en sus manifestaciones. Sin duda estas niñas ven algo que no es de este mundo. Bien pudiera ser cosa de Dios...

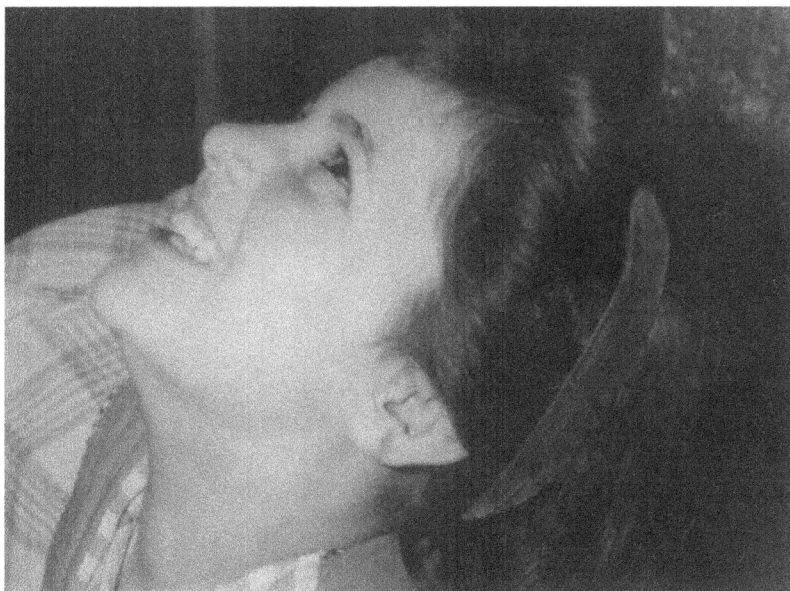

Mari Loli, en intimo coloquio con la Visión.

El público se disolvió muy satisfecho de estas primeras impresiones.

Al día siguiente. 24 de junio, era sábado. A partir de las primeras horas de la tarde, las gentes acudieron desde los puntos mis distantes adonde había llegado la noticia del suceso. En el sitio de la aparición se había levantado un pequeño cerco, en forma cuadrada, para proteger a las niñas de las avalanchas y empujones del público. La expectación era enorme y ese día —dice Conchita— la aparición «no nos dio tiempo para empezar el rosario».

Nada más llegar surgió la luz y en ella el ángel bajo el cual aparecía un letrero con una letras y unos números romanos. Las niñas le preguntaron qué quería decir y el ángel se sonreía sin decir nada.

Al cesar el prodigio, fueron trasladadas las pequeñas, en un carro, hasta la iglesia, entrando una por una en la sacristía para informar a don Valentín de lo que habían visto. Pero en el letrero no se fijaron lo suficiente y ninguna pudo facilitarle al párroco la explicación que deseaba.

Al día siguiente, domingo, la aglomeración de público, era todavía mayor. Entre ellos había cinco sacerdotes y varios médicos. Uno de éstos tomó a Conchita, la levantó en alto y por ese exceso de peso que en muchas ocasiones experimentan las niñas en éxtasis se le cayó al suelo' desde cierta altura. Las rodillas, rígidas, al tropezar sobre las piedras del suelo, produjeron un fuerte crujido. Su hermano Ceferino, quiso impedirlo, pero no pudo. Según afirma, una fuerza interior le detenía.

Al terminar, se acercaron varias personas a las niñas para examinarles las piernas. Llevaban las marcas de los pinchazos, de los golpes, de los arañazos y demás señales, resultados de las pruebas a que habían sido sometidas. Pero, como afirma Conchita, durante el trance no les dolía. -«Sólo quedaba marcao[5]» .

El lunes 26, no hubo aparición. El martes y el miércoles, se repitieron las visiones del ángel. El jueves y el viernes, no hubo tampoco visión. Aquella ausencia total de fenómenos desilusionó a

---

[5] Tomado del Diario de Conchita

muchos de los que habían subido deprisa y con la esperanza de «ver algo» de paso. El 1.° de julio, sábado, ante una excepcional concurrencia de médicos, sacerdotes, gente de todas las clases sociales, se produjo la aparición muy temprano, a las siete y media de la tarde. Había mucha luz. La visión duró dos horas, que a las niñas les parecieron dos minutos. El ángel les habló, les dijo que al día siguiente, domingo vendría la Virgen. Como en Fátima, los videntes fueron preparado» a la aparición celestial con la presencia de un ángel que en Portugal dijo ser el ángel de la Paz y aquí el Arcángel San Miguel.

Las niñas Je preguntaron por el significado de aquel letrero con aquellas números romanos y el ángel les dijo que se lo explicaría la Virgen. Se aparecerá bajo la advocación del Carmen...

Según Conchita, ese día. les habló muchas cosas y a ciertas preguntas de las niñas se sonreían. Se despidió insistiendo en que volvería al día siguiente acompañando a la Virgen.

El pueblo. emocionado, seguía recibiendo gentes de todas partes, animado» por los más diversos propósitos. La expectación había alcanzado el punto culminante. ¿Qué ocurrirá mañana?

CAPITULO 3

NUESTRA SEÑORA DEL CARMEN

13. —— El día 2, domingo, se celebró con gran solemnidad la misa; a las tres de la tarde se rezó el rosario en la iglesia y después las niñas bajaron en dirección a Cosío para recibir a los hermanos de Conchita que llegaban de viaje. A mitad del camino tuvieron que volverse, pues el público, que afluía al pueblo, reconocía por fotografías a las niñas y no las dejaban avanzar: unos por entregarles rosarios o regalarles caramelos; otros por fotografiarlas como recuerdo de su visita; la mayor parte para hacerles preguntas no siempre discretas. Ya bajaba, en su busca, un muchacho de Garabandal sobre un caballo, cuando el chófer de un «Land Rover», que pasaba casualmente en aquel momento, les invitó a subir.

Al llegar se encontraron las calles abarrotadas de forasteros, entre ellos once sacerdotes y varios médicos. A las seis, aproximadamente, iniciaron la marcha seguidas por todos ellos hacia la calleja, y no había llegado al lugar señalado por el «cuadro» cuando las niñas, asombradas, se encontraron ante la Virgen que venía acompañada de dos ángeles. Uno de ellos desconocido; el otro

San Miguel. Ambos llevaban el mismo atuendo. Según Conchita se parecía mucho entre sí, «como si fuesen mellizos». A la derecha de la Virgen apareció también como un cuadro de fuego rojo donde se destacaba la figura de un triángulo con un ojo y un letrero. Las letras eran desconocidas y como de estilo oriental. Este cuadro luminoso fue interpretado por algunos como un símbolo de la idea de Dios. Las videntes hablaron mucho con la Visión, en términos de extraordinaria naturalidad. Según Conchita «le decíamos que andábamos al prao, que estábamos negras, que teníamos la hierba en morujos... Y Ella se reía con las cosas que le contábamos»[1].

Entre los temas que forman parte de este diálogo, parece que destacan dos. Uno de ellos la identidad del Arcángel San Miguel, que dio lugar al siguiente comentario, ingenuo, de una de las niñas: «Yo tengo un hermano que se llama también Miguel, pero sin el san», comentario que provocó las risas de las otras tres. El otro tema se refiere a las primeras revelaciones sobre lo que había de constituir el Mensaje de la Virgen.

De los datos recogidos se deduce que el Mensaje lo recibieron a lo largo de varias visiones y no solamente en forma oral, sino que en determinados aspectos lo veían representado. La frase de «ya se está llenando la copa», frase que responde a una terminología mariana conocida, la vieron en forma plástica, contemplando, perfectamente representada, una copa de gran tamaño, dentro de la cual caían gotas de sangre o de lágrimas. En realidad las niñas ignoraban el contenido de la copa.

Cuando la Señora les habló de este castigo, su expresión era tristísima. «Nunca la hemos vuelto a ver tan seria —dice Conchita— y al pronunciar la frase de «ya se está llenando la copa» hablaba con una voz muy baja. La Virgen les enseñó a rezar pausadamente el rosario. En un principio Ella misma les acompañaba. Más adelante sólo pronunciaba el Gloria.

Es emocionante el oír a las niñas rezar en estado normal, donde emplean una pronunciación más bien rápida, y compararla después con el mismo rezo en estado de éxtasis. Entonces la pronunciación es mucho más lenta y de una cadencia impresionante. Existen varias

---

[1] Tomado del Diario de Conchita

copias de las cintas magnetofónicas donde se logró captar el rezo, en éxtasis, de las videntes.

Desde los primeros diálogos las niñas nos han dado una lección de cómo se debe tratar a la Virgen: con espontánea naturalidad, con gran confianza, hablan con Ella, le cuentan las cosas más elementales de su vida rural, la besan y hasta les deja tomar entre sus manos su corona. Cuando la Virgen se despide, se ponen muy tristes, y suelen decirle:

—No te «vaigas», no has estado más que un minutín. Y en una ocasión llegaron a decirse una a otra:

—-Cuéntale chistes, tú que sabes, para que no se «vaiga».

Al público, a veces, les desilusiona el oír estos diálogos tan simples. Lo mismo ocurrió en Lourdes donde Bernadette, al principio, acostumbraba a contestar a la Señora con un ridículo «sí, señorita».

Cuando la Virgen se va, como «deshaciéndose en el aire», según expresión de las videntes, suelen despedirse con el clásico gesto de mover la mano.

Las videntes describen así a la Señora: «Viene con un vestido blanco, el manto azul, la corona de estrellas doradas, las manos estiradas, con un escapulario marrón, salvo cuando lleva al Niño en brazos; el pelo largo, castaño oscuro, con raya en medio: la cara alargada, con nariz muy fina; la boca muy bonita, con labios un poco gruesos. Aparenta unos diecisiete años y es más bien alta». Las cuatro insisten en la cadencia melodiosa e inconfundible de su voz. «No hay voz como la suya» —suelen decir.

Se manifestó como la Virgen del Carmen. Dios quiera que con el tiempo, confirmada la realidad de cuanto estamos historiando, se llegue a venerar con el título de la Virgen del Carmen de Garabandal.

Tanto la Virgen como los demás personajes que ven las niñas, están de frente. Si se trasladan de un sitio a otro, lo hacen, de ordinario, sin mover los pies y sin dejar su orientación de cara hacía las niñas.

El viento agita, a veces, la cabellera de la Señora, cabellera que le llega hasta cerca de la cintura.

Cuando la Visión se fue «a nosotras —dice Conchita— nos dio mucha pena».

Las Llamadas

14. — Con una inusitada alegría quedaron las niñas después de conocer a su Madre del cielo. Por eso, cuando al día siguiente se levantaron muy de mañana, lo primero que pensaron las cuatro fue volver al lugar de la aparición, para agradecer el favor de aquel día inolvidable. Después fueron a sus casas dispuestas a obedecer a sus padres en todo. Desde aquel momento empiezan a poner en práctica las enseñanzas de la Señora sobre su «comportamiento en este mundo.

En la escuela, la maestra doña Serafina Gómez las recibió con lágrimas en los ojos, las besó repetidas veces y no se cansaba de hablar de la suerte que habían tenido al ser elegidas por Dios para tan excepcional favor.

Conforme se acercaba la hora de la cita crecía en las niñas la emoción y la impaciencia.

Los padres les dijeron: —Es la hora, ¿por qué no vais a rezar al cuadro? Y entonces las niñas contestaron:

—Es que todavía no nos ha llamado.

Fue aquélla la primera vez que las pequeñas hablaron de lo que ellas mismas calificaron con el nombre de «las llamadas». Se trata de una voz interior que perciben claramente. Una especie de aviso sin palabras que no entra por los oídos, pero que sienten sin confusión posible. De la primera a la segunda llamada transcurre bastante tiempo, en cambio la tercera sigue casi inmediatamente a la segunda.

Uno de los investigadores de los hechos que estamos relatando, cuenta en sus apuntes que en una ocasión le preguntó a Jacinta:

—¿Cuándo la Virgen te llama, dice «¡Jacinta!»?

—La primera vez —explicó— dice sólo «Jacinta», la segunda «Jacinta, ven», y la tercera «Jacinta, corre, corre, corre...». Pero todo por dentro y sin palabras.

Una de las niñas trató de explicarlo más gráficamente diciendo que se percibía con las llamadas como una sensación de frescor, «algo así como cuando se come un caramelo de menta, pero distinto». La voz interior —decía otra niña— produce una gran alegría y cuando se trata de la tercera llamada se pone una muy nerviosa.

El párroco, al oír la explicación de las llamadas, acordó separar a las niña», dejando a Loli y Jacinta en casa de la primera y a Mari Cruz y Conchita en casa de esta última. Las niñas indicaron cuando tenían la primera llamada y la segunda; en el momento de producirse la tercera salieron corriendo las cuatro niñas a la vez, tanto las que estaban en casa de Mari Loli como las de la casa de Conchita, coincidiendo en el cuadro donde se les apareció la Virgen con el Niño en brazos.

Esta vez la aparición venía sin la compañía de los ángeles. La Virgen y el Niño se manifestaron muy sonrientes. Cuando le preguntaron «¿dónde estaba San Miguel? » se sonrió más.

El Niño era muy pequeño. Aparentaba un año escaso. No hablaba, pero se reía. La Virgen, en ocasiones, se lo ha dejado a las niñas. Entonces el público observa cómo lo cogen, adoptando las posturas propias del caso. Según las niñas no pesa, ofreciendo sólo resistencia la mano que cuando lo «toca», no puede avanzar más.

Mari Cruz le dijo al Niño:

Si te vienes conmigo te daré caramelos.

—El no decía nada —comenta Conchita— pero Ella nos habló mucho.

La aparición empezó a las siete y media y terminó a las ocho.

—Con Dios os quedáis y conmigo también —aseguran las niñas que dijo la Visión—. Mañana me volveréis a ver.

Ante la frecuencia de las visiones de las niñas, a partir de este momento, no es fácil establecer un orden cronológico ni señalar el contenido exacto de cada manifestación. A partir de este momento y salvo visiones concretas cuyos diálogos se han tomado de cerca, en cinta magnetofónica o en transmisiones por notas, nos vemos forzados a dar cuenta de los hechos principales que se han podido comprobar a través de diferentes testigos pero sin poder concretar a qué aparición corresponden exactamente.

Así, diremos, que desde los primeros días de este mes de julio, se observó cómo las niñas tomaban pequeñas piedras del suelo y las levantaban para que fuesen besadas por la Visión. Estas piedras se dedicaban en el momento del ofrecimiento a determinadas personas. «Esta para Andrés... ésta para Milín, etc».

Muy pronto las piedras fueron sustituidas por objetos piadosos, como rosarios, medallas, etc. También era muy frecuente dar a besar las alianzas. De aquí las fotos donde se ven a las niñas con un montón de rosarios al cuello y los dedos repletos de alianzas.

Un hecho curioso es que si se daba a besar un objeto por segunda vez, las niñas, al ofrecerlo a la Visión decían: «Ah, ¿ya está besado?» y frecuentemente lo devolvían afirmando: «Dice la Virgen que éste ya está».

Durante el trance se observa en las niñas una transformación en el rostro que queda arrobado y como embellecido. Obsérvese las fotos que insertamos sobre el particular.

Frecuencia y duración de las visiones

15. — Aunque en los quince primeros días las visiones fueron continuas, después se han ido multiplicando en forma creciente. Con frecuencia se producían varias veces al día. Las horas han sido también muy distintas: a la primera hora de la mañana; a media mañana, después de comer, etc. Lo normal era de siete a nueve de la tarde. Después se produjeron por la noche, terminando en alguna rara ocasión a las cinco de la madrugada.

Su duración también fue muy variada. De dos a cinco minutos --—cuando se trataba de dar una aviso instantáneo, como, por ejemplos «hoy no vendrá la Virgen porque hay un grupo donde están bailando» o «volveré a veros sobre tal hora...»—hasta el trance normal que solía durar unos treinta minutos y se prolongaba, con frecuencia, hasta dos horas. En una ocasión Loli estuvo desde las nueve de la noche hasta las cinco de la mañana, con alguna breve interrupción.

Esto no es nuevo en las historia de la mística. Santa Teresa decía en «Las moradas»: «Aunque a veces dura gran rato, otras, de pronto, se acaba, como queriendo comunicar el Señor que no es cosa que se pueda procurar por ninguna vía humana. Mas aunque está algunas veces rato, quítase y torna.

Durante las visiones el tiempo no corre para las videntes. De aquí esas frases de «no has estado más que un minuto» sorprendiéndose ante el informe de la hora transcurrida que la Visión y que siempre se ha comprobado por los presentes con exactitud, facilitando así una nueva prueba sobre su realidad.

Expresivo resulta el hecho de que a pesar del largo tiempo transcurrido y de la postura de rodillas sobre pedruscos de duras aristas, con la cabeza hacia atrás, en posición violenta, nunca han manifestado el menor cansancio, ni se acaloraron durante el verano ni sudaron a pesar de lo vertiginosamente rápido de las marchas extáticas. Al terminar, la sensación y el aspecto de las pequeñas es de absoluta normalidad y descanso.

Las primeras visiones, como hemos visto, fueron del ángel. En Fátima también ocurrió así. Pero se ha comprobado después que, aunque algunas de las niñas habían oído hablar de las apariciones de Fátima, ninguna sabía que fueron precedidas por la presencia del ángel.

Las niñas esperan a la Virgen con impaciencia, pero sin sensación de temor o inquietud. Sólo al principio, cuando vieron el resplandor, y no vieron el camino, se atemorizaron un poco. Pero en seguida disfrutaron de una profunda paz y gran alegría. Como se dice en «La teología de la perfección cristiana» del P. Royo Marín, «las visiones de Dios suelen producir al principio gran temor; pero luego dejan el alma llena de amor, de humildad, de suavidad y de paz» .

16. — En cuanto al ritmo y forma de producirse estas visiones diremos que desde el 18 de junio al 2 de julio, las niñas vieron al ángel pero no hablaron. Después comenzaron los diálogos. El 2 de julio se aparece la Virgen. En la segunda quincena de julio principian las oscilaciones y balanceos. Hacia el 2 ó 3 de agosto tienen lugar las primeras caídas. Y el día 5 se inicia el fenómeno de las marchas extáticas en sus distintas formas, como veremos en su capitulo correspondiente.

CAPITULO 4

DETALLES DE ALGUNOS TRANCES

17. — El día 27 de julio hubo una aparición que ha relatado con toda minuciosidad un testigo presencial.

Por la mañana tuvieron la primera Visión, que anunció otra para los ocho de la tarde.

—Hoy es antes —habían dicho las niñas.

Se calcula que la hora anunciada, se encontraban más de 600 personas en el pueblo de San Sebastián de Garabandal, pendientes de los acontecimientos. Entre ellas, siete sacerdotes y un padre dominico de la Universidad Laboral de Córdoba.

Cerca de las ocho, las niñas llegaron a la calleja. Antes de entrar en el cerco, cayeron de rodillas, situándose dos delante y dos detrás, separadas unos 50 cm. Conchita mantuvo casi todo el tiempo la cabeza hacia arriba, en postura muy forzada. Las otras tres miraban hacia adelante, con ojos clavados en lo alto. Mari Cruz, lloraba. La expresión de los rostros era muy dulce. A veces se sonreían y en otros momentos se reían francamente.

En cierta ocasión sacaron todas al mismo tiempo las medallas que llevaban colgadas al cuello para darlas a besar.

Esta es de un hombre que me ha dicho que se la beses muy fuerte.

Jacinta inició uno de aquellos movimientos oscilatorios que al final acabaron en las caídas de que hablaremos en su momento. Mari Cruz, en trance, extendía el brazo para evitar que Jacinta se derribara. Jacinta, hubo un momento, en que quedó medio tumbada en el suelo. Conchita le dijo a Mari Loli:

—Crúzame los brazos. Me los has cruzado al revés. Solamente las niñas videntes» cuando no están en éxtasis pueden tomar a otra que está en éxtasis y mover sus miembros como los de un muñeco para dejarlos fijos en una posición. Cualquier otra persona encuentra una rigidez difícil de vencer. También entre ellas se levantan sin esfuerzo; en cambio entre dos hombres apenas pueden mover el cuerpo de una de las niñas cuando se encuentra en trance. En una de las fotografías que publicamos vemos a Conchita levantando a Mari Loli, ante la puerta de la iglesia, con gran facilidad —para darle a la Virgen un objeto a besar— como consecuencia de esa ingravidez que caracteriza a las videntes y que sólo se manifiesta entre ellas.

A este mismo grupo de fenómenos responden los casos de levitación que se han producido en Garabandal. En esta Visión, y según manifestaciones de un testigo presencial que extractamos aquí, Mari Cruz estuvo todo el tiempo con las rodillas clavadas sobre una cuña de piedra de cinco centímetros de anchura, sin manifestar dolor ni cansancio.

Al despedirse, lanzaron besos al aire y abrieron y cerraron la mano con el gesto expresivo a que hemos hecho alusión anteriormente. Antes, le pidieron con insistencia que no se fuera tan pronto.

—¿Una hora ya...? ¡Qué va! Medio «minutín»... ¿Una hora y cuarto...? No, medio «minutín»... Pero será como dices porque Tú no mientes.

Conchita dijo, reproduciendo la frase de la Visión: —Una hora y veinticinco minutos... —que era exactamente el tiempo transcurrido en el trance.

La vuelta a la normalidad fue repentina y unánime, como si se tratara de una lámpara a la que le quitan la corriente. Las cuatro bajaron la vista a la vez, recobraron su voz y su actitud normal y dijeron: «Vamos a rezar el rosario».

Hablamos de recuperar su voz, porque los diálogos con la Señora los hacen como cuchicheando, en tono un poco forzado. Existen varias copias de las cintas magnetofónicas que reproducen algunos de estos diálogos.

En la conversación de este día que estamos comentando, le preguntaron por qué no había traído al Niño; hablaron de algunos sacerdotes allí presentes; le contaron a la Señora que el párroco les había dado ciruelas en la sacristía; que el pulpito de la iglesia estaba a punto de caerse; que don Valentín le había regañado a Conchita por llevar la melena suelta, «como la de San Miguel»; que la madre de Conchita era muy negra y sólo tenía dos dientes... También hablaron de que les habían hecho una película y de que nunca habían estado en un cine, aunque pasaron en Torrelavega por delante de uno, «que era una casa»...

Al hablar de los sacerdotes, especial preocupación de las niñas en sus conversaciones con la Virgen, dijeron que había venido uno con hábito blanco y zapatos con agujeros. No les salía el nombre de la Orden a la que pertenecía y la Visión les dijo que se trataba de un dominico. —El «dominicu», sí— decían las niñas muy contentas de haber logrado recordar la palabra.

Conchita en Santander

18. — Ante el temor de que Conchita, que parecía la de mayor personalidad, pudiera influir en las otras, se acordó por algunos médicos y sacerdotes aislarla de las demás, trasladándola a Santander.

En Santander fue atendida y vigilada de cerca. Visitó también al señor Administrador Apostólico.

En una ocasión, Mari Cruz, Mari Loli y Jacinta entraron en éxtasis y la Virgen les dijo que en aquel momento Conchita estaba también en trance. Las tres se alegraron mucho y dijeron: —¡Qué gusto! Ahora te estará viendo en Santander.

El éxtasis de Conchita fue en plena calle, ante la iglesia de la Consolación, coincidiendo con la misma hora en que las niñas de Garabandal hablaban con la Señora.

Conchita dice en el diario «que tuvo que intervenir la Policía Armada, que hubo mucha gente alrededor... Cuando se terminó la aparición —sigue diciendo— me metieron en una oficina con un sacerdote y un médico. El sacerdote se llamaba don Francisco de Odriozola y el médico el doctor Piñal. Me decían que cómo había hecho estas cosas, que estaba loca, engañando al mundo de esa manera. También me decían: ponte tiesa y mírame a la nariz, que te voy a hipnotizar. Yo me reía y él me decía: No te rías que no es cosa de risa. Y ese día ya no me hicieron más cosas» [1].

Después de hacerla visitar por varios médicos decidieron dejarla en Santander para que se «distrajera». Acompañada por unas muchachas de su edad empezaron a aplicarle la nueva terapéutica curativa, que consistía en ir a la playa y a las ferias. Las dos atracciones eran nuevas para ella. Pero su corazón estaba en la montaña, junto a sus compañeras de juegos y visiones, pensando en la Señora, cuya idea le obsesionaba. «Como a la playa iba todos los días —dice— no se me apareció la Virgen»..

Transcurridos ocho días, intervino un amigo de la familia para que regresara a Garabandal. Su madre fue a buscarla. Según Conchita «El médico se enfadó mucho y me decía muchas cosas para que no me fuera. Y yo le dije que no veía a la Virgen pero que las otras se me hacía que sí». Y acaba en su diario afirmando: «Se portaron todos muy bien conmigo después de todo».

Cuando llegó a Garabandal se encontró con «varios Padres y mucha gente que salía a su encuentro», porque Loli y Jacinta, que estaban en trance en la iglesia, acababan de decir «que yo venía por la carretera como era verdad»; que la Virgen se les acababa de decir. Por eso salieron a comprobarlo encontrándola en el camino que une a Garabandal con Cosío. Conchita, al regresar, les dijo a sus compañeras que en Santander había visto sólo una vez a la Virgen, que otra le había hablado, pero sin verla. «Me ha dicho que no se me

---

[1] Transcrito del Diario de Conchita. 80

apareció más veces porque iba a la playa».

Revelaciones secretas

19. — El día 29 de julio tuvieron las niñas una manifestación controlada por un facultativo que les tomaba el pulso, diagnosticando su normalidad. El público se apelotonaba y producía ruido, dificultando el oír la palabras de las niñas, pronunciadas en aquel medio tono de cuchicheo. El ruido aumentó al desmoronarse un grupo de piedras que formaba una pequeña tapia donde el público pretendió subir.

Una pareja de la Guardia Civil intentaba poner silencio. De pronto cesó el trance, volvieron a la normalidad y dijeron:

—Ha dicho la Virgen que vayamos a los Pinos; que pueden ir también nuestros padres, los sacerdotes, las religiosas y los guardias. Pero que se coloquen a cierta distancia. Y los demás todavía más alejados.

Subieron a los Pinos. Las niñas, con gran serenidad, señalaron los sitios que debían ocupar cada cual. Los guardias contuvieron a la multitud que, aunque parezca inverosímil, cumplió fielmente las indicaciones de las pequeñas.

La Visión les había dicho a las niñas que el público podía ver. pero no oír. También les había dicho que les acompañarán dos niñas testigos, de nombre Mari Carmen y Sari, de unos seis años de edad.

La intervención de las niñas testigos no era nueva. En alguna otra ocasión, por orden de la Visión, habían intervenido también. En cierto momento se quiso cambiar alguna de ellas por otra niña mayor, de unos doce años, pero la Visión no autorizó el ser sustituida.

En aquellas manifestaciones la Señora les completó el mensaje y les reveló el secreto. El mensaje no podían hacerlo público hasta el 18 de octubre de 1961. Esta vez, cuando entraron en trance, adoptaron una expresión de profunda tristeza. La madre de una de las niñas comentó: «Están llorando». No se pudieron captar los diálogos, pero se oían los besos que lanzaban al aire.

A los pocos minutos el párroco llamó a Mari Carmen, una de las niñas testigos. Esta llegó lentamente y cuando le preguntaron por lo que hablaban, contestó con gran indiferencia: «Le piden a la Virgen que no les diga cosas malas». La exigencia de alejar al público y la corta explicación de Mari Carmen, confirmaron a todos que la Señora estaba hablándoles del castigo que la justicia divina tiene preparado para la humanidad, si desoyendo los mensajes de la Virgen no corrige su conducta.

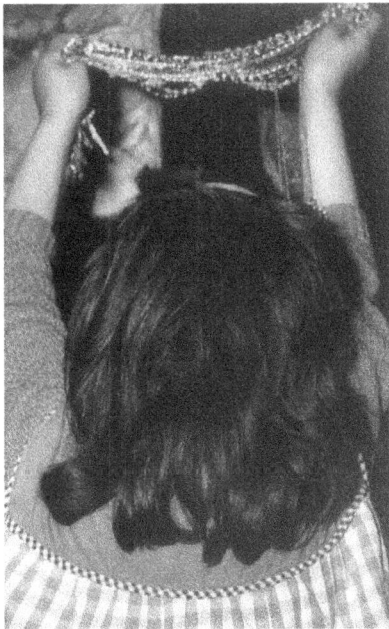

Tienes que besar todo esto...

Por fin se levantó una de ellas y tomó en sus brazos la corona de la Virgen. El público observa cómo la mira y la lleva hasta su cabeza. Después la corona pasa de mano en mano. Según el tamaño de la cabeza el público comprueba, por los gestos, que en unas entra más que en otras.

Un testigo presencial dice: «Levantan las manos como ofreciendo algo. Una cruza los brazos. Se oyen besos. Alargan los brazos, sonríen, escuchan algo y lloran. A los once minutos vuelven a la normalidad. Corrimos hacia ellas y observamos que una de las niñas tenía todavía lágrimas en la cara. ¿Por qué lloras...?, preguntamos. Pero no nos contesta»[2] .

A Loli le interrogan:

—¿A quién has visto?

—Vimos a la Virgen del Carmen. Tuvimos la corona en nuestras manos.

Estando hablando con ellas —dice un testigo— tienen la tercera manifestación de aquel día y quedan de nuevo en trance. Esta ver se oye lo que hablan con absoluta claridad. La visión ha venido con el Niño. Toman su corona. Comentan que es pequeña. Preguntan por los años que tiene. «La Virgen está contenta porque la gente ha obedecido. Ha dicho que recen el rosario. Que si quieren pueden venir a rezarlo aquí. Que no la verán hasta la "mañanuca"...».

Vuelven a la normalidad. Inician el rezo del rosario. Al llegar al tercer misterio, en la quinta avemaría, mientras rezan «el Señor es contigo» se quedan absortas sin terminar de pronunciar entera esta última palabra. Era la cuarta manifestación de aquel día 29 de julio. El éxtasis duro cerca de una hora.

—¿Para qué viniste?

—…

—Si la gente no hubiera obedecido, ¿no hubieras venido Tú?

—…

—¿Para que crean?

Ofrecen algo. Dan un beso.

—i Qué lindo es!

Siguen absortas, sin pestañear.

—Eres muy buena... Mañana vendremos en ayunas, sin comer na, ni na...

—¿Te beso el escapulario?

Se refieren al escapulario que con frecuencia cuelga del brazo de

---

[2] Tomado textualmente de uno de los muchos informes después de constatar su autenticidad.

la Visión, de la muñeca, junto a la mano.

—Hoy vinieron unos Padres del Carmen...

—...

—Me estoy acordando del «dominicu».

A las niñas les quedó muy grabado el recuerdo de este religioso, sin duda por el hábito blanco, que por primera vez habían visto.

—Enséñanos el vestido otra vez. Es blanco con flores blancas.

—¡Qué lindo!

—¡Déjame tu corona! ¡Qué grandísima es!

—Un guardia trajo una nena que no habla ni anda. Se lo he prometido... ¡Cúrala!

—...

—Cura alguno para que lo vea toda la gente.

Estas notas del diálogo han sido transcritas al pie de la letra del bloc de apuntes que tomó, ante las videntes, un testigo de absoluta garantía, quien hace después el siguiente comentario: «Dentro de mí se iba desarrollando un proceso de pensamientos que todavía era inicial en cuanto a las hipótesis que me iba formulando. En esos momentos pensaba en que aquello bien podía ser un caso de sugestión o de hipnosis y miraba a mi alrededor para ver si había alguno que pudiese ser el causante de la actuación de las niñas. Me llamaba la atención el que las niñas estuviesen dentro de una misma escena y el que cantasen y se santiguaran de manera unánime. Parecía, en algunos momentos, como si tuviese una sola alma. Las reacciones eran las mismas. Según estaba formulando en mi interior estos pensamientos, una de las niñas, Mari Loli, volvió en sí, mientras Jacinta, extasiada, seguía en la misma posición. Al volver Mari Loli del trance, tomó hacia mí su cabeza un poco y yo le pregunté:

—¿No ves a la Virgen?

Me respondió: —No, señor.

—¿Por qué?

Sn respuesta fue breve: "Se fue".

Yo le dije: "Mira a Jacinta". Loli miró a Jacinta que seguía extasiada y sonrió un poco al ver los gestos que hacía. Era la primera vez que vía a unos de sus compañeras videntes extasiadas estando ella en estado normal. A los pocos segundos de contemplar a Jacinta, yo pregunté a Loli:

—¿Qué te dice la Virgen?

Cuando me iba a responder, quedó de nuevo clavada con un ligero golpe de cabeza hacia arriba y ajena a nuestro mundo experimental. Entonces tuvo lugar este diálogo:

—¡Oh, ya vino Loli...! ¿Dónde habías ido, Loli...? ¿Por qué te fuiste...?

Todas estas frases fueron preguntadas por Jacinta. Loli contestó —dirigiéndose a la Visión—: ¿Por qué te fuiste...? Las dos a un tiempo dijeron: Ah, entonces ¿es por eso? Loli resumió, entonces, es para que crea.

La frase "para que crea" yo pensé que podía referirse a mí, ya que correspondía perfectamente al discurso de mía pensamientos interiores y además rompía la unanimidad en la manera de actuar de las dos niñas»[3] .

De pronto, ambas exclaman: «Ay, se fue...»

La vuelta a la normalidad duró la fracción de un segundo.

---

[3] Tomado del informe de Padre Ramón María Andreu, comprobado con otros testimonios.

CAPITULO 5

Del 30 DE JULIO AL 3 DE AGOSTO

20. — Los días 30 y 31 de julio tuvieron también varias visiones.

En este primer día insistieron en pedir una prueba para que todos crean.

—Que se haga de noche, en pleno día.

Y cuando esto decían era de noche, confusión que no es de extrañar en cuanto las niñas estaban rodeadas de luz.

—La Virgen —dicen las pequeñas— se pone seria cuando le pedimos un milagro.

Una de las manifestaciones la tuvo Mari Loli estando en casa de su abuela. A ella corresponde esta pregunta:

—¿Cómo vienes aquí, donde nadie nos ve?

Las pequeñas, en su afán de convencer al pueblo de la realidad de sus visiones, prefieren que los éxtasis sean en el exterior, para todos, y no para ellas solas.

El día 31 sorprendió al público ver por primera vez a las niñas andando de rodillas. Sintieron como si la Virgen se alejase un poco, e instintivamente se acercaron a Ella sin levantarse del suelo.

Este día también rezaron el rosario, en éxtasis, sin contar con los dedos ni equivocarse en las Avemarías, porque la Virgen les avisaba cuando era el Gloria.

—Alguna vez la Señora ha rezado con nosotras el Avemaría, pero sólo para enseñarnos a pronunciarlo bien.

El día 31, Mari Loli experimentó el fenómeno de las oscilaciones. Jacinta estaba delante y no veía a Loli, pero presentía sus ademanes de caerse y, alargando el brazo hacia atrás, sin volver la cabeza, la sujetó en varias ocasiones.

El campo de visión del espectador es distinto del de las niñas. Estas sólo se ven entre ellas cuando están en éxtasis. Al salir del trance pierde la visión recíproca. Pero la vidente, en estado normal, queda colocada en un campo intermedio: No ve a la aparición pero puede entrar en contacto con las que están en trance, en forma mental u oral, lo que no ocurre con el resto del público.

Además de poder hablar entre ellas, disponen de cierta facilidad para mover los miembros rígidos de las videntes, miembros que quedan endurecidos, como afectados por una parálisis, al contacto con los demás.

21. — El día 1 de agosto hubo tres visiones, a las diez cuarenta y cinco, a las doce quince y a las tres cuarenta.

En una de ellas las niñas rezaron el Avemaría con la siguiente expresión: «Santa María Madre de Dios y Madre nuestra...» La Visión les dijo que le parecía bien, pero que no volvieran a emplear esa fórmula hasta que no fuese introducida por la Iglesia.

En todas las manifestaciones ha podido apreciarse ese respeto de la Visión hacia lo establecido por la liturgia. Dado el parecido que los éxtasis y diálogos tienen entre sí, prescindimos de describir los detalles de los sucesivos, salvo cuando exista alguna particularidad digna de señalarse.

22. — En la tercera Visión de este día 1, le piden a la Señora que bese una piedra que llevaban preparada para un Padre que venia de fuera. Quiso decir el nombre y no le salió. Suena como a Canarias —dice la niña— pero no es ése su nombre... Por fin se lo pregunta a la Visión... «¡Dilo Tú!», se les escucha, y después exclamó: ¡Caracas, sí!

El nombre, quizá lo pudo decir en voz baja alguno del público, pero a pesar de ello era imposible que la vidente lo oyese porque se encontraba en esa situación de anestesia y aislamiento total que produce el trance. La alusión era para don Cipriano Abad, que en efecto, acababa de regresar de Caracas.

Caídas extáticas

33. — Saltamos hasta la segunda Visión del día 3 de agosto, a las nueve y cinco de la noche, donde Jacinta y Loli tuvieron la primera caída extática. A Jacinta la coge asustada su madre; a Mari Loli una autoridad de Madrid que se encontraba en Garabandal en aquel momento.

Las niñas cayeron al suelo, sincronizadas, pero en plena inconsciencia. A pesar de su postura, seguían viéndolo todo igual y viviendo aquellos instantes de profunda felicidad, dentro del mundo de su visión. Presentamos unas fotos de las niñas en el suelo, reproduciendo invertida una de ellas, para poder contemplar la mirada feliz y la expresión sonriente de Mari Loli a pesar su violenta postura.

Un testigo presencial dice en sus apuntes: «Las posturas que adoptan en sus caídas son generalmente escultóricas y de gran belleza. No se recuerda —yo no lo he visto— que hayan adoptado, ni siquiera una vez, posturas indecorosas ni incorrectas. Pueden permanecer en el suelo un momento o pueden estar varios minutos. Cuando caen juntas, la caída y de ordinario también el momento de levantarse, suele ser sincronizado. Por lo general forman bellos grupos de conjuntos. »

Como afirma el Padre Royo Marín en su teología de la perfección cristiana, «la actitud del extático es muy variada pero siempre digna y decorosa» [1].

Estando el día 3, caídas sobre la grada del altar de la iglesia, en cuya postura permanecieron unos 30 minutos, preguntan por Conchita a la Visión. Entonces fue cuando les dijo a las otras niñas que estaba llegando. A los pocos minutos vuelven a preguntar y se les oye decir:

—Ah, está en casa.

Y en efecto, Conchita había regresado en aquel momento de su estancia en Santander.

24.—El pueblo, al principio, no participaba en las visiones, encontrándose las niñas aisladas en su mundo. Pronto empiezan a tomar parte en él, rezando el rosario en común y entregándoles objetos para que los besara la Visión. A partir de aquel momento las niñas han hablado de ellos en sus diálogos, han localizado a varias personas e incluso las han tocado. Entonces, aunque sin verlos, lo sienten al tacto, cuando se trata de personas relacionadas con lo que en aquel momento hacen y dicen. Si el tacto procede de otra persona distinta las niñas no sienten nada, pues mantienen su estado de insensibilidad total.

Cuando devuelven alguna medalla o rosario e intentan meterlo por la cabeza, suelen decir a la Visión: —Cógeme Tú las manos y llévalas, pues yo no la veo. Entonces el movimiento es mucho más rápido y tan exacto que meten el rosario o la cadena sin tocar la cabeza [2].

A través de lo expuesto hasta este momento, el lector habrá podido calibrar el grado de naturalidad y confianza con que le hablan a la Señora, tratándola siempre de tú y expresándose con absoluta espontaneidad. ¿Es éste el trato que la Madre del Cielo quiere de sus hijos?

---

[1] Padre Royo Marín, «Teología de la perfección cristiana », núm. 463
[2] La devolución de los objetos que han recibido lo hacen en éxtasis y sin apartar los ojos de la Visión por lo que realizan sus movimientos sin mirar a la persona interesada.

CAPITULO 6

SIGUEN LOS PRODIGIOS

25. — El día 4 de agosto, Mari Loli y Jacinta tuvieron el éxtasis en los pinos en la forma habitual: dieron a besar medallas y rosarios, cayeron hacia atrás, etc. Después se pusieron de rodillas y Jacinta le dijo a la Visión:

—Ya vino Conchita. Le quitaron las trenzas en Santander. Está muy guapa y morena porque iba a la playa. Salieron del éxtasis y contestaron a varias preguntas de los que les rodeaban. Uno del público tenía un magnetofón y se lo enseñó a las niñas.

—Si veis a la Virgen otra vez decidle que hable por este aparato.

En esta conversación estaban cuando volvieron a quedarse en éxtasis. Mari Loli, que había entrado en trance antes de devolver el micrófono, lo elevó en alto y le dijo a la Señora:

—Anda, habla Tú, para que la gente crea... ¿Por qué no...? Habla, anda, sí, habla...

AI terminar el trance volvieron a pasar la cinta con los diálogos grabados. En el momento aludido se escuchó una voz inefable y dulcísima que a través del altavoz dijo:

—No, yo no hablo.

Todos quedaron sorprendidos. El dueño del magnetofón saltaba gritando: «Esto se lo mando yo al Papa». Procedieron por segunda vez a la retransmisión pero la voz había desaparecido. Bajaron desconcertados a casa de Mari Cruz, comentando del hecho, y pusieron de nuevo el aparato en funcionamiento y la voz misteriosa fue escuchada una vez más por todos. Las niñas aseguraron que era la voz de la Virgen. Después se ha pasado la cinta infinidad de veces sin lograr escuchar otra cosa que el monólogo de las videntes.

¿Se trata de un engaño...? ¿Fue sugestión...? Ni lo afirmamos ni lo negamos. Nos limitamos a contar lo que pasó según testimonio de muchos que presenciaron los hechos. En nuestro poder existe la narración de este extraño suceso por diferentes testigos, cada uno de los cuales lo expone a su modo, pero coincidiendo todos en lo esencial. Estas narraciones han sido redactadas y firmadas por las siguientes personas:

Don Gaudencio Cepeda Palacios, de 33 años, natural de Torquemada; don Jerónimo Díez Serrano, de 38 años, natural de Cabezón de Liébana; don Agustín Pinay Martínez, de 40 años, natural de Santillana del Mar; don Luis Toribio Millán, de 33 años, natural de Aguilar del Campo; don José Salceda Calderón, de 42 años, también de Aguilar del Campo, y doña María del Rosario y doña María Elisa Salceda, hijas del anteriormente citado.

Marchas extáticas

26. — A este día 4 de agosto corresponde la primera marcha extática. En ellas, lo mismo andan hacia adelante que hacia atrás. En realidad no necesitan los ojos para ver, por cuanto van guiadas por el resplandor interior de sus visiones.

El día 5 bajaron desde los Pinos a la iglesia en marcha extática, a una impresionante velocidad. Obligarles a parar era dificilísimo, pues en sus marchas desarrollan una gran fuerza. Conchita, en sus diálogos, pedía perdón por haber ido a la playa e insistía en la necesidad de un milagro para que todos creyesen.

El día 6, en el éxtasis de la noche, rezaron el rosario. A las diez horas doce minutos, salieron del trance en el que habían entrado a las nueve y media. Entonces rezaron una Estación al Santísimo en estado normal. El público salió impresionado del contraste, de la diferencia de voz, de ritmo y de devoción de los rezos de las niñas, según se encuentran o no en estado extático. «Cuando se encuentran en trance —dice un testigo presencial— la atención y la devoción son admirables.»

El día 7 de agosto tuvieron un primer trance a las dos de la tarde. En aquella visión la Señora les dijo que permanecieran en casa sin salir. Estos avisos responden a la exquisita protección que la Virgen les dispensa, gracias a la cual no ha habido ningún contratiempo, a pesar de las masas de gentes de todas las clases que acudieron en aquellas fechas a Garabandal. Por lo general, la orden de permanecer dentro de casa coincidía siempre con las fechas de mayor afluencia de público.

Aquel día perdió Loli un rosario. Como no lo encontraba le preguntó a la Visión. Y Esta le dijo exactamente el lugar donde lo hallaría. El caso no fue único. En diferentes ocasiones han sido localizadas medallas y objetos religiosos, perdidos en aquel trasiego de cosas entregadas a las niñas, de caídas y de marchas en éxtasis que se encontraban después por el procedimiento de pedir a la Señora una explicación minuciosa sobre el particular.

Las marchas han adoptado diferentes formas: unas veces iban las cuatro niñas juntas, de frente y a ritmo normal; otras de espaldas; en ocasiones comenzaron juntas y se separaron después, siguiendo cada una por distinta calle y encontrándose, con muestras de gran alegría, en un punto determinado; con mucha frecuencia fueron de frente, a gran velocidad, de forma que el seguirlas se hacía muy difícil; a veces han ido de rodillas y hasta en una ocasión sentadas. Como dice el Padre Royo Marín en su obra citada «hubo santos que durante su éxtasis, hablaban con el objeto de su Visión contemplativa e incluso echaban a andar en marcha extática. En tal sentido son famosos los casos de Santa Catalina de Sena y Santa

Magdalena de Paccis[1]»

La visita del P. Luis María

27. — El día 8 de agosto, es fecha señalada en la historia de Garabandal.

A las seis de la mañana habían salido de Aguilar del Campo veinte personas, distribuidas en cinco coches. Entre ellas iba el P. Luis María Andréu, de la Compañía de Jesús.

Llegaron por la mañana a Garabandal y el párroco de Cosío le entregó al P. Luis María la llave de la iglesia, pues aquel día tenía que ir a Torrelavega. Después de la misa, en la que comulgaron Conchita, Jacinta y Loli, las niñas dijeron que la Señora les había anunciado que tendrían Visión en la iglesia a las dos de la tarde.

El P. Luis Andréu celebraba siempre con gran devoción, pero la misa de aquel día, según manifestaciones de varias personas, se distinguió entre todas. Al principio lo atribuyeron a la presencia de las videntes. Después se relacionó con el hecho de que aquélla iba a ser la última misa del P. Luis María, circunstancia que pudo intuitivamente presentir. Algunos lo relacionaron con el pequeño incidente de que al servir la vinajera la encontraron vacía, lo que obligó a su ayudante a traer el vino de una casa vecina, con el recelo de que no estuviese en condiciones para celebrar. Este temor se lo comunicó al P. Luis María, quien se recogió, cerró los ojos, juntó las manos y tras unos breves momentos de oración, hizo un gesto afirmativo con la cabeza y prosiguió la misa. Todo aquello, unido a las visiones de la víspera y a las que se esperaban, confiadamente, para aquel día, pudo tener una decisiva influencia en la devoción y el fervor colectivo de aquella celebración. Lo cierto es que el público comentó a la salida el silencio, la piedad y la emoción de fe con que celebrante y asistentes se unieron, en íntima comunión, ante el altar.

A las doce horas y diez minutos de la tarde, las niñas entraron en éxtasis. A Conchita se le oyó insistir en la necesidad del milagro público. «A Lourdes y Fátima les diste una prueba...» Sonríe. «¿Quieres que te enseñe todo lo que traigo?»... Exhibe siete u ocho

---

[1] Padre Royo Marin, «Teología de la perfección cristiana», núm 467

rosarios... «Los tienes que besar»... «Hoy nos han traído unas muñecas»... «¿Qué te parezco con el pelo corto?... «Vienes a la tarde... ¡Ay, qué gusto!»

Jacinta dice luego: «¿Esta tarde, también tenemos que estar dos en cada casa?»... «¿Cuántos años tienes?» «Me llevas tres... ¿Seis...? Es verdad, doce y seis dieciocho. A Loli siete, porque ella tiene once.»

Después le preguntan por qué no ha venido el ángel y comentaban la llegada de unos sacerdotes que subían por primera vez a Garabandal. «Uno de ellos ha dicho la misa muy despacio y muy bien.» Conchita añade: «Cuando te pedimos una prueba, ¿por qué te pones seria?... Ya va a hacer dos meses.» Loli insiste: «¡Dala ahora mismo! Siempre dices ya la darás, ya la darás...»

Después fueron andando hacia atrás hasta el altar de la Virgen del Rosario. Allí lo rezaron con patética devoción y tuvieron una caída extática. Luego quedaron citadas con la Señora para la Visión de la noche.

Hemos querido transcribir algunas frases de los diálogos que hemos tomado, tras constatar su exactitud, de los cuadernos de notas de don Andrés Pardo, de don Valentín Marichalar y del P. Luis María Andréu, para poner de manifiesto una vez más el trato de impresionante confianza y naturalidad que en todo momento han mantenido las niñas con la Señora. Trato que, a juicio de muchos, nos marca una conducta a seguir...

¡Milagro, milagro!

28. — El mismo día 8 de agosto, a las nueve horas treinta y cinco minutos, comenzaron los fenómenos de la segunda visión. Ante el altar mayor caen en éxtasis las cuatro niñas. Respiran hondamente:

—Sí, como Tú quieras, como Tú mandes... No hemos dado ninguna prueba y la gente no cree... Lo mismo me da ir a todos lados. Como Tú digas...

Se levantan y salen de la iglesia, en marcha extática, dispuestas a recorrer todos los sitios donde habían tenido apariciones. —

¿Cuándo va a ser el próximo día que te veamos para que la gente venga? Le oí decir a la gente que es una enfermedad nuestra y los crios nos tiran piedras... Si estás contenta con nosotras lo mismo nos da... Suben en marcha velocísima hasta los Pinos. Loli tiembla.

La Visión recibe el ofrecimiento de cartas.

—Sí, aquí es donde se va a hacer la capilla... Este es buen sitio... ¿Nos ponemos así?

Se arrodillan. Cantan el himno a San Miguel. Besan algo en el aire. En este momento el P. Luis María aparece profundamente emocionado, se queda muy pálido y por cuatro veces dice con voz clara: «Milagro, milagro...»

—Después las niñas vuelven a la iglesia, tras una «bajada impresionante» según frase del citado Padre. Conchita se da cuenta de que ha perdido uno de los rosarios que le entregaron.

—Perdí el rosario, era el del estudiante —dice a la Visión—. Qué disgusto tengo, ¿me reñirá...? ¿Eh...? ¿En dónde se me cayó? Allá arriba. ¿Más arriba de donde te vimos?

Rezan el rosario. Lo dirigen Loli y Conchita. Estas notas están tomadas del cuadernillo del P. Luís María. Son las últimas líneas que escribió en su vida

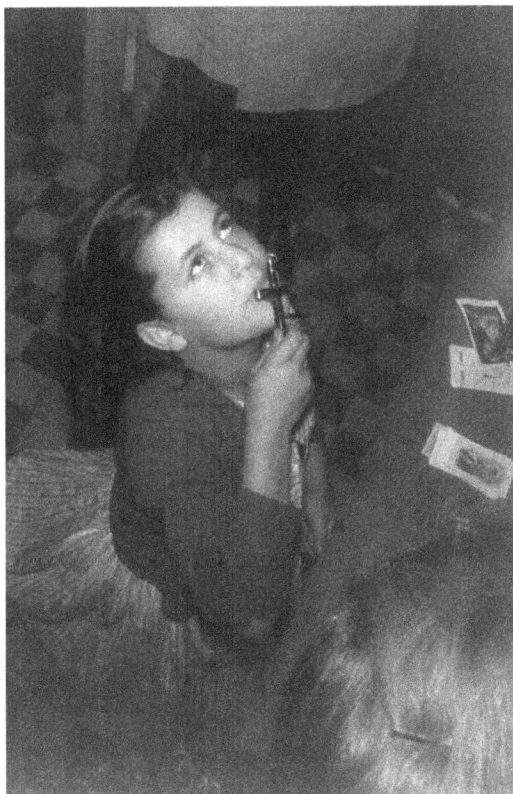

*En éxtasis su
fisonomia se transfigura*

En aquella bajada, en la que parecía que las «niñas llevaban alas en los pies»[2] , se perdieron dos rosarios. El del P. Luis María, que lo perdió Mari Loli, si bien la Virgen le dijo también dónde se encontraba, y el del estudiante, con cuyo calificativo aludían a un seminarista, don Andrés Pardo.

Mari Loli quiso subir en el acto a buscarlo, pero como era muy tarde, el P. Luis María le dijo:

—No, ahora es tarde. Mañana, con la luz lo vas a recoger *y si no*

---

[2] Palabras del Padre Royo Marin

vuelvo más lo guardas bien y se lo das a mi hermano cuando venga, que él sí que vendrá. La niña, según manifestó, lo encontró en seguida porque la Virgen le dijo dónde se había caído y bajo qué piedra estaba.

El hecho es significativo. Analicemos el caso. Se trata de un rosario, del tamaño de una moneda —rosario de peregrino con el clásico orificio donde se introduce el dedo para hacerlo girar— que se pierde de noche tras una veloz carrera. La niña responsable le dice a la Visión que lo ha perdido y a través de un breve diálogo identifican la piedra bajo la que se encuentra.

El rosario lo guardó la niña celosamente en espera del P. Ramón Andréu, pues como aseguró su hermano antes de morir, él sí que fue a recogerlo.

«Hoy es el día más feliz de mi vida»

29. Lo que ocurrió en el coche de don Rafael Fontaneda Pérez, en cuyo coche iba el P. Luis María Andréu al finalizar el día 8 y primeras horas de la madrugada del 9, nadie mejor para contarlo que el propio señor Fontaneda, quien regresaba de Garabandal acompañado de su esposa, de una hija, del mecánico del vehículo, don José Salceda y del citado Padre.

Por esto transcribimos a continuación la versión que de los hechos redactó a las pocas horas de ocurrir.

Dice así don Rafael Fontaneda:

«Ese día 8 de agosto, encontramos a don Valentín Marichalar, cura párroco de San Sebastián de Garabandal, quien entregó al P. Luis María la llave de la iglesia, rogándole hiciera de párroco, pues él tenía que ir a Tórrelavega. Yo observé una gran alegría en el Padre, quien me dijo: «Faito, hoy soy párroco de Garabandal», y bromeaba conmigo en este sentido.

La misa que celebró en la iglesia de San Sebastián fue extraordinaria a juicio de cuantos la presenciaron, despertando una gran emoción.

Las niñas tuvieron éxtasis por la mañana. El P. Luis María estuvo muy próximo a ellas y, como otras veces, tomaba notas de lo que las niñas hacían y decían. Durante este éxtasis hubo momentos en que el Padre parecía absorto. Los más próximos a él pudieron observar cómo durante algunos momentos cayeron lágrimas por sus mejillas. Eran lágrimas silenciosas que procedían, al parecer, de un especial sentimiento de estar en presencia de algo extraordinario.

Al hablar yo de esto con su hermano, el P. Ramón María, al día siguiente, mostró gran extrañeza, pues desconocía a su hermano en esta faceta de emotividad. «Nunca le he visto llorar», me dijo.

Por la tarde, el éxtasis de las niñas adquirió un ritmo de velocidad impresionante subiendo a los Pinos y bajando en estado de éxtasis. Durante el rato que estuvieron en los Pinos, el P. Luis María inspeccionó a las niñas con toda minuciosidad. Parecía como si no quisiera perder un solo detalle de lo que sucedía. De pronto observamos como si una emoción especial le invadiese y por cuatro veces pronunció, en tono alto y visiblemente impresionado, las palabras «¡milagro, milagro!» Luego guardó silencio y las niñas iniciaron el descenso diciendo, en éxtasis, que iban a la iglesia. Lo decían, como de costumbre, en su diálogo con la Virgen.

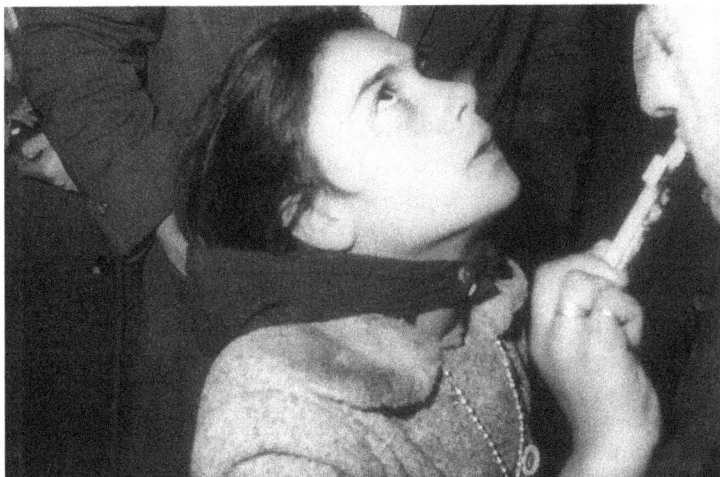

Este descenso a la iglesia fue vertiginoso. El P. Royo Marín, 0. P., avisó a los presentes que corrieran a la iglesia, adonde iban las niñas y lo comentó diciendo: «Corran a la iglesia que las niñas llevan alas en los pies.»

El descenso de San Sebastián de Garabandal a Cosío lo hicimos, unos andando y otros en «jeep». Al P. Luis María, como deferencia, se le hizo bajar en «jeep». Observé que estaba muy contento. Los familiares míos, que bajaron también con él, me han contado que expresó su alegría con frases claras, así como manifestó una absoluta certeza en lo que a las videntes se refería.

Una vez en Cosío nos fuimos repartiendo en los diversos coches que formábamos la expedición y, aunque le reclamaron en el coche de mi hermana, él prefirió venir conmigo, ya que conmigo había subido.

En el coche fuimos mi esposa Carmen, mi hija Mari Carmen, de ocho años, y yo, detrás. Delante iban José Salceda al volante, y el P. Luis María.

A lo largo de casi todo el viaje vinimos comentando lo que aquel día habíamos visto. Me dijo el Padre que había hablado con el P. Royo Marín y que habían estado de acuerdo en todo. Tanto mi esposa como yo, y también José Salceda, observamos una profunda e intensísima alegría en el P. Luis María, así como una gran seguridad. Hablaba sin prisas y repetía muchas veces estas frases: «¡Qué contento estoy!» «Estoy pleno de dicha. ¡Qué regalo me ha hecho la Virgen! Ya no puede caber la menor duda de que lo que sucede a las niñas es verdad.» Así vinimos hablando un rato. Paramos para tomar un refresco en Puentenansa. El Padre se limitó a beber un refresco a la temperatura del tiempo.

En Torrelavega encontramos a un «jeep» que había ido también con gente de Aguilar del Campo. Era el «jeep» que nos había subido a San Sebastián de Garabandal. Paramos por si necesitaban algo y se bajaron del coche el mecánico señor Salceda y el P. Luis María y hablaron un rato con ellos.

En este segundo tramo del regreso yo le dije: «Padre, ¿por qué no duerme un rato?» Así lo hizo por espacio de una hora aproximadamente,' hasta poco antes de llegar a Reinosa. Al despertar dijo: «Qué sueño más profundo he tenido. Qué bien me encuentro. No estoy ni siquiera cansado.»

Todos veníamos con sueño, porque la eran las cuatro de la madrugada. Ya en Reinosa paramos en una fuente para beber.

Reanudamos el viaje y, después de entrar en la ciudad. el P. Luis María volvió a repetir las frases que habían de sintetizar la conversación del viaje: «Estoy pleno de dicha. ¡Qué regalo me ha hecho la Virgen! ¡Qué suerte tener una Madre así en el cielo! No hay que tener miedo a la vida sobrenatural. Las niñas nos han dado el ejemplo de cómo hay que tratar a la Virgen. A mí no me cabe duda de que lo de las niñas es verdad. ¿Por qué nos habrá elegido la Virgen a nosotros? Hoy es el día más feliz de mi vida.»

Al decir esta frase dejó de hablar. Yo le hice una pregunta y al no obtener respuesta le volví a preguntar: «Padre, ¿le pasa algo?» Yo creía que se mareaba. El respondió: «No, nada, sueño.» Inclinó la cabeza e hizo como un ligero carraspeo.

José Salceda se volvió hacia él y al observar que tenía los ojos vueltos, dijo: «El Padre está muy malo.» Mi esposa le cogió por la muñeca y al no encontrarle el pulso gritó: «Para, que no tiene pulso; aquí hay una clínica.» Yo, creyendo que era un mareo, había intentado abrir la puerta en el momento en que paró el coche y le dije: «No se preocupe, Padre, que no es nada; se le pasará en seguida.» Mi esposa añadió: «Vamos a llevarlo a la clínica.» Yo le respondí: «No digas bobadas.» Pero ella insistió: «Sí, que está sin conocimiento.»

Habíamos parado junto a la clínica, rebasada ésta, a unos cinco o diez metros. Llamamos e inmediatamente nos abrió una enfermera quien al ver al Padre dijo que estaba muerto. La enfermera le puso una inyección.

Entretanto José Salceda fue a buscar un sacerdote y un médico. El médico llegó a eso de los diez minutos. Era el doctor don Vicente González, quien sólo pudo constatar que se trataba de un cadáver. Inmediatamente llegó el señor párroco, quien le administró la extremaunción.

Pasados los primeros momentos de incertidumbre y nerviosismo, llamé por teléfono al P. Ramón, que estaba dando Ejercicios Espirituales a una comunidad de religiosas de Valladolid.

A las pocas horas vino el P. Royo Marín, quien nos acompañó y consoló. Vinieron mis hermanos y mi cuñado desde Aguilar del Campo, y a eso de la media mañana Llegó el P. Ramón.

Siempre que he comentado con mi esposa estas escenas, tan terriblemente impresionantes para nosotros, hemos sentido a la vez una paz y una sensación de serenidad inconfundible. El comentario que ha brotado repetidas veces al preguntarnos de qué murió el P. Luis María ha sido éste: «Murió de felicidad.»

A pesar de haber pasado en la fracción de un segundo, de la normalidad más absoluta a la muerte, el cadáver del Padre quedó con una sonrisa en los labios.

Pregunté al P. Ramón qué precedentes tenía de alguna dolencia o afección cardíaca y me dijo que ninguna. Lo único que padecía era una alergia al heno que se le manifestaba durante la primavera, pero que no le impedía desarrollar sus actividades ordinarias. Los medicamentos que tomaba eran unas píldoras o grageas que los médicos le habían recomendado para el tratamiento de esa alergia.

El día 8 de agosto, al bajar de Cosío, lo hizo en «jeep», de manera que no puede estimarse que su cansancio fuera superior al de los demás, que, sobre el haber estado todo el día en San Sebastián de Garabandal, habían hecho andando, en la noche, los siete kilómetros que llevan a Cosío.

Durante el año anterior, en el que desarrolló como profesor el curso de Teología en Oña, frecuentemente hacía deporte en el frontón y salía en compañía de otros profesores al campo los días de vacación; a cuyos ratos de descanso aludió en varias ocasiones durante los días de su estancia en nuestra casa.

Poco después, también en San Sebastián de Garabandal, las niñas me dijeron que la Virgen les había dicho que el P. Luis María la había visto cuando gritó: «¡Milagro, milagro!» en los Pinos. Más tarde cuando presencié los diálogos que han tenido con la voz del Padre, todas las escenas de aquellos momentos dolorosos de la madrugada del día 9 de agosto de 1961, se cubrieron para mí de una especial significación, en la que la Providencia de Dios y el Amor de María jugaban un importantísimo papel.

«Este es el día más feliz de mi vida», había dicho el Padre. Yo quise preguntarle qué significaba aquella frase, ya que para un sacerdote el día más feliz debía ser el de la ordenación sacerdotal, pero no me dio tiempo, anticipándose él con una respuesta que le introducía en la felicidad eterna.

El P. Royo Marín nos dijo: «Verdaderamente que el día de llegar a los brazos de Dios es el más feliz de la vida.»

Esto fue lo que ocurrió a las cuatro y veinte de la madrugada del día 9 de agosto de 1961, regresando de San Sebastián de Garabandal. Como dato que puede servir para dar la medida de la suavidad de ese tránsito, diré que mi hija, de ocho años, que viajaba en el coche con nosotros, al llegar a Aguilar del Campo, se acostó y durmió sola, toda la noche, sin la menor sensación de miedo o de nerviosismo.

El crucifijo mío de cursillista, que apliqué a los labios del P. Luis María y que anteriormente había sido besado por la Visión de Garabandal, se lo entregué al P. Ramón María, quien lo conserva como el más precioso regalo.»

Funeral del Padre Luis María

30. — Pero aquí no acaba la historia del P. Luis María. Lo más sorprendente de esta historia se produjo a los pocos días, cuando las niñas aseguraron que habían hablado con él. Según dicen, ven la luz propia de las Visiones y, como saliendo de la luz, la voz del Padre. En alguna ocasión sostuvieron este prodigioso diálogo estando presente su hermano, el P. Ramón Andréu, quien al oírles aquella extraña versión se desilusionó enormemente, pensando se trataba de

un caso enfermizo de sensibilidad, donde las niñas, afectadas por la muerte de su hermano, decían ahora que hablaban con él como antes lo hacían con la Señora; otro producto sin duda de su imaginación. Mas la sorpresa del P. Ramón fue grande cuando escuchó el diálogo de las niñas en un estado perfecto de éxtasis y pudo percatarse de que hablaban cosas reservadas que sólo ambos hermanos conocían, comentando detalles de los últimos días y de su muerte, algunos de ellos desconocidos por el propio P. Ramón y que fueron comprobados después. En el citado diálogo llegaron incluso a escuchar palabras en lengua extranjera, palabras que las niñas reproducían con dificultad de pronunciación.

Como consecuencia de este sorprendente suceso, la madre de los hermanos Andréu ingresó religiosa Salesa y tomó el hábito el día 19 de abril de 1962, realizando así un deseo que había consultado en vida con su hijo Luis María, unos diez días antes de su muerte.

CAPITULO 7

PINCELADAS SUELTAS

31. — Si lo que dicen las niñas es verdad, la Virgen estuvo «viviendo» en San Sebastián de Garabandal durante dos años largos. Por eso, a partir de ese momento, es muy difícil el informar con detalle de sus continuas manifestaciones. Las videntes convivieron con la Visión a todas las horas del día y de la noche; se les aparecía por la mañana y después de comer y a media tarde y de madrugada. El pueblo estaba inundado de gentes que, sin apenas dormir, vivían pendientes de aquellos fenómenos místicos.

Para reflejar lo mejor posible la esencia de lo ocurrido en Garabandal, iremos dando en este capítulo pinceladas de algunos trances, transcribiendo testimonios de personas de absoluta solvencia, contando anécdotas o particularidades, que le permitan al lector sacar una idea lo más exacta y real de lo que fueron los fenómenos de Garabandal, completando al máximo, con estas pinceladas, nuestra información.

Preocupación por los sacerdotes

32. — «Sacerdotes, sí, quiere que vengan», dijeron las niñas repetidas veces después de una de las visiones (14 de agosto de 1961). En esta misma idea insistieron posteriormente, mostrando una especialísima predilección por ellos, tanto en sus oraciones como en la forma de recibir a cuantos acudían a visitarlas.

Por la noche de aquel mismo día iniciaron una marcha extática, Conchita, Jacinta y Loli. Sin ponerse de acuerdo, llegaron hasta la puerta de la casa de Mari Cruz, donde las tres cantaron al unísono:

> Levántate, Mari Cruz,
> que viene la Virgen buena
> con un cestillo de flores para su niña pequeña.

Y después otras coplas del mismo estilo. En varias ocasiones se dio este fenómeno de coincidir en cánticos que surgían improvisados con una indudable cadencia musical; fenómenos que relacionamos con la facilidad que para el ejercicio de las artes se da en los místicos cuando se encuentran en trance. Sobre esta aptitud, en la «Teología de la Perfección Cristiana» del P. Royo Marín, se dice: «Vamos a agrupar una serie de fenómenos místicos que sin ser propiamente visiones, locuciones ni revelaciones, se refiere también, en alguna manera, al conocimiento. Son ciertas aptitudes especiales que reciben las almas, de una manera sobrenatural o infusa, en orden al ejercicio de las ciencias y de las artes...»

33, El día 16 hablaron con el P. Luis María, le preguntaron qué vio cuando pronunció reiteradamente la palabra «milagro», recibieron determinados encargos para su hermano, etc. Según las niñas, no lo ven, pero lo oyen, con la misma voz que tenía en la tierra. La voz sale «de una luz como de sol, con los rayos hacia abajo».

La noche del 20 de agosto, las niñas le piden al P. Luis María que, continuando una conversación que habían iniciado con él antes de morir, les enseñe palabras en lengua extranjera; y los observadores fueron tomando en sus «blocs» de notas los vocablos que iban pronunciando las niñas, primero en francés, luego en latín, y, por último, en alemán.

Lo importante no es tanto las palabras que pronunciaban, sino la forma de corregirse cuando las pronunciaban mal, basta lograr una dicción correcta. Daba la impresión de que las niñas oían ciertamente las palabras que ellas repetían interpretando su sonido.

Después, una de las niñas fue describiendo a través de varias preguntas, la mortaja del Padre y dando impresionantes detalles sobre su entierro, detalles desconocidos incluso por su propio hermano, que estaba presente, y que no podía salir de su asombro ante tan sorprendente diálogo, siendo comprobados todos aquellos extremos más tarde»

En otra visión le enseñó el Avemaría en griego.

Cuando llegó la aparición y le preguntaron dónde estaba el P. Luis María, la Virgen —dijeron las niñas— sonrió... y ellas comentaron: «Para qué nos lo vas a decir si ya lo sabemos.»

Ni sueño ni cansancio

34. —Las niñas, cuando esperan por la noche una visión y no la tienen, necesitan recuperar el tiempo que han estado sin dormir. En cambio, si entran en trance, parece como si no tuvieran necesidad de reparar el tiempo de vigilia que han consumido en la Visión. Así, Loli, alguna vez, se fue a la cama a las seis de la mañana y se levantó para misa de nueve sin dormir nada durante el día ni acusar el menor síntoma de sueño [1].

El día 21 de agosto, al salir del trance, Jacinta dijo: «La Virgen se fue pronto porque decía que había un grupo de juerga y cantando.» El hecho pudo comprobarse a continuación, encontrando a varias personas, riéndose de lo que sucedía y con síntomas de haber bebido más de la cuenta.

Las niñas se manifiestan muy tranquilas y seguras de lo que ven. Jamás discuten ni porfían con nadie, porque aseguran que la Virgen

---

[1] Fenómeno que recuerda la historia de Teresa Neuman. Véanse páginas 71 y siguientes de «Estigmatizados y Apariciones».

les ha repetido varias veces que «los que no creen acabarán creyendo».

Cuando el señor obispo ordenó el cierre de la iglesia a fin de evitar posibles irreverencias, las niñas lo comentaron con la Visión y les volvió a recomendar obedecieran siempre a sus padres y muy especialmente a los sacerdotes.

Al santiguarse, las niñas imitan el gesto con que la visión les enseñó a persignarse, gesto de inconfundible dignidad y difícil de haber adoptado sin tener el modelo delante.

En la manifestación del día 1 de agosto, a las tres y media, Jacinta, en éxtasis, le dice, riéndose a Mari Loli, quien le enseñaba a la Visión una cuartilla donde había escrito la canción de San Miguel:

—Pero si le pones las letras hacia ti, ¿cómo quieres que la lea?

El día 31 de julio estuvieron en trance Mari Cruz, Jacinta y Loli. De pronto, las dos primeras recuperaron su estado normal, con esa naturalidad con que suelen salir del éxtasis. Y al ver Mari Cruz que Loli seguía extasiada y observar la orientación de su mirada, comentó con extrañeza: «¿Por qué mira ahí?, tenía que mirar un poco más hacia aquí.»

Llevaba varios días Mari Cruz sin visiones, cuando la Señora se le apareció con el Niño para ella sola y le contó lo que había hablado últimamente con las otras. Alguna de las visiones que se perdió Mari Cruz fue, sin duda, por haberla encerrado su familia en casa.

Espíritu de obediencia

35. —A la una de la madrugada del día 25 de agosto, estaba Conchita en su casa esperando la tercera llamada, pues había tenido dos, cuando don Valentín, de acuerdo con un plan pensado con el cura de Rivadesella y con otro sacerdote, le dijo:

— Te voy a dar tres avisos, si antes no te llama la Virgen, irás a la cama.

— Como usted mande, contestó la niña.

Salió don Valentín y volvió al poco tiempo, diciéndole:

— Dentro de unos momentos vuelvo para mandarte a dormir.

No hizo más que pronunciar estas palabras cuando quedó en éxtasis.

El día 29 de agosto, el hermano de Conchita, ante la gran afluencia de público, le preguntó al párroco si le parecía bien que entrara a la vidente en casa. Don Valentín se limitó a encogerse de hombros. El muchacho, entonces, con gran esfuerzo, dado el aumento de peso que normalmente adquieren las niñas estando en trance, la consiguió meter dentro de la casa, dejando la puerta abierta. La niña salió en seguida manifestó que la Virgen le había encargado decirle a su hermano que no volviera a cogerla en brazos cuando estuviera en aquel estado.

Ese mismo día la niña tocó con la mano el escapulario que suele llevar la Visión colgado de la muñeca y explicó: «Que no era de tela, ni de papel, ni de madera, ni de metal, ni de carne, que no sabe decir de qué era...»

El día 30 de agosto, se le oyó comentar en éxtasis:

—Qué vergüenza si se entera don Valentín. Si está aquí y lo oye lo apuntará todo en su papeluco.

En los diálogos del día 31, le preguntaron las niñas, por indicación del párroco, si la Visión estaba en cuerpo y alma, y contestó Loli, en nombre de la Virgen, que no, que estaba de otra forma, pero que era Ella. Dijo también que los padres de la Virgen eran Joaquín y Ana, y su esposo San José: que podían subir sacerdotes, pero que si el obispo lo ha prohibido, lo primero es obedecer, etcétera. También le interrogaron sobre si le parecía bien que se le hicieran preguntas, contestando que sobre cosas de la Iglesia, sí, pero no preguntas tontas, como otras veces.

Mari Loli y Jacinta. Al lado de Jacinta esta Ceferino, el padre de Mari Loli

La iglesia suele cerrarse al anochecer, quedando la puerta entreabierta durante el día. El día 5 de septiembre las niñas entraron en éxtasis y se introdujeron en la iglesia. Llegó don Valentín y despidió al público, quedando sólo en el sagrado recinto las videntes y sus padres. Entonces dijo:

—De orden del señor obispo, tenéis que salir.

Y en aquel momento las niñas perdieron el estado extático y totalmente normales salieron a la calle. Cuando el párroco les preguntó por qué habían entrado, la respuesta unánime fue: «Que se les había mandado la Virgen.»

La devoción al Santísimo

36.—-En los diálogos se ha puesto de manifiesto la veneración que merece San José, entre los santos, como esposo de María y se ha recomendado la práctica de la Estación al Santísimo, por ser «lo mejor que hay en las iglesias», según las niñas.

El día 8 de septiembre mandó preguntar el párroco a la Visión, por qué ocurrían aquellos fenómenos de noche, pregunta que inundó de tristeza el semblante de María.

Parece ser que la Virgen ha elegido las horas en que normalmente más se ofende al Señor. Quizá se pretende también con ello el poner a prueba el espíritu de penitencia de cuantos acuden a Garabandal, y así se logra, además, dado el sacrificio y la molestia que entraña la vigilia en tales circunstancias, la selección del público. Esta selección, se ha conseguido siempre en las apariciones mañanas con lo extremado de la hora, la distancia o las condiciones climatológicas. El día del milagro del sol de Fátima, los peregrinos que llegaron allí tuvieron que recorrer lloviendo caminos llenos de barro, durante toda la noche de la víspera. En Garabandal, hasta hace poco, la subida al pueblo en vehículo era muy difícil y el día elegido para dar a conocer el mensaje, apareció también lloviendo. Oportunamente hablaremos de esto.

En uno de los éxtasis, fueron las tres niñas a sus casas a sustituir sus vestidos por orden de la Visión, por otros más largos. «Siempre deberíamos llevar los vestidos así de largos, sobre todo cuando venimos a verte a Ti», dijo Conchita en su diálogo.

En la mayor parte de los trances es normal, como ya hemos visto, que las niñas den objetos a besar a la Visión. Estos objetos tienen que ser piadosos, rechazando las sortijas de adorno, salvo cuando son alianzas. Con muchas de ellas, se ha producido «el milagro» de la devolución, que suelen hacer buscando con las manos, sin ver, a la persona que les corresponde y colocándolas siempre sin equivocar el dedo. En uno de los éxtasis del 12 de septiembre, Mari Loli inició la colocación de una alianza en la mano derecha y de pronto, mirando hacia arriba dijo: «Ah, aquí no.» Y rectificando se la puso en el dedo correspondiente a la mano izquierda. Se trataba de una valenciana en cuya provincia existe la costumbre de colocarse siempre en la izquierda las alianzas matrimoniales.

Tan sólo una vez admitió la Visión un objeto, que todos esperaban seria rechazado y, sin embargo, no lo fue: una polvera. La niña preguntó a la Virgen: «¿Aquí ha estado el Cuerpo de Jesús...?» Se trataba de una polvera que había sido empleada durante la guerra para llevar la comunión a los enfermos.

En la aparición del 15 de septiembre la Visión se quejó de que usaran afeites. Una de ellas se había pintado, jugando, las uñas y otra los labios, aunque se quitó en seguida la pintura. Dijeron que «la Virgen las vio cuando estaban así en casa de Ceferino».

El 17 de septiembre, Conchita se puso un anillo que le entró con dificultad y, cuando probó a sacarlo no pudo. Entonces intentaron con agua y jabón y todo fue inútil. Entró en éxtasis, y en el momento de dar las alianzas a besar a la aparición, la que no había podido sacar salió suavemente.

El 19 de septiembre se le preguntó a Loli, que estaba en éxtasis, por el número de sacerdotes que había en el pueblo en aquel momento, y contestó que tres y uno vestido de guardia. En efecto, había acudido a presenciar aquellos fenómenos un capellán castrense, de uniforme.

El día 21 de septiembre de 1961, Conchita y Mari Cruz tuvieron dos llamadas y, sin embargo, no llegaron a recibir la tercera ni entraron en éxtasis. Loli y Jacinta, en cambio, tuvieron un éxtasis de seis minutos a las cinco cincuenta de la tarde. Durante él dieron a besar a la Virgen medallas y rosarios.

El 24, por la tarde, le preguntaron a Mari Cruz que estaba en éxtasis, a través de Conchita, que no lo estaba, si había algún sacerdote en el grupo y contestó que sí, que uno de paisano. Al bajar de los pinos se le oyó decir:

—¿Que dé la mano al sacerdote?

¿Que baja junto a mí... ?

Y, en efecto, le tomó la mano, sin mirarle, y con él bajó hasta el pueblo.

En el éxtasis del 31 de agosto, Jacinta comentó en voz alta que la Virgen le había dicho que había un cura con la sotana arrebujada debajo de la zamarra. El sacerdote, muy impresionado, se adelantó y le entregó su crucifijo para que lo ofreciera a la Visión. Al devolverlo, añadió: «Este crucifijo es de Roma, se lo dio el Papa». El interesado confirmó que era todo cierto.

En el éxtasis del 2 de octubre, Loli devolvió directamente una medalla, después de besada por la Virgen, a su dueño, a pesar de que intencionadamente se la había entregado a través de tres personas distintas para hacer desaparecer totalmente la identidad del propietario. Sin embargo, la niña la devolvió directamente sin vacilación alguna.

Lo mismo ocurrió con otra persona, si bien en forma mucho mis espectacular, porque la niña la iba buscando entre el público y consultando a la aparición sobre dónde estaba, hasta lograr encontrarla.

El día 8 de octubre no hubo aparición. Loli estuvo en cama con un fuerte catarro. Mari Cruz y Conchita bajaron en coche a Cosío y al regresar llegaron tarde al rosario de la iglesia. Conchita le encargó a Jacinta que si veía a la Virgen le pidiera perdón por haber faltado al rosario.

Haz el milagro para los que creen

37— El día 1 de septiembre, Conchita dijo en éxtasis: —¡Qué bonito es el milagro! ¡Cuánto me gustaría que lo hicieras pronto! ¿Por qué no lo haces? ¡Hazlo! sólo para los que creen; a los que no creen les es igual!

El 16 de octubre, Mari Loli colocó una alianza en el dedo de una señora y tornando otra fue recorriendo el grupo hasta pararse ante un hombre desconocido que resultó ser el marido de la señora que había entregado los dos anillos.

Durante este mismo éxtasis entró en la casa un forastero que llegaba por primera vez a Garabandal. Llevaba un niño enfermo en brazos. El pequeño lloraba convulsivamente. La vidente se dirigió inmediatamente hacia él y lo santiguó con la cruz. En el acto el niño dejó de llorar y se sonrió. El padre quedó emocionado, comentando: «Nunca lo he visto sonreír hasta ahora». Al salir del éxtasis Mari Loli preguntó dónde estaba el niño enfermo que había llegado en brazos de su padre, y acercándose le comunicó: «La Virgen me ha encargado le diga que no se preocupe». En ese momento llegó Jacinta, en trance, de la calle y preguntó por la misma persona ratificando la promesa de la Virgen.

Ese mismo día un sacerdote de Asturias, vestido de paisano y totalmente escéptico, vio cómo una de las niñas se acercaba a él y le daba a besar un crucifijo varias veces. «Si esto es verdad —pensó— que la niña vuelva en sí». En el acto salió del éxtasis, sonrió al sacerdote e inició la marcha hacia su casa. A los pocos pasos quedó extasiada de nuevo. El sacerdote entonces pensó en su interior. «Si me ha santiguado por ser sacerdote quiero que me lo demuestre de nuevo, dándome a besar el crucifijo y además me persigne varias veces», lo que hasta entonces no había hecho con ninguno.

Acabo de formular esta petición, cuando la niña se dirigió a él, «se sonrió, y además de darme a besar la cruz me santiguó tres veces seguidas».

La sorpresa del sacerdote fue mayor, cuando viendo que algunas personas les daban a las niñas fotografías para firmar, les entregó una, que a los pocos momentos se la devolvieron con una dedicatoria en la que se hacía alusión a su estado sacerdotal.

Las niñas preguntaron, por orden del párroco, cómo se presentaba a veces la aparición bajo advocaciones distintas, obteniendo la siguiente respuesta: «Soy María, la Virgen, y no hay más que una Virgen».

En otra ocasión el párroco de Cosío, que sentía dudas sobre el carácter sobrenatural de los acontecimientos de Garabandal, se acercó a la vidente que estaba dialogando con la Visión y claramente se le escuchó preguntar «¿Que hoy cree menos don Valentín...?» El párroco quedó impresionado pues no había comunicado sus dudas a nadie.

La hora de la cita

38.—La Virgen, en una aparición correspondiente a la primera quincena de noviembre, les dijo a las niñas que a partir del sábado, día 18, no volverían a verla hasta el sábado, 13 de enero, como así fue.

Una joven francesa, de religión judía, llamada Catherine, subió a Garabandal acompañada de otra amiga católica que la estaba instruyendo en nuestra fe. Conchita le preguntó cuándo se iba a bautizar, contestando Catherine que como tenía 19 años, pensaba esperar a cumplir 21, pues sus padres no la dejaban Después, Conchita, a ruegos de Catherine, le récito el Avemaría en griego y alguna de las frases en francés que le había enseñado el padre Andreu. Por la tarde fueron todos al rosario y las niñas no dejaban de mirar a Catherine, profundamente interesadas por su caso. Seguidamente, se trasladaron a casa de Ceferino, donde estaba Mari Loli, que había tenido una llamada. Poco antes de entrar cn éxtasis fue la niña a su habitación para recoger un frasco de agua bendita, pues le aconsejaron que lo hiciera así por si era el demonio. Al preguntarle a Loli y Jacinta cuántas llamadas tenían, contestaron: «Tres menos un poco». En efecto, a los pocos instantes entraron en trance y se les oyó comentar con la Visión:

—No es católica, no es católica... Sólo tiene 19 años. Está sin bautizar...

Después se dedicaron a ofrecerle medallas y Jacinta buscaba, sin dar con ella, la que le había entregado Catherine. Seguidamente, Loli tomó el frasco de agua bendita —donde quedaba muy poca agua por haberla esparcido antes de entrar en éxtasis por el suelo de la habitación y lo arrojó hacia arriba. Entonces se produjo un fenómeno extraño: el agua quedó como concentrada en el aire, encima de Catherine y cayó sobre ella, en forma de ducha, sin esparcirse fuera de su cabeza. El fenómeno fue relacionado con el bautismo que Catherine quería retrasar. Las niñas comentaron después que la Virgen se había reído cuando le dijeron que traían el agua por si era el demonio y que al hablar de Catherine la visión les dijo que tirasen en alto el contenido del frasco, que «verían lo que pasaba». Como consecuencia de este extraño suceso y de cuanto vio y oyó en Garabandal, Catherine abrazó a los pocos días la religión católica.

A partir de noviembre de 1961, las apariciones se distanciaron, pero en cambio las niñas conocían las fechas exactas en que cada uno tendría Visión. Transcribimos en relación con este asunto una carta del Dr. Ortiz Pérez, de Santander que, textualmente, dice así:

«Tratando de Garabandal, sorprende de veras la exactitud con que se vienen desarrollando las visiones, sin haber existido ni un solo fallo en las fechas».

Recuerdo a este respecto, lo que nos dijeron las niñas durante una de nuestras charlas: «Cuando la Virgen nos anuncia que la veremos no nos falla nunca». No ocurre lo mismo cuando insistentemente nosotras se lo pedimos, aunque alguna vez nos lo concede.

Yo he podido observar el gran deseo que han tenido de ver a la Virgen muchas veces: «Mira que si se nos presentase...» «Ya la podría yo ver ahora...» Todo esto rodeado de circunstancias favorables para el desarrollo de la sugestión, sin que nunca se diera el caso de que así sucediera.

Me parecen datos interesantes por constituir pruebas en contra de la autosugestión.

Le comunico las notas recogidas durante nuestra estancia en San Sebastián del pasado día 8 de diciembre: Mari Loli anunció que la vería de nuevo el 13 de enero. Mari Cruz y Jacinta el 16, y Conchita el 27. Esta última, cuando bajaba el día 9 de diciembre de rezar el rosario en la calleja, le dijo a mi mujer: ¡Qué largo se me hace hasta el 27! ¡Después la veré seguido! Esto de «verla seguido» nos hace suponer lo conoce de su ultima Visión, puesto que hasta la fecha indicada no había hecho referencia más que a la del día 27.

Le envío nuevos datos del chico de Barcelona que parece ser fue curado de manera tan sorprendente. Estos están tomados directamente de su familia por el brigada de la Guardia Civil de

Puentenansa.

Cuando entran en trance caen de rodillas a plomo, con una rapidez instantánea. En una película hemos pasado este momento lentamente, sin conseguir captar el fotograma de la caída. En un instante pasan de su postura normal a la extática. ¿Cómo al caer así, sobre pedruscos de duras aristas, no se lastiman ni manifiestan dolor alguno? Conchita, en un éxtasis, fue andando de rodillas por las calles. Llevaba medias largas. Después del trance comprobaron que estaban intactas a pesar del mal estado del terreno.

En la Visión de la tarde del día 27 de enero de 1962, a Conchita le entregaron una cadena con su medalla correspondiente. La cadena la cerraron con el seguro y era muy difícil de abrir. Conchita ignoraba el mecanismo y al ver que no podía desengancharla; dirigiéndose a la Visión, dijo: «Está rota, no puedo, pónsela tú...» En el acto la cadena quedó perfectamente colocada, no obstante desconocer la vidente el complicado manejo del cierre.

Numerosos son los casos que se conocen de medallas besadas por la Virgen que adquieren en ocasiones una extraña iluminación y de rosarios que a veces exhalan un perfume inconfundible.

A los médicos sorprende cómo tratándose de éxtasis tan perfectos las niñas se encuentran en un estado normal; esta normalidad la consideran casi como una «anormalidad» dentro de lo que un éxtasis perfecto representa.

Dada su edad y complexión las pequeñas deberían quedar exhaustas y la duración y frecuencia de los trances tenían que haberles provocado una verdadera enfermedad. Sin embargo, el aspecto y las reacciones de las niñas revelan la perfecta salud de que disfrutan.

Tú no creías, pero ahora ya crees

39. — Un escéptico llegó a Garabandal y ante una de las manifestaciones pensó interiormente: «Para creer yo en esto necesito que saque esta niña mi rosario de su funda y me lo entregue».

En el acto, la niña, en éxtasis se le acercó, le entregó el rosario y le dijo, ante el estupor de todos: «Tú no creías pero ahora ya crees».

Una señora le preguntó a Mari Loli si la Virgen estaba triste, y la niña le contestó: «La Virgen no puede estar triste porque está en él cielo». «Ya lo sé —añadió la señora—, pero pregunto si está triste por los pecados del mundo». A lo que la niña respondió: «Por eso lo estamos todos...» ¿Quién puede enseñarles tales respuestas?

No vamos a entrar, por no ser éste nuestro cometido, en todos los casos que nos cuentan sobre curaciones inexplicables y milagros particulares, porque en ellos pueden influir apreciaciones de carácter personal. Nos limitaremos a decir que son muchos los prodigios que a estas alturas se achacan a la Virgen de Garabandal. Entre ellos figura la curación, sorprendente, según los médicos y familiares, del hijo de don Antonio Saldevilla. Y la de don Juan Fontanillas Buj, un muchacho de 17 años que ingreso en el Hospital de San Pablo de Barcelona el día 5 de octubre en estado desesperado por accidente de moto, no recuperando el conocimiento hasta el día 14, en cuya fecha le hicieron dos operaciones sin resultado, notificando a la madre que le diera por muerto. Por la noche le colocaron una cruz besada por la Virgen, y en la madrugada del día 15 despertó normalmente y con las cicatrices curadas. Maravillosa fue también la curación que se cuenta de Antonio Salcedo Fornall de Chiclana de la Frontera, etc. Pero tratar de tan delicado asunto no puede ser objeto de este libro y escapa por completo a nuestra competencia.

Grande es el espíritu de penitencia de las niñas que interpretan así las enseñanzas de la Visión. Se levantan a las seis de la mañana para rezar en el «cuadro» el rosario. Hacen penitencia, metiéndose pinchos secos en las botas; han andado descalzas sobre espinos, etc. Los fenómenos de histeria suelen desarrollarse, por lo general, en un ambiente mucho más cómodo.

Una noche llegaron de Santander un grupo entre los que figuraba un pintor que entregó a Mari Loli una medalla diseñada por él. Entonces se le oyó decir a la niña: «Aquí hay un pintor que quiere saber si estás bien en esta medalla... ¡En todas las estampas te sacan tan fea! ¡Con lo guapa que eres...! ¡Ah!, ¿que estás bien...?»

El pintor, inclinado sobre la niña, estaba visiblemente impresionado.

En uno de los informes de Ascensión de Luis, de fecha 18 de marzo de 1962, se dice: «Loli salió de casa de Jacinta y siguió en éxtasis, rezando el rosario por todo el pueblo. Su paso parecía normal y, sin embargo, los que íbamos detrás tuvimos que correr si queríamos seguirla. Así fue hasta la calleja, donde el camino repleto de piedras resulta difícil de andar. La niña lo subió y lo bajó, de espaldas a una velocidad inexplicable».

En un informe de un canónigo perteneciente a una de las diócesis catalanas, de fecha 9 de mayo de 1962, se dice: «El domingo de Resurrección, don Valentín pidió al Señor que de una vez para siempre le hiciera ver claramente si era o no verdad la aparición de la Virgen a las niñas. Y como prueba pedía que, si era cierto, vinieran las niñas en éxtasis aquella noche mientras él dormía y le despertaran para persignarlo y darle a besar el crucifijo. Y sucedió que, en efecto, a las dos y pico de la madrugada, una niña en trance se presentó a la puerta de la casa donde dormía don Valentín y comenzó a llamar. Como todos dormían nadie contestó al principio, pero la niña tan violentamente insistió que tuvieron que abrirle. Don Valentín seguía durmiendo e ignoraba que la niña estuviera en su casa. En éxtasis llegó hasta la habitación del párroco y sin previo aviso entró y le puso el Santo Cristo en la boca, hasta que despertó sobresaltado. Entonces la niña le bendijo con el crucifijo varias veces y, por fin, sonriéndole, salió de la habitación.

Don Valentín estuvo «castigado» —dice el mismo informe— por el Administrador apostólico, Obispo auxiliar que fue de Santander, durante dos meses, por creerlo patrocinador de los sucesos de Garabandal. Este dato es para mí uno de los más favorables en pro de la sobrenaturalidad de los sucesos».

Impresionantes son las cartas de Conchita, en las que en nombre de la Virgen contesta con torpe ortografía a peticiones que han sido formuladas en la oración, sin que la niña supiese nada, cumpliendo así su función de simple mensajera.

Sorprendente fue el caso de la conversión de un protestante, don Máximo Foeschler, con residencia en Madrid, de quien transcribimos una carta de fecha 29 de marzo de 1962, dirigida a don Rafael Fontaneda Pérez. Dice así: «El motivo de escribirle es para compartir con usted mi alegría, ya que el próximo domingo, si

Dios no dispone otra cosa, abrazaré como todos ustedes a la Iglesia católica y recibiré la comunión del padre Ramón Andréu, sacerdote jesuíta, celebrándose antes el bautismo en la intimidad. Es cuanto tengo que decirles a ustedes todos, con la mayor emoción y alegría».

Particularidades de algunos trances

40. —Cuando las niñas entran en trance llevando algo en la mano, a veces no lo pueden soltar ni se les puede quitar. Lo mismo ocurre cuando se encuentran del brazo de alguien. Agarrada a la persona que sea siguen durante todo el tiempo que dura el éxtasis, incluso cuando se trata de una marcha extática, obligándole a arrodillarse y a andar con ella durante todo el tiempo.

El día 17 de marzo de 1962, Loli dio a besar a la Visión varias cosas y entre ellas un relicario de los Marqueses de Santa Moría, quienes han tenido ocasión de presenciar una gran parte de los fenómenos místicos protagonizados por las videntes. En el citado relicario había un pequeñísimo Lignum Crucis de cuya autencidad se dudaba, confirmando la Visión su procedencia. Después quiso darle a besar la alianza que llevaba puesta la Marquesa de Santa María y, en vez de sacársela, tomó su mano y la levantó hasta los labios de la aparición, girando la niña la alianza para que la besara entera.

El día de San José, Loli, en éxtasis, escribió en un papel, tapándolo con la mano, para que no lo leyese nadie: «A don José, felicidades de Loli». Este don José era un sacerdote desconocido que se presentó aquel día sin decir nada a nadie. Después tomó otra estampa y escribió: «A don José, recuerdos de la Virgen». Mientras escribía, su padre le tapó los ojos para que todos comprobaran que la niña no veía, en éxtasis, lo que estaba escribiendo.

En un informe de fecha 15 de abril de 1962, que tenemos a la vista se dice: «En casa de Conchita se quedaron un sacerdote, otro que venía de paisano, el joven que subió con ellos y mi compañero. El muchacho le preguntó a Conchita si se había acordado de pedirle a la Virgen respuesta a las tres cosas que él le había dicho, y la niña respondió: «Sí, pero la Virgen me dijo que te contestara por carta cuanto tú me escribas, porque no son tres las preguntas que me quieres hacer, sino más». Ellos quedaron admirados al oír a la vidente. ¿Cuántas son? —insistió el joven—. Cinco, respondió Conchita. El objeto de las preguntas lo ignoraba la niña. Mi compañero me lo contó como un caso clarísimo de conocimiento de conciencia, a pesar de que se trata de persona muy exigente para afirmar cosas que no puedan explicarse racionalmente».

Más adelante añade: «En el éxtasis de Loli nos persignó a todos. Una persona que había sido persignada se cambió de sitio y la niña, al llegar adonde se encontraba, pasó de largo».

Los fenómenos de Garabandal han despertado un sinfín de conversiones y también de vocaciones religiosas.

Las niñas, por encargo de la Virgen, han pedido que se construya en el pinar una ermita dedicada a San Miguel. Es el ángel que se les apareció al principio y que preparó a las niñas para la Visión y los diálogos con la Señora.

Cuando se encuentran en éxtasis la luz sobre los ojos no les hace parpadear. Este fenómeno ha podido comprobarse en una película tomada con potentes reflectores que no produjo sobre la vista de las videntes la menor impresión; en cambio, al despertar del éxtasis, se les ve reaccionar inmediatamente, tapándose los ojos que no podían resistir aquel exceso de luz.

Terminemos este capítulo recordando el caso de una persona que arrinconada en el extremo más alejado de la casa donde se encontraban las niña» en éxtasis, pidió interiormente: «Si mis confesiones anteriores estaban bien hechas, que la niña venga a mí y me dé a besar el Crucifijo». En el acto una de las videntes, de rodillas, se desplazó del grupo y se acercó en éxtasis hasta donde se encontraba la persona que había hecho esta petición. Con estas breves pinceladas creemos haber completado el cuadro, bosquejando el relieve y la profundidad de los fenómenos que estamos historiando.

CAPITULO 8

41. — Un grupo de españoles le preguntaron al padre Pío si era verdad lo de Garabandal y aseguran que el capuchino contestó con su tono desabrido habitual: «¿Todavía preguntáis eso? ¿Cuánto tiempo queréis que se aparezca si lleva ya ocho meses apareciéndose?»

El 3 de marzo de 1962 recibió Conchita una carta, escrita en lengua italiana, a máquina, sin firma ni remite en el sobre y con matasellos borroso e ilegible. En la carta se les llama a las niñas «benditas muchachas de San Sebastián de Garabandal», asegura ser ciertas sus visiones con la Virgen y acaba diciendo: «Sólo os doy un consejo: "rezad y haced rezar", porque el mundo está en el comienzo de su perdición. No creen en vosotras ni en vuestros coloquios con la Blanca Señora, mas creerán cuando sea demasiado tarde».

Según Conchita, le preguntó a la Virgen de quién era aquella carta, y la Visión le confirmó que se trataba del padre Pío la vidente, entonces, se apresuró a contestarla. «Todo lo de Garabandal sucede bajo el influjo de la Virgen, sin que en ello exista nada natural ni diabólico», resume el padre Corta en un artículo publicado en «Estrella del Mar».

«Yo no he estado en el cielo, pero sí en Garabandal, que son las puertas del cielo», afirmación de un eminente y santo teólogo.

Y un sacerdote, autor de profundos trabajos sobre fenómenos místicos, afirmó después de vivir en Garabandal los éxtasis del día 8 de agosto: «Aunque no soy infalible puedo asegurar, como especialista en estas materias, el carácter sobrenatural que a mi entender concurre en los fenómenos que he presenciado» [1].

Opinión de los médicos

42. — Una eminencia médica de Madrid prohibió a sus médicos ridiculizar los fenómenos de Garabandal. Aseguró que se trataba de algo inexplicable, que merece atención y respeto.

Un doctor especialista en enfermedades de niños dice en una carta de fecha 2 de febrero: «El hecho que me sigue llamando la atención es que después de siete meses consecutivos de éxtasis maravillosos, las niñas continúen, para mi, dentro de la normalidad más absoluta, aunque mucha gente, "aun sin verlo", sostenga que es debido a causa patológica».

Y en su informe de 26 de febrero de 1962 el mismo doctor insiste; ¡Qué enfermedad tan rara!... que se anuncia con días o meses de antelación. Los trastornos cerebrales de todos los tipos, en la infancia, presentan síntomas característicos como son: astenia permanente, trastornos del sueño, agresividad del carácter y ansiedad difusa e incontrolable no presentan estos síntomas, sino todo lo contrario.

A las niñas las he encontrado alegres, y sus padres me dicen que duermen como "lirones", siendo su carácter de una dulzura especial, continuando obedientes y con su espíritu de sumisión sin límite. Por

---

[1] En el momento de entregar a la imprenta el manuscrito del presente libro, hemos creído oportuno despersonalizar algunos de los testimonios ante la imposibilidad de recabar previamente la conformidad de los interesados.

tanto, para mí, siguen estando tan normales como siempre».

Este mismo doctor redactó un extenso informe médico en el mes de octubre de 1962, que no transcribimos dada su extensión y su carácter eminentemente técnico, informe que termina con las siguientes conclusiones:

«1.a — Las cuatro niñas, desde el punto de vista pediátrico-psiquiátrico, han sido siempre y continúan en la actualidad completamente normales.

2. a — Sus éxtasis no pueden encuadrarse dentro de ninguno de los cuadros fisiológicos ni patológicos-psíquicos conocidos en la actualidad.

3. a — Dado el tiempo que llevan produciéndose estos fenómenos, si hubieran tenido carácter patológico de cualquier tipo, hubieran terminado estigmas fácilmente demostrables; y

4. a — Dentro de la sicología infantil, tanto normal como patológica, no encuentro explicación alguna que pueda reflejar como hechos naturales unos fenómenos que a todas luces se escapan de lo natural».

Y resume su pensamiento, diciendo: «Nuestra gran soberbia se derrumba cuando Dios nos enfrenta con uno de estos dilemas para demostrarnos la limitación de nuestras posibilidades médicas. Toda tentativa de abordar con medios puramente racionales, un fenómeno en gran parte "irracional", es en sí tan absurdo como inoperante».

En la «Gaceta Médica Española», revista nacional de ciencias médicas (diciembre de 1962), publicó el doctor don Antonio Castillo Lucas un artículo titulado «Recuerdos de este verano en la montaña, en torno a la medicina, donde después de hacer un estudio de cuanto tuvo ocasión de presenciar, dice: «Creo que los médicos deberíamos estudiar científicamente el fenómeno, las circunstancias ambientales de aislamiento, herencia, consanguinidad y demás elementos, pues consideramos peligroso para la salud mental de estas niñas la actual situación expectante y de curiosidad, con interrogatorios complicados, sugerencias y demás factores sicológicos que restan tranquilidad a su espíritu y al de sus familiares y puede terminar en una neurosis colectiva».

Esta foto corresponde a una de las primeras Apariciones.

El criterio nos parece razonable, aunque la verdad es que las niñas viven tranquilas a pesar de todo y dando muestras diarias de su perfecto equilibrio psíquico. El doctor don Ricardo Puncernau, neuropsiquiatra de Barcelona, dio el día 25 de febrero de 1965 una conferencia bajo el tema: «Los hechos de Garabandal, vistos por un médico», donde afrontó de nuevo el tema que nos ocupa desde el punto de vista médico.

El doctor Puncernau conoce el caso por haberlo estudiado con el mayor detenimiento, conviviendo con las niñas bastante tiempo y analizando con la máxima atención todas sus reacciones. Al terminar su brillante disertación, dijo: «Creo que estos hechos tienen un gran interés científico y, por tanto, son dignos de serio y nuevo estudio. La verdad es que no se encuentra una explicación natural que los comprenda en conjunto, por lo que desde un punto de vista rigurosamente científico no se puede negar, por lo menos hasta hoy, la posibilidad de una causa sobrenatural en la realización de todos estos fenómenos. Ante esta posibilidad, una actitud de desprecio sería inconsecuente desde un punto de vista cristiano»[2] .

El doctor Puncernau se ratificó en su conferencia en el documentado informe que redactó en fecha 10 de noviembre de 1962, que por su extensión y carácter técnico no transcribimos y que termina con las siguientes palabras: «En el estado actual de los hechos, la explicación puramente natural al médico se hace difícil; difícil de comprender, que satisfaga plenamente y que abarque todos los hechos. Por tanto, como científicos, hemos de proseguir nuestros estudios sobre los fenómenos "fuera de serie" de Garabandal y esperar el poder recoger nuevos datos».

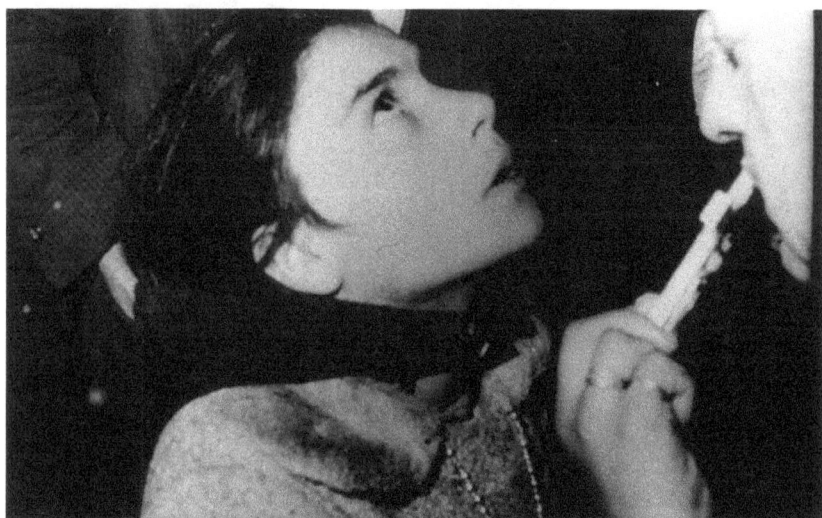

Dando a besar el Crucifijo. Sus dedos, con las alianzas que los peregrinos le entregan para su ofrenda.

Por último, el doctor don Alejandro Gasea Ruiz, que durante los años de las apariciones se encontraba destinado en Santander, habiendo presenciado una gran parte de estos fenómenos inexplicables, nos ha facilitado un documentado estudio, que firma en colaboración con el doctor Ortiz González, y del que extractamos a continuación sus afirmaciones fundamentales:

«Aunque reconocemos lo poco que pueden aportar nuestros modestos conocimientos, el hecho de haberlos seguido y estudiado

---

[2] Tomado de la reseña periodística, donde se daba cuenta de la conferencia del doctor Puncernau.

con cariño, nos obliga a expresar nuestra opinión, pues lo contrario sería una verdadera cobardía científica.

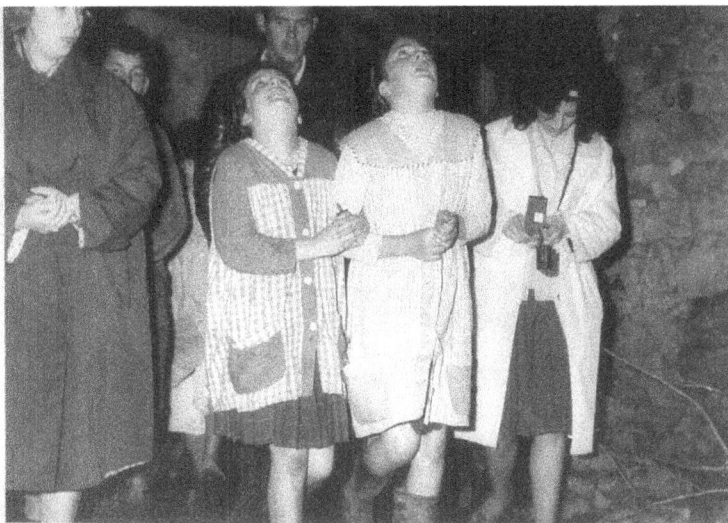

En plena marcha extática. Con los ojos clavados en el Cielo y la Cabeza hacia atrás, siguen la Vision, unidas de la mano. A gran velocidad recorren las calles y con frequencia llegan has los Pinos, por unos duros repechos cargados de piedras y barro.

Sin cesar de andar y sin despegar los ojos del Cielo, Mari Loli y Jacinta hablan, rien y lloran.

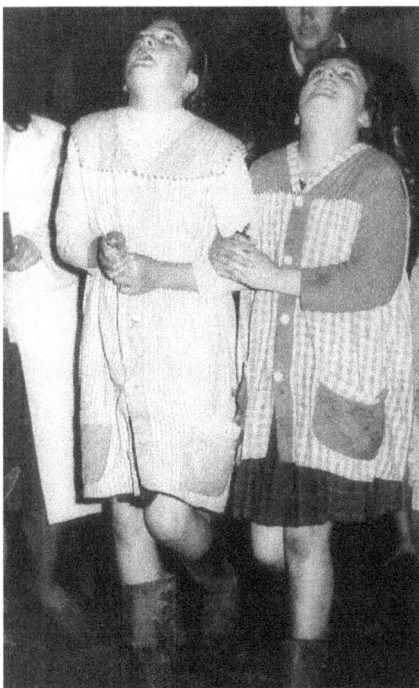

Durante tres años consecutivos hemos seguido personalmente los fenómenos extáticos de San Sebastián de Garabandal y a sus protagonistas. Dos hechos nos han llamado la atención como profesionales de la medicina: 1º La normalidad más absoluta somatopsíquica de las pequeñas, tanto entonces como ahora, no obstante haber estado sometidas durante muchas horas a un estado de pérdida de conciencia. 2.º El haberse acompañado los éxtasis de las cuatro niñas de un conjunto de fenómenos parapsicológicos, tales como: telepatías, premoniciones, clarividencias, retrovisiones, hierognosis, deslizamientos durante las marchas, levitación (esto en una de las pequeñas). En una palabra, una gran parte de los fenómenos, que por separado se engloban hoy dentro de la "energía psi" o percepción extrasensible.

Por lo tanto, tendríamos que admitir en las cuatro pequeñas una capacidad parapsicológica de tal categoría, que englobaría la mayoría de las percepciones extrasensibles. ¿No es esto un auténtico milagro científico? Recordamos la encuesta efectuada por el Instituto de Parapsicología de Londres en este sentido, sobre unos ocho millones de habitantes, en colaboración con la radio y la televisión. ¡Que escaso número de sujetos presentaban «algunas de las citadas facultades! En ningún caso el sujeto poseía más de una facultad.

Hoy por hoy, el hombre no puede dominar, controlar y utilizar la zona inconsciente de su poder mental, del mismo modo que hace uso de su zona consciente.

No encontramos explicación científica alguna convincente que pueda explicar tales fenómenos.

Otros médicos, ante el milagro anunciado por las niñas, prefieren esperar, escudados en su duda y en su impotencia para explicar los fenómenos; pero no olvidemos que las dudas encierran, muchas veces, una forma trágica de creer».

Un reportaje periodístico sobre Garabandal

43.— El doctor don José de la Vega publicó en «El Pensamiento Alavés», de fecha 27 de abril de 1962, un interesante reportaje en el que da cuenta de su visita a San Sebastián de Garabandal, reportaje que consideramos oportuno reproducir dentro de este capítulo de testimonios ajenos. Decía así:

«Desde el 18 de junio último, la Virgen se pasea casi a diario por las tortuosas calles de un pueblecito perdido en las cumbres de los picos de Europa. Así lo afirman cuatro niñas de diez a doce años nacidas y criadas en plena montaña santanderina, sin más instrucción que las enseñanzas del cura párroco.

Un pueblo entero, de apenas setenta familias, vive desde hace meses en plena confusión. Las niñas, cada día, una o varias veces, y a horas prefijadas, rezan, hablan y besan a la Virgen, sumidas en un profundo éxtasis. Los pobres familiares de estas criaturas están asustados.

La Iglesia, prudente, se abstiene de opinar. Los médicos, aun los más incrédulos, acaban por reconocer que no hay explicación lógica. Pero cada día miles de creyentes, llegados a este pueblo desde los más apartados rincones, enfervorizados y llorosos, encuentran en la fe la única explicación a este hecho extraordinario que sigue viviéndose cada noche en San Sebastián de Garabandal.

He pasado la Semana Santa entre esta gente. He oído a los del pueblo y a los visitantes, conversando con las niñas antes y después de sus visiones. Como profesionalmente no encuentro explicación a lo que he visto, he de creer, pues, en el prodigio.

—¿Has visto a la Virgen? —me preguntan, No la he visto —confieso—, pero sí la he sentido con el alma y con el corazón.

Un padre jesuíta que me acompaña me decía:

—Doctor, le veo muy escéptico.

—No, padre, no es eso —contestaba— Estoy desconcertado por completo. Mi deseo más vehemente sería sentir como las niñas y los que las acompañaban; pero usted, mejor que yo, sabe que la fe es un don que Dios no concede a todos en igual medida.

Algunas horas más tarde presenciaba de cerca la segunda aparición. Era el amanecer del Sábado de Gloria. Llovía sin parar y el pueblo entero parecía como un pastel de barro y piedras. Con una linterna seguíamos deprisa a una de las videntes que, en éxtasis, recorría el pueblo. Con las manos juntas estrechaba un crucifijo. La cabeza fuertemente inclinada hacia atrás, con los ojos clavados en él cielo, sonrientes... De vez en cuando se arrodillaba y rezaba y besaba la cruz. Medio pueblo y todos los forasteros, incluidos los niños, la seguíamos alucinados. Acabábamos de verla en su modesta cocina campesina en donde charlaba con nosotros, medio dormida por la hora, las cuatro de la mañana— entrar bruscamente en éxtasis cayendo de rodillas, sin quemarse, sobre las calientes piedras del hogar encendido. Como transportada por ángeles se levantó y empezó a recorrer el pueblo. Dando tropezones en la oscuridad de la noche y salpicando barro hasta las orejas, íbamos en pos de ella, sin poder detenernos.

Ardientemente pedía a Dios la gracia de la fe.

Siguiendo a la pequeña iluminada corrimos casi todas las callejuelas del pueblo, fuimos al atrio de la iglesia, al cementerio y al monte donde por primera vez se apareció la Virgen.

La dureza del camino, la oscuridad y mi torpeza de hombre de ciudad me hacían tropezar con tanta piedra suelta, quedándome poco a poco rezagado. No podía más y decidí esperar el regreso. Mi mujer no quiso detenerse a pesar de ir como jadeante y siguió avanzando, pidiendo ayuda a mi incredulidad.

De pronto la niña se detiene sin llegar a la cima y retrocede camino abajo andando de espaldas, rozando apenas las piedras del camino y sin dejar de mirar y sonreír al cielo. Al llegar a la altura en que yo estaba, se detiene y, arrodillada sobre los guijarros, dando un fuerte golpe con sus rodillas desnudas como si sobre una alfombra se tratase, levantó la cruz al cielo y me la dio a besar. Alrededor de su cuello cuelgan las medallas y los rosarios de casi todos los asistentes. Busca con sus manos una cadena determinada mientras susurra, más que habla, con su invisible aparición:

—Dime cuál es. ¿Es ésta?

Levanta en su mano la medalla para darla a besar a la Virgen de su visión y oímos todos que vuelve a murmurar:

—¡Pues dime de quién es!

Sin dudar ya más se vuelve hacia mi mujer y abriendo y cerrando el cierre de oro de la cadenita la coloca en su cuello. Emocionada y llorosa mi mujer, cae de rodillas como yo y como muchos de los que presenciamos la extraña escena. La niña le hace besar la medalla bendita por el aliento de la Virgen y la ayuda a levantarse del suelo con sonrisa angelical que nunca olvidaremos.

De la misma manera, y con iguales o parecidas palabras, me coloca a mí mi propia medalla besada por la Virgen. Ya no pude contener más la emoción y lloré cayendo de rodillas.

En este momento encontré la explicación de todo lo que no comprendía. En la celestial expresión de esa niña vi el reflejo de la presencia invisible de la Virgen del Carmen sobre nuestras cabezas. De rodillas lloré emocionado y pedí a Dios perdón por mi incredulidad.

He de volver a San Sebastián de Garabandal como vuelven todos los que van. Llevaré a médicos y amigos y les pediré que traten de explicar el prodigio de esas cuatro aldeanas montañesas, pero de todo corazón pido a Dios que nunca puedan quitarme la emoción que sentí aquella noche. ¡Es tan bello creer en el milagro!»

El relato de una escritora

44.— Las letras españolas tenían que estar representadas también en este capítulo de testimonios ajenos.

Transcribimos a continuación un extracto de las emocionantes páginas que escribió la brillante escritora catalana, Mercedes Salisachs, con motivo de su visita a Garabandal:

«Sábado Santo, 21 de abril de 1962.

Aunque no me creo excesivamente influíble en materia de prodigios, no voy a negar que tampoco me creo obligada a excluirlos simplemente por sistema ético o principios establecidos. Muchos han sido "los regalos" que a través de la historia ha enviado Dios a los hombres. Cierto que nuestra fe no debe basarse en esos "regalos", pero nadie nos priva de que, si son ciertos, nos aprovechamos de ellos para alimentar nuestra vida religiosa.

Y eso era lo que, en definitiva, iba yo buscando cuando, por primera vez, me dirigí al pueblo de Garabandal. Acercarme más a Dios y rendir homenaje a la Virgen, aunque, como es lógico, pusiera aún en duda las aparentes apariciones.

De hecho mi vida religiosa había sufrido un cambio considerable hacía ya tres años y medio a raíz de la muerte de mi hijo Miguel después de una crisis interior que segó por completo hábitos y teorías desgraciadamente arraigadas a lo largo de mi existencia.

Aunque era practicante, en mí podía más «la costumbre» y el sentido de obligación, que el amor a Dios.

Mi hijo Miguel, en cambio, era religioso con "espiritualidad". La solidez de su fe sorprendía, especialmente por la madurez de sus argumentos. Sin ser un místico, todo cuanto hacía y pensaba se matizaba de un sentido devoto acaso contrapuesto al vigor humano que entrañaba cualquier empresa suya.

Las obras artísticas que nos ha dejado y de cuyo mérito se hizo eco la prensa de España entera tras las exposiciones póstumas que se realizaron en Madrid y Barcelona, apenas dejan traslucir esa espiritualidad, casi mística, que solía reflejar en sus conversaciones y en sus costumbres. Sin embargo, el resultado final de su vida, vino a confirmar por completo la plenitud de su alma.

Cuando murió tenía novia y pensaba contraer matrimonio a los veintidós años, por ese motivo había adelantado el cumplimiento de su servicio militar. Nada en él hacía prever el desenlace que tuvo. Lleno de salud y de proyectos era la viva estampa del futuro. No obstante, en más de una ocasión le había oído decir angustiado: "Estoy perdiendo el tiempo. Los años me van cayendo encima..." Parecía acuciado por algo que ni él ni nadie comprendía. Al verlo tan inquieto procuraba calmarlo: "Pero si tienes una vida por delante". Pero su "temor" a no realizar lo que proyectaba era más fuerte que toda lógica: "No puedo perder ni un minuto... Tengo que ganar tiempo..."

Creo, sin embargo, que su premura era inconsciente. Por lo menos jamás le oí mencionar la menor sospecha sobre el destino que le aguardaba. No obstante, su madurez iba siendo cada vez más evidente. El último año de su vida fue maravilloso. El desarrollo metafísico que experimentaba se traslucía en él tangiblemente. Había conseguido limar en él su tendencia a la rebeldía de tal forma que cuando alguna vez se dejaba llevar por el mal humor, inmediatamente rompía a reír: "Nada más grotesco que un enfado", decía. Por ello su presencia constituía un sedante para todos y su conversación era un auténtico regalo.

Aproximadamente un mes antes de morir, él y su novia, decidieron (creo que para cumplir una promesa) comulgar diariamente. Aquella nueva costumbre de la que nunca me hablaba, pero que yo sospechaba, iba acentuando aun más las huellas de su autodominio; había alcanzado una placidez envidiable y su estoicismo ante las adversidades resultaba impropio de su edad.

No fueron pocas. A pesar de la apariencia de vida fácil que le rodeaba, año tras año la dificultad fue sellando la mayoría de sus pasos. Era inaudito comprobar hasta qué punto sus empresas iban quedando mutiladas por la adversidad.

En los últimos tiempos, sin embargo, ya no parecía preocuparse por el cúmulo de contrariedades que le salian al paso. Producía la impresión de que para él ya nada podía ser realmente adverso. Poco antes de morir le dijo a uno de sus mejores amigos: "llevo comulgando veinte días seguidos. ¡Qué burro he sido por no haberlo hecho antes!", y se dio un manotazo en la frente.

El día 30 de octubre de 1958, después de haber comulgado, salió de viaje rumbo a Francia con cuatro compañeros pintores como él. Diez kilómetros antes de llegar a la meta tuvieron el accidente. Dos de ellos murieron al instante. Dos de ellos lograron sobrevivir.

Miguel murió a las seis de la mañana del día siguiente: 31. No creo que hubiera recobrado la razón. He relatado esta pequeña semblanza, porque los hechos que me han ocurrido en San Sebastián de Garabandal, van estrechamente unidos a ella.

....

Ignoro lo que habrán experimentado otras madres al perder un hijo de la calidad de Miguel. Pero dudo que hayan podido superar el vacío y el horror que cayó sobre mí. Nuestra mutua compenetración era tan grande que incluso sus hermanos (y por descontado sus amigos) cuando antes de perderlo me hablaban de él no se molestaban en nombrarlo. Se limitaban a decir tu "hijo" como si fuera el único.

Para todos Miguel era mi segundo "yo", mi verdadero confidente y mi compañero inseparable: No se equivocaban.

Teníamos por costumbre en nuestros ratos libres reunimos siempre los tres (su novia, él y yo). Salíamos juntos o nos quedábamos en casa, platicando. Sus gustos eran los míos y nuestros proyectos eran siempre comunes. Por mi parte tenerlo al lado, era como tener un pedazo de cosmos. El él creía centrar todas mis aspiraciones buenas y creo que a él le ocurría algo parecido conmigo. En realidad no era sólo mi hijo, sino también mi mejor amigo.

No era, pues, extraño que su muerte matara también de cuajo el motivo esencial de mi vida, y que, al perderlo, me sintiera acogotada por la oscuridad más espantosa.

Me decían que con el tiempo me conformaría, que aunque no llegara a olvidarlo, su recuerdo iría diluyéndose hasta quedar en una evocación amable, que poco a poco iría conformándome a no verlo, a no oírlo y que conseguiría aceptar mi situación sin desgarro.

Pero el tiempo pasaba y yo continuaba desesperada. Aunque procuraba disimular mi tristeza, especialmente para no herir a mis cuatro hijos restantes, cuanto más tiempo transcurría, más se me acentuaba el vacío, la desorientación y el dolor.

Algunos echaban mano de argumentos religiosos. Me hablaban de la resignación cristiana, me recordaban su fe, la ejemplaridad de su muerte, y me decían que debía dar gracias a Dios por habérselo llevado en unas condiciones tan buenas para su alma. No obstante, la resignación no llegaba y todos aquellos argumentos se me antojaban huecos e inconscientes.

Pero aún llegó un momento en que las dudas contra la fe se volvieron obsesivas. La religión alcanzaba para mi calidad de remiendo y todo cuanto hasta entonces había admitido sin excesivo esfuerzo, empezó a tambalearse dejándome cada vez más abatida. Así conseguí convertirme en un remedo de persona sin más horizonte que el pasado y sin más esperanza que la de morir.

Mi derrumbamiento era grande. La tentación de "dudar" me asaltaba continuamente. Tenía la impresión de que después de la muerte se acababa todo, que la esperanza era una gran mentira y que la fe era una puerilidad lanzada para mantenernos a raya.

Sin embargo, mis dudas no cuajaban completamente. A veces sin saber porqué la esperanza volvía : "Si Miguel me viera. Si fuera verdad el dogma de la Comunión de los Santos...". Era como si Miguel tirase de mí, como si me gritara que despertara ya de mi modorra.

Por aquel entonces ni siquiera podía rezar. Tropezaba siempre con el muro de la duda. En cierta ocasión recuerdo que mi madre propuso rezar el rosario en colectividad y (todavía me avergüenzo de mi reacción) yo me negué a ello por considerarlo "una vulgaridad".

En definitiva, necesitaba una prueba. Algo que me hiciera comprender que más allá de la muerte, la vida continuaba. Sin embargo, la prueba no llegaba y yo, a decir verdad, tampoco hacía por conseguirla. Mi devoción por la Virgen era prácticamente nula.

Un día, próximo a la Purísima, instintivamente me encontré frente a la imagen de una Dolorosa, suplicando que si Miguel existía, la Virgen me diera una prueba.

No tardó en llegar. Fue una prueba rotunda. Tan inconfundible me pareció que aunque hoy día pudiera ser explicada con razonamientos normales, yo seguiría convencida de que, a pesar de todo, lo ocurrido entrañaba una respuesta de la Virgen.

A partir de aquel día ya no tuve más obsesión que la de volver a Dios. Cinco meses más tarde (concretamente el 4 de mayo de 1959) después de una confesión general me acerqué a Dios definitivamente con la intención de no separarme de El ni un segundo más en todo lo que me restaba de vida.

Desde aquel instante todo empezó a cambiar para mí. Aunque mi nostalgia de Miguel seguía siendo enorme y la soledad continuaba atormentándome, el sosiego interior era ya muy grande.

El rezo del rosario dejó de parecerme "una vulgaridad" y mi devoción a la Virgen iba aumentando de día en día.

De ahí que cuando oí hablar de las niñas de Garabandal, pensara en visitar aquel pueblo, no sólo por curiosidad, sino con la intención de rendir homenaje a la Virgen aunque los fenómenos fueran discutibles.

....

Aprovechando la ausencia de mi familia, que por entonces se hallaba en Suiza, salí de Barcelona el Jueves Santo (1962) acompañada de José, el mecánico, y su mujer, Mercedes. Llegamos a Cosío el Viernes Santo a las doce del mediodía.

En Cosío conocía al párroco de Garabandal, don Valentín Marichalar. Mientras esperábamos al coche que debía trasladarnos al pueblo, tuve ocasión de charlar con él. Me pareció bueno, inteligente y sencillo. Por lo que pude deducir, su posición entonces resultaba verdaderamente difícil. Su obediencia a la jerarquía le obligaba a mostrarse algo rígido con el pueblo y esa severidad no era siempre bien interpretada por los fieles.

Pese a sus reservas, acabó, sin embargo, confesándome que en el fondo estaba convencido de que los fenómenos que allí ocurrían eran sobrenaturales y que las niñas eran dignas, por su inocencia, de merecer las visitas de la Virgen.

Me habló también de la extraordinaria rectitud del pueblo, de su fervor religioso y de la costumbre añeja que venían practicando de rezar el rosario en la iglesia todas las tardes, aun cuando él se hallara ausente del lugar.

La charla con el sacerdote reforzó aún más mi deseo de tomar contacto con las niñas. Eran las dos de la tarde cuando compareció el coche que debía trasladarnos. Fidel, el conductor, nos comunicó que, en aquellos momentos, el padre Corta (jesuíta llegado allí para ayudar a don Valentin en las ceremonias de Semana Santa) iba a dar la Comunión.

El pueblo en masa estaba congregado en la iglesia.

....

De vez en cuando las niñas se acercaban a nosotros. Parecían hallarse muy familiarizadas con los Santa María. A través de ellos pude introducirme en el coto particular de cada una.

Aquella tarde entregué a Jacinta unos objetos para que los diera a besar a la Virgen y tanto a ella como a los demás les hice la misma súplica: "Preguntad a la Virgen por mi hijo". Creo que Jacinta indagó: "¿Qué le pasa a su hijo?" Entonces le dije que estaba muerto.

Acto seguido me fui a casa de Mari Loli donde se habían congregado todos en espera de la aparición. A Mari Loli le di un papel escrito por las dos caras. Al entregárselo le dije que no esperaba respuesta. "Lo único que me interesa saber es dónde está mi hijo". No le di el nombre. La que podía saberlo era Jacinta, porque le había dejado un recordatorio suyo en la mesa para que lo diera a besar. Es muy posible que Jacinta se lo hubiera comunicado a Mari Loli, en secreto, pero no me parece lógico que Mari Loli mintiera cuando me aseguró que el nombre de Miguel se lo había dado la Virgen.

Las marchas extáticas, a veces son de espaldas. Obsérvense los pedruscos de la calleja recorridos cientos de veces por las niñas con frequencia de rodillas, sin tropezar nunca, guiadas por esa luz interior que les dirige y mueve en plena inconsciencia.

Yo ignoraba aún como se producían las visiones. Aunque me lo habían explicado, me resultaba difícil imaginar tal como eran. Ahora, después de haber estado en Garabandal tres veces y de haber vistos tantos éxtasis, sigo creyendo que no puede haber explicación posible para describir, no sólo la "caída" de las videntes, su expresión o sus movimientos, sino el clima de respeto que pese a la calidad de algunos turistas y al hábito de los que viven en el pueblo, se produce siempre en cuanto "llega la aparición".

Hace pocos días les pregunté a las niñas si se habían acostumbrado a ver a la Virgen. Mari Loli me dio una respuesta muy sutil: "Ahora me parece que ya me he acostumbrado; sin embargo, cuando la vuelvo a ver, es como si fuera nueva".

Pues bien, eso es en realidad lo que nos ocurre a los que presenciamos los éxtasis. Parece como si ya estuviéramos hechos a ellos; sin embargo, cuando los presenciamos nuevamente, la sorpresa continúa imperando.

A simple vista, nada de lo que niñas realizan parece tener sentido. Sus movimientos, sus oscilaciones, sus carreras desenfrenadas, sus coloquios a media voz, su insistencia en dar a besar el crucifijo que llevan en las manos... todo, al principio, causa estupor por lo incongruente y por su apariencia de inconstancia. (Hubo un sacerdote que en su informe aseguró que lo que ocurría en Garabandal era "poco serio", probablemente olvidando la poca seriedad de lo que había ocurrido en Lourdes). Sin embargo, aún admitiendo la poca seriedad de los hechos, nada de cuanto allí ocurre deja de tener un significado. Lo malo es que, para comprenderlo, hay que vivir en el pueblo, por lo menos tres días. Una vez se familiariza uno con las pretendidas incongruencias, todo se aclara. La explicación, momentánea o retardada, llega siempre.

Por mi parte debo añadir, que, aunque deseaba mucho, esperaba poco. Había enfocado mi viaje como se enfocan las peregrinaciones: dispuesta a afrontar cualquier incomodidad y obstáculo.

....

No tardamos mucho en escuchar el golpetazo característico de la caída de Mari Loli. Venía del piso alto. Se hizo un silencio general y al poco rato vimos bajar por las escaleras a Mari Loli cogida de la mano de otra niña, mirando hacia arriba con expresión arrobada.

No creo que ni la mejor actriz pudiera imitar esa expresión.

Mari Loli se acercó a la mesa donde tenía los objetos que debía presentar a la Virgen y empezó a darlos a besar. Vi cómo cogía mi papel, lo alzaba, lo volvía del otro lado y lo depositaba nuevamente en la mesa.

Luego, agarrando la cruz salió a la calle. Su paso era ligero, armonioso y regular. Parecía como si anduviera por un pavimento liso y horizontal. No se daba cuenta de que pisaba barrizales, cascotes, agua, piedras...

Como pude me agarré del brazo de la niña que ella sostenía, pero cuando después de detenerse a la puerta de la iglesia, Mari Loli inició el ascenso al monte, me vi obligada a desprenderme de ella. Mi cansancio me impedía seguirlas. Tenía la impresión de que el corazón disparado ya iba a detenerse de un momento a otro; tal era la cuesta que enfilaba los Pinos.

Agotada, me quedé en la falda del monte esperando a que bajaran.

La noche, hasta entonces, no había resultado excesivamente agradable para mí. Cuantas veces la niña había dado a besar la cruz, la venía hurtando a mis labios. La sospecha de que si aquello era verdad, la Virgen rehuía deliberadamente mi beso, me dolía profundamente.

Cuando al fin Mari Loli inició el descenso la vi correr de espaldas, la vista siempre en alto, sorteando obstáculos y socavones como si tuviera ojos en la nuca. Al llegar al pueblo se unió a Jacinta; al encontrarse reían... Ambas daban a besar el crucifijo y caminaban cogidas del brazo.

Jacinta despertó a la puerta de la iglesia. Mari Loli regresó a su casa todavía en trance.

Entonces llamé a Jacinta y le pregunté por Miguel. La niña me contestó que la Virgen no había respondido a su pregunta. Desilusionada, abordé a Mari Loli. Pero su respuesta fue idéntica. "¿Ha leído mi papel?" le pregunté. "Sí, lo ha leído".

El padre Corta, al comprender mi desengaño le preguntó a la niña cuándo iba a volver a ver a la Virgen. "De dos a dos y media", repuso. Entonces el padre le recomendó que volviera a abordar el asunto de mi hijo a la Virgen.

Cuando aquella misma noche Mari Loli cayó en éxtasis por

segunda vez, se unió en seguida a Jacinta, que también venía en trance por la calle. Nuevamente dieron a besar el crucifijo a todos los que estaban allí y nuevamente, cuando lo pasaron ante mí, rehuyeron mis labios.

Sin embargo, lo peor fue lo que me dijeron al despertar. Tanto Jacinta como Mari Loli me dieron la misma respuesta: "La Virgen ya me ha contestado, pero yo no puedo decírselo a usted".

Aquella respuesta era aún peor que la anterior. No había opción: o yo no merecía que la Virgen me contestara, o Miguel, pese a todo lo que suponía, se hallaba en un lugar que "era mejor ignorar".

Le pregunté a Mari Loli si la respuesta de la Virgen era mala o buena: "No puedo, no puedo...", se zafaba. Y la expresión de su cara era verdaderamente impenetrable.

Una vez más el padre Corta intentó ayudarme. Me veía descompuesta y sin duda se apiadaba de mí. "¿Podrás decirlo mañana?" La niña se encogió de hombros. "Tal vez..."

Cuando me acosté tenía la impresión de haberme convertido en un bloque de hielo. La sospecha de que ni Dios ni la Virgen estaban conformes conmigo me dejaba tan abatida como la suposición de que Miguel pudiera experimentar algún castigo. Por otra parte me parecía ilógico dudar de la salvación de Miguel...

Pensé que acaso mi conciencia no estaba lo suficientemente limpia. Sin embargo, por más esfuerzos que hacía para hurgar en ella y encontrar alguna falta grave no conseguía hallarla. Me dije que a lo mejor la Virgen quería de mí una mayor piedad, más cuidado en el rezo del rosario, más humildad...

Uno a uno fui repasando los fenómenos que había yo presenciado durante el día y la noche; deseaba con toda el alma encontrar un "fallo" que justificara su falsedad... algo que me hiciera ver claramente que lo que estaba ocurriendo en Garabandal era pura superchería. Sin embargo, cuanto más repasaba los hechos más auténtico me parecía todo. La única que de verdad fallaba era yo. Por eso la Virgen, sin duda, no quería que besara el crucifijo.

....

También el sábado santo fue un día árido. A pesar de la cordialidad que prodigaban los Santa María, el padre Corta y don Valentín, el brigada de la Guardia Civil, e incluso las madres de las niñas, todo en el pueblo me resultaba hostil. Era indudable que aquella amabilidad venia a la piedad y al recelo que, sin duda, despertaba el aislamiento al que la Virgen me había condenado. Sin embargo, para mí lo que menos importancia tenía era lo que pudiera pensar la gente, lo que más me dolía era percibir aquel desaire constante...

....

Fue entonces cuando empecé a tener el presentimiento de que todo lo que me estaba ocurriendo era una pura añagaza, una especie de trampa... Recordé las fechas que estábamos pasando. ¿Podía ceñirse todo aquello al significado litúrgico? Casi no me atrevía a pensarlo, se me antojaba demasiado sutil, demasiado acomodaticio...

Pero lo cierto es que, a partir de aquel presentimiento ya no tuve miedo. Lo acepté todo y me sometí a la voluntad de Dios.

Aquella noche cené en la cantina sola. Después el brigada de la Guardia Civil me llevé a la casa de Conchita.

La madre de Conchita me recibió amablemente y me ofreció un lugar junto a su hija. El calor de la llamarada era molesto y mi malestar físico iba aumentando. Sin embargo, a medida que iban pasando las horas mi bienestar moral iba creciendo.

Hablamos de infinidad de cosas sin excesiva conexión con las apariciones. Lo más chocante de esas niñas es su naturalidad en el fluir de la vida corriente. Aceptan lo sobrenatural con una sencillez rayana en lo inverosímil. Les parece que "ver a la Virgen" está al alcance de cualquiera y que lo que les ocurre a ellas es normal.

Lo que de verdad les preocupa es comprobar la incredulidad de la gente. Infinidad de veces hacen esta pregunta: "¿Usted cree? ¿Cree de verdad que veo a la Virgen ?" Probablemente opinan que de esta credulidad depende el que la Virgen haga el milagro grande que viene anunciando desde el principio. Especialmente Conchita parece presa de esa preocupación. Cuando menos se espera, allí está preguntando: "¿ Usted cree...?"

Al margen de eso, en todo momento dan muestras de una gran seguridad en lo que se refiere a temas teológicos. Pese a su evidente inocencia, sorprende la clarividencia con que lanzan sus comentarios.

(Cuando en mi segundo viaje Conchita me entregó por escrito los mensajes que la Virgen le había dado para mí y yo, aturdida por lo que estaba leyendo le dije que no merecía tanta generosidad, por no ser lo bastante buena ni realizar sacrificios suficientes, me contestó con una firmeza impropia de una niña inculta e inexperta como ella: "Basta cumplir con la obligación, la Virgen no pide más".)

Aquella noche Conchita hablaba desenvuelta. Entre ella y Aniceta (su madre) me iban relatando con gran sentido del humor los hechos pasados: la aparición del arcángel San Miguel, los coloquios que habían sostenido con el difunto P. Andréu, el viaje que Conchita había hecho a Santander, la anécdota ocurrida en la peluquería cuando le fueron a cortar las trenzas... Poco a poco la casa se fue llenando de gente. Las llamas de la cocina ya no se podían resistir y el ambiente se iba volviendo irrespirable.

Cuando Conchita cayó en éxtasis yo me hallaba fuera del cuarto y por ello no pude apreciar exactamente el fenómeno que ocurrió.

Después de arrodillarse se enarcó hasta quedar recostada en el suelo. Pareció de pronto como si se elevara. La gente que la rodeaba decía que no había en ella punto de apoyo, pero no puedo dar fe de aquella levitación, ya que desde mi puesto de observación era imposible asegurarlo.

Sin embargo, en cuanto salió a la calle pude observar lo que le ocurrió al señor Mándoli, recién llegado a Garabandal.

Aunque creyente, no admitía las apariciones. De pronto vi cómo Conchita se desviaba de su camino y venía directamente hacia nosotros (el señor Mándoli estaba a mi lado) para ofrecerle el crucifijo. Pero dicho señor, acaso avergonzado o acaso para probarla la rehuía. Conchita, siempre con la cabeza colgada hacia atrás y sin poder ver dónde pisaba, lo seguía tenaz hasta que consiguió darle a besar la cruz.

Emocionado, el señor Mándoli, me confesó que acababa de pedirle a la Virgen que si aquello era cierto Conchita lo buscara para darle a besar el crucifijo.

Si mal no recuerdo, tampoco aquella noche me dieron a besar la cruz. Si la besé en algún momento dado fue por pura casualidad, atrapándola por el camino mientras la ofrecían a otro.

Por el camino, Conchita, se unió a las tres niñas restantes que también iban en trance. Con paso ligero, como acostumbran, andaban cogidas del brazo, mientras la multitud las seguía.

Recordaba yo que las restantes apariciones (Lourdes y Fátima) habían sido locales y extáticas y me parecía como si la actividad de las que estaba presenciando tuvieran cierta explicación en las características de nuestra actualidad. Era como si la Virgen, al igual que Juan XXIII, A quisiera adaptar su misericordia a la inquietud de los que la necesitaban.

En el fondo hubiera resultado un poco extraño, en nuestra época, ver éxtasis similares a los de Fátima o Lourdes. La gente necesita otra tónica, otro estilo, otros sistemas. Y el que reflejaban las niñas se adaptaba perfectamente a nuestras necesidades. Las apariciones se volvían asequibles, todos podían, guardando distancias, participar en ellas; todos, si se empeñaban, eran capaces de tomar parte, aunque indirectamente, en los diálogos que las videntes sostenían con la aparición. Desde el primer momento la Virgen, según ellas, había dado muestras de "querer acercarse" a los espectadores: permitía que se le hicieran preguntas, les sugería que le dieran piedras a besar... En suma, producía la impresión de querer disolver cualquier barrera. Sin embargo, en aquellos momentos me encontraba yo tan aplastada por el ostensible "desprecio" que la aparición me ofrecía, que sin meditar en la indudable generosidad que demostraba a los demás me propuse firmemente no volver a hacer más preguntas ni a esperar la menor señal a través de las niñas.

....

Las mujeres del pueblo, siguiendo una antigua costumbre en la madrugada de Pascua, iniciaron un rosario cantado. A pesar de mi cansancio, me vi impelida a seguirles. La devoción que allí se respiraba era realmente impresionante; no recuerdo haber vivido una Pascua más fervorosa que aquélla.

La noche, a medida que íbamos avanzando, se iba volviendo más clara. Los tejados brillaban casi tanto como la luna y las estrellas.

Debíamos de ir por el tercer misterio cuando ocurrió la inesperado.

Noté de pronto que alguien me daba un golpecito en la espalda. Al volverme vi a la marquesa de Santa María que iba del brazo de Mari Loli: "Dice Mari Loli que tiene un encargo para ti" —me confió.

De momento no podía comprender a qué se refería. Recordé que después del éxtasis de aquella tarde (antes, naturalmente, de la misa) yo había estado con la niña y nada había alterado su hermetismo. Tal como me había propuesto yo no le había hecho más preguntas, j ella, por su parte, tampoco había dado muestras de querer hablar. Por ello no podía alcanzar el sentido de lo que pretendía confiarme.

Pero Rosario Santa María, añadió: "Se trata de algo que la Virgen le dijo ayer, pero, al parecer, mandó que lo callara hasta después de la una del día de hoy..." Mari Loli, algo avergonzada, iba repitiendo: "Luego, luego se lo diré...". Andábamos rezando el rosario y no era cosa de detenemos por un mensaje.

Yo, aturdida, no sabía qué partido tomar. Pero Rosario, que había vivido mis malos ratos, insistía: "Nada de luego; se lo vas a decir ahora mismo. No puedes dejar a esa señora con semejante inquietud".

Entonces Mari Loli y yo nos apartamos algo de la comitiva. Temerosa aún y desconcertada, me incliné hacia la niña para que me hablara al oído.

Con voz clarísima me dio el mensaje: Dice la Virgen que su hijo está en el cielo.

....

Lo que vino después no puedo describirlo con exactitud: el orden de valores se trastoca de tal forma que no sería fácil reconstruir la escena. Todo, absolutamente todo, iba quedando absorbido por aquella frase.

Recuerdo únicamente, con precisión, que abracé a Mari Loli como si estuviera abrazando a Miguel. Después me vi en brazos de Rosario. También ella lloraba. Me decía tantas cosas que no podía oírla. La gente que nos rodeaba se mezclaba entre sí: era como si me hallara en un tiovivo desde donde al girar fuera unificando a todos. Veía a don Valentín, al P. Corta, a Eduardo Santa María, al brigada de la Guardia Civil... Todos me miraban, entre asustados y emocionados. La madre de Conchita, alarmada por aquella interrupción, llegó hasta nosotras deseosa de ayudar : "Dígale a esa señora que si llora porque no le han dado a besar la cruz que no se preocupe, que tampoco a mí me la han dado a besar esta noche..."

Le comunicaron entonces que lloraba de alegría y la mujer pareció tranquilizarse. El resto del rosario fue como subir al Cielo. Recuerdo que completamente liberada de cualquier malestar le entregué mi bastón a Rosario Santa María y me así del brazo de Mari Loli; jamás en la vida me había sentido tan ligera ni tan segura. Llorando aún, continuamos insertas en la comitiva calle adelante camino de la madrugada. Creo que rezaba más con los ojos que con los labios. Mari Loli iba repitiéndome: "No llore, no llore..." Pero no era posible hacerle caso. ¡Había tanto por llorar! Ella insistía: "Tiene que estar muy contenta..."

Ya ni siquiera miraba al suelo, ya no precisaba linterna; el brazo de Mari Loli era firme. Llena de confianza en ella y de fe en la Virgen anduve el resto del tiempo mirando el cielo. Nunca lo he visto tan estrellado ni tan diáfano: cada estrella era una sonrisa.

A las tres de la madrugada llegamos a la taberna. Las apariciones de Mari Loli estaban anunciadas para las cuatro y media. Aturdida aún por lo que acababa de ocurrirme, Vi que Rosario cuchicheaba algo con Mari Loli. Dijo en seguida: "Pero, mujer, no te lo calles... Díselo ya". Y acercándose a mí, Rosario añadió: "Dice Mari Loli que el mensaje que te ha dado es incompleto, pero como te has puesto a llorar no ha podido continuar diciéndotelo".

Lo que aquella vez me confió la niña me dejó todavía más

perpleja: 'También me dijo que su hijo es muy feliz, felicísimo, y que está con usted "todos los días".

E inmediatamente me confirmó lo que ya me había adelantado Rosario: "Yo ya sabía que su hijo estaba en el Cielo, me lo dijo la Virgen ayer. Pero también me dijo: No se lo digas a esa señora hasta mañana después de la misa del domingo. Por eso lo he callado hasta ahora.

Tanta sutileza no podía ser cosa de la niña. Emocionada, le recomendé mucho a Mari Loli que cuando volviese a ver a la Virgen le rogara que me pidiera lo que quisiera de mí, que fuera lo que fuese se lo daría. Sin embargo, cuantas veces le pregunté más tarde si le había dado mi encargo a la Virgen, me contestó que "se había olvidado". Me dijo que acaso con aquel olvido quisiera darme a entender que cuando Ella daba algo lo daba sin condiciones.

···

A partir de aquella crisis, todo cambió para mí. Bastó que la niña cayese nuevamente en éxtasis para demostrarme que aquel "juego de silencio" se había acabado. Inmediatamente se vino hacia mi. Aplicó el crucifijo en mis labios una, dos tres veces...; luego, haciendo la señal de la cruz en mi frente, en mis labios y en mi pecho, volvió a darlo a besar a la Virgen y, como sellando definitivamente todo cuanto acababa de confiarme, volvió a ofrecérmelo.

Después, sin darlo a besar a nadie más, salió a la calle.

Una vez fuera de la casa, Ceferino, el padre de Mari Loli, me hizo una seña para que me acercara: "Está hablando de usted con la Virgen", me dijo. Efectivamente, sus frases eran inconfundibles: "Yo ya le decía que no llorase, que tenía que estar muy contenta, pero no me hacía caso..." Después de una pausa preguntó: "¿Y si vuelve a llorar cuando se lo cuente?"

Desde aquella noche ya nunca dejaron de darme a besar la cruz.

En cuanto hubo acabado aquel éxtasis, Mari Loli se vino hacia mí y me comunicó, por lo bajo, que la Virgen le había dado otro mensaje. Esperó a que nos quedáramos a solas. En seguida me dijo:

"Cuando yo estaba hablando con la Virgen vi que se reía mucho y que miraba hacia arriba, y al preguntarle yo por qué se reía tanto me ha contestado que al mismo tiempo que Ella me hablaba, "él" estaba viéndola a usted y que su alegría era muy grande... "

¿A quién te refieres, Mari Loli? ¿A mí... él?" No llegué a pronunciar claramente su nombre... Pero ella me atajó: *"Eso, Miguel. Me ha dicho: Dile, sobre todo, a esa señora que mientras hablo contigo ahora, Miguel la está viendo a ella y que es felicísimo, que está muy contento, muy contento...*

"Dime, Mari Loli, ¿cómo sabes que se llama Miguel?" La niña no se inmutó: Con la mayor naturalidad me respondió: "porque yo le he preguntado: ¿Quién es Miguel? Y ella me ha dicho: *El hijo de esa señora.*

Tengo la confirmación de ese hecho grabado en cinta magnetofónica. Al día siguiente le rogué a Mari Loli que grabase ese pasaje para que pudiera oírlo mi marido. Cierto que el curso de la conversación salió menos flúido que la noche anterior, pero el fondo y la forma son los mismos. Parecía como si a la niña le avergonzase hablar con el micrófono delante; no obstante, cuando en el segundo viaje refirió el hecho a mi hija, a pesar del tiempo transcurrido, lo expresó todo sin omitir pormenores.

Desgraciadamente, mi marido, al oir la cinta no pareció convencerse. Ha necesitado ir a Garabandal para aceptar que lo dicho por Mari Loli puede ser verdad.

El último éxtasis de aquella noche lo tuvo Conchita. Duró cerca de dos horas. Al despertarse era ya de día. Ella se extrañó; creía que sólo había transcurrido "un minutin".

Mi regreso a la vivienda donde me hospedaba fue como andar sobre una nube. El pueblo se azuleaba bajo un cielo todavía estrellado. El sol apuntaba ya tras el monte".

CAPITULO 9

EL MENSAJE

45. — Conchita anunció que la Virgen les había dado un mensaje, mensaje que darían a conocer, por orden expresa de la Virgen, el día 18 de octubre 1961.

La noticia corrió por toda España y aquel día llegaron cientos de peregrinos con el ánimo dispuesto a presenciar una espectacular revelación. La mayor parte esperaban un milagro de efecto. Algunos, incluso confiaban en ver a la Virgen. El cielo, como en Fátima el día del prodigio, apareció lluvioso. El público, calado de agua y manchado de barro esperó pacientemente. Las niñas habían recibido el encargo de leerlo en la iglesia. Intervinieron algunos miembros de la Comisión y se decidió proceder a su lectura, a las diez de la noche en los Pinos. Allí subieron, calados de agua, un grupo numerosísimo de personas, sumisas y obedientes.

A la luz mortecina de la linterna, una de las niñas sacó un papel, que habían firmado las cuatro, y con su débil voz procedió a su lectura. No se oía bien y el mensaje fue recitado después por uno de los asistentes. No era nada extraordinario ni espectacular. No hubo milagro. Las cosas de Dios son siempre sencillas y a veces resultan elementales.

Textualmente fue redactado por las niñas con las siguientes palabras: *«Hay que hacer muchos sacrificios y mucha penitencia y tenemos que visitar mucho el Santísimo. Pero antes tenemos que ser muy buenos. Y si no lo hacemos vendrá un castigo muy grande. Ya se está llenando la copa y si no cambiamos vendrá un castigo».*

Debajo firmaban las cuatro niñas, expresando, junto al nombre de cada una, su respectiva edad.

Es fácil comprender la decepción del publico. Muchos estaban desde la víspera sin dormir. Habían aguantado la lluvia. Se habían hecho grandes ilusiones y a la hora de la verdad se encontraron con un papel sucio y arrugado donde cuatro niñas, con pésima ortografía y mala redacción, les pedían sacrificios y visitas al Santísimo.

—Esta es la muerte de Garabandal —decían casi todos.

Hasta el padre Ramón Andréu, él hermano del padre Luis María, que tantas maravillas tuvo ocasión de presenciar en los últimos meses, empezó a dudar. También para él aquello había acabado... Pero entonces se produjo un extraño suceso... Oigamos cómo lo cuenta el propio interesado en un informe que se dio por escrito:

«Permanecí cerca de una hora en la ladera del monte viendo descender linternas como si fuese una pesadilla y, al fin, seguí el camino del pueblo. Entré en una casa para no mojarme y me encontraba tan desilusionado que todo me molestaba. Salí hacia otra casa con el objeto de ver caras conocidas y no sentirme tan solo. A los pocos minutos de llegar me vinieron a buscar corriendo, diciéndome que las niñas me llamaban urgentemente. Me acompañaron a casa de Mari Loli, y ésta, tomándome aparte me dijo así: "Padre, hemos estado con la Virgen y hemos llorado mucho porque la Virgen nos ha dicho que cuando usted subía a los pinos iba muy contento y que cuando bajaba estaba muy triste y lleno de dudas. A Conchita le ha dicho todo lo que usted pensaba y los motivos por los que le había venido esa duda. Y nos ha encargado que se lo digamos en seguida para que se ponga contento y que esté tranquilo, porque es ciertamente la Virgen la que se nos aparece".

Yo marché a casa de Conchita, quien al verme entrar, por todo saludo, me dijo: «¿Todavía está triste?», y luego me hizo un breve pero exacto proceso de todos mis pensamientos interiores y motivos de mi desaliento y añadió: «Me ha estado hablando de muchas cosas de usted y me ha encargado que no se lo diga por ahora». Yo le pregunté: «¿Estaba triste la Virgen?». Y me respondió: «No, se sonreía.»

La decepción del público no podía extrañar ante un mensaje que aparentemente no encerraba novedad alguna y que se da a conocer a una hora tan intempestiva y en un día que culminó con una dantesca escena de rayos, truenos, lluvia, granizo, oscuridad y frío.

No obstante, y prescindiendo de la redacción hecha por unas niñas que apenas saben escribir, su significado responde fielmente a lo que el mundo de hoy necesita. Habla de un castigo, que desde hace tiempo se anuncia. Y exige, para evitarlo, arrepentimiento, sacrificios y penitencia. El mensaje habla también de la devoción al Santísimo como medio de reparación y emplea una expresión cuyo significado las niñas desconocían y que además responde a una terminología mariana empleada por la Virgen en otra ocasión: «Ya se está llenando la copa...»

En Fátima las videntes vieron también, en una de sus primeras apariciones, una gran copa en forma de cáliz donde caían gotas de sangre... El mismo simbolismo que contemplaron representado las niñas de Garabandal en uno de sus éxtasis y sobre cuya figura nos dieron un dibujo.

En este caso se comprobé que las niñas desconocían el significado de la frase, preguntando al día siguiente a varias personas sobre su recta interpretación.

En la Visión del día 20, a Jacinta, "en éxtasis, se le escuchó decir: «Ya no nos cree nadie, ¿sabes..-? Así que tienes que hacer un milagro muy grandísimo para que vuelvan a creer...» Pero la Virgen, a esta petición, sonreía siempre y se limitaba a contestar: «Ya creerán...»

El milagro de la Comunión

46. — «Le escribo estas líneas con las mejores impresiones que yo be recibido en este tercer viaje, aunque para mí personalmente, como sacerdote, no haya sido nada grato, porque no me permitieron celebrar la santa misa, ni recibir la sagrada comunión, de lo que se lamentan igualmente las niñas que ya hace días que no reciben al Señor en sus limpios corazones» [1].

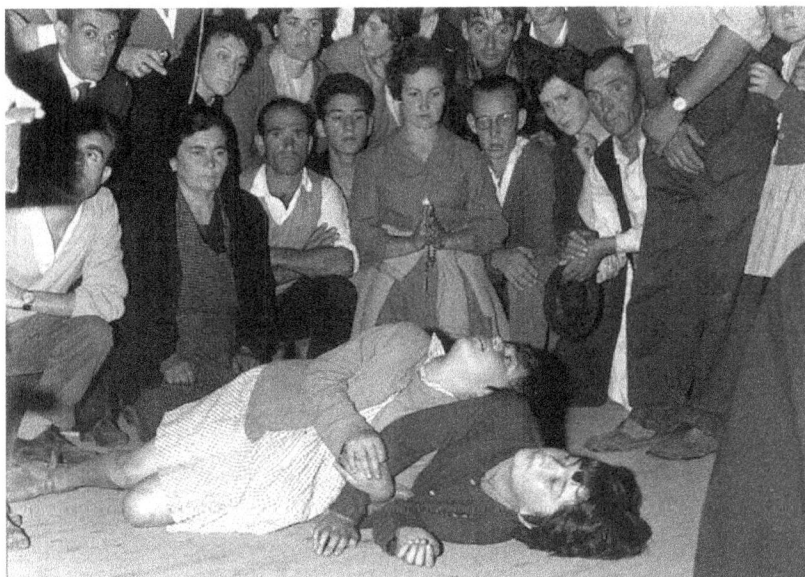

Jacinta y Mari Loli en una caída extática.

A esta prudente situación creada por las disposiciones de la Iglesia, se debió, sin duda, un nuevo fenómeno místico: la administración de la comunión por el ángel. El fenómeno no es nuevo. También los videntes de Fátima recibieron varias veces la comunión administrada por el «Ángel de la paz», la figura resplandeciente que se les apareció en primer lugar y preparó a los pequeños para las visitas de la Virgen. El mismo fenómeno que experimentó con frecuencia Teresa Neumann y otros místicos.

A las niñas de Garabandal se les ha visto con frecuencia caer en éxtasis, recogerse, adoptar la disposición acostumbrada para

---

[1] De la carta de un sacerdote, cuyo nombre no creemos discreto revelar.

143

comulgar, abrir la boca y tragar algo. En una ocasión le dijo un sacerdote a Conchita: «Eso que dices no puede ser porque los ángeles no pueden consagrar». Conchita se limitó a encogerse de hombros. Pero a los pocos días aclaró: «Lo consulté con la Virgen y tiene usted razón. Me ha dicho que el Ángel toma las Formas de los Sagrarios de la tierra...»

Mari Loli después de una caída extática.

Los médicos han comprobado la realidad del estado extático cuando las niñas adoptan la postura y los gestos propios de una auténtica comunión. Un día, al volver Conchita del trance y decir que tenía hambre, su madre le ofreció un bocadillo y, la niña, sin atreverse a probarlo, dijo: «El caso es que aún me sabe la boca mucho a la Forma...»

Conchita en su diario dice que el ángel San Miguel les daba al principio Formas sin consagrar para enseñarles a comulgar devotamente. Un día les dijo que al siguiente, subiera a los Pinos en ayunas y que llevaran a una niña con ellas. Cuando llegaron a los pinos se les apareció el Ángel con «una copa como de oro» y les dijo que se preparasen para comulgar, que las Formas estaban consagradas. Les hizo rezar el «Yo pecador» y después dieron gracias y rezaron el «Alma de Cristo, santifícame...» Y termina su relato afirmando: «Y luego se lo decíamos a la gente y algunos se burlaban. Y dándonos la comunión estuvo mucho tiempo».

Más adelante el diario de Conchita continúa así: «Como tanto insistimos a la Virgen y al Ángel de que hiciera un milagro, el 22 de junio, cuando iba a recibir la sagrada comunión, me dijo: Voy a hacer un milagro, yo no, Dios, pero por intercesión mía y tuya. Yo le pregunté: ¿Y qué va a ser...? Y él me dijo: Que cuando yo te dé la sagrada Forma se te verá en la lengua. Yo me quedé pensando... Y le dije: ¡Si cuando comulgo contigo también se me ve la Forma sobre mi lengua! Y él me dijo que no, que no lo veía la gente de alrededor, pero el día que hiciera el milagro se me vería. Y yo le dije, Pero ese milagro es «chicu» y él se reía... Y ese día, después de decirme eso se marchó».

Al día siguiente volvió a comulgar de manos del Ángel y le preguntó que cuándo sería el milagro. Y el Ángel le contestó que la Virgen le señalaría la fecha. Cuando a la Virgen le formuló la misma pregunta, Conchita, en su diario, asegura que la Virgen le hizo saber que el viernes siguiente se oiría una voz, y esa voz le diría la fecha.

Sigamos transcribiendo del diario:

«Llegó el viernes y, como la Virgen me había dicho, sentí una voz estando en los Pinos que me decía que el 18 de junio sería cuando se realice el milagro. La voz que sentí me dijo: el milagruco, como tú dices».

Cumpliendo las instrucciones recibidas, Conchita, a partir del 3 de julio empezó a anunciar el milagro de la comunión visible, con la misma entereza y seguridad con que sigue anunciando ahora el gran prodigio «para que todos crean».

Al Obispo le dirigió una carta que fue entregada en mano por don Plácido Ruiloba Arias, de Santander, testigo de la mayor parte de los fenómenos de Garabandal y persona que con tanta prudencia como sentido crítico ha vivido de cerca y ha controlado minuciosamente los hechos que historiamos.

Don Valentín, al ver que la niña estaba dirigiendo cartas a todas partes anunciando el prodigio, creyó oportuno recomendarle que no escribiera más, recomendación que le hicieron también otras personas ante el temor de que el milagro no se produjera. Pero Conchita aseguraba que lo hacía por encargo del Ángel.

Llegó el 18 de julio de 1962 y el pueblo se llenó de peregrinos y curiosos. Conforme avanzaba el día crecía el nerviosismo y el público. Junto a la casa de Conchita se había organizado una función de baile al son de la gaita y del tamboril. Muy próximos, pues, un grupo danzaba y otro rezaba el rosario. Don Ignacio Rubio, ante el temor de muchos, de que no hubiera milagro si el baile continuaba, le preguntó a Conchita si no era prudente pedir que lo suspendieran. A lo que Conchita le dijo: (Tomo la frase de su diario respetando la ortografía con que fue escrita) «Que ubiendo vaile o no ubiendo vaile el milagro se produciría». Y añade: «Y entonces ya no discutieron más con el vaile».

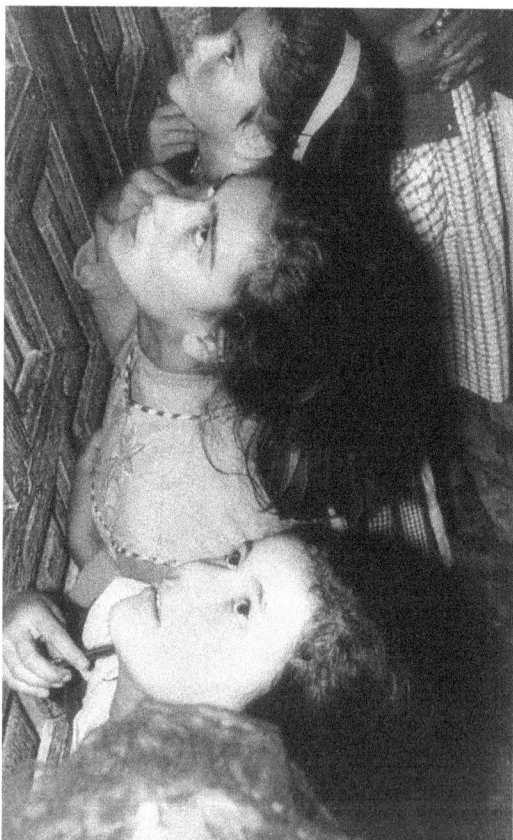

La iglesia se cerro para evitar posibles irreverencias. En éxtasis, han llegado las niñas ante su puerta.

«Cuando ya llegaba la noche —sigue diciendo Conchita— el personal estaba intranquilo porque se le hacía tarde, pero yo, como el Ángel y la Virgen me habían dicho que vendría el milagro, no tenía miedo, porque ni la Virgen ni el Ángel me han dicho nunca una cosa que iba a salir y no saliera».

Es admirable la fe de Conchita que ni por un momento ha dudado jamás de la realidad de cuanto ha oído en sus locuciones o de labios de la Visión.

Sigamos copiando de su diario:

«Cuando llegaron las diez de la noche yo ya tenía una llamada y a las doce otra. Después, a las dos, se me apareció el Ángel en mi habitación. En mi casa estaba mi madre Aniceta, mi hermano Aniceto, mi tío Elías, mi prima Lucía» y María del Carmen Fontaneda de Aguilar del Campo. El Ángel estuvo un poco conmigo y me dijo igual que otros días: reza él "Yo pecador" y piensa a quién vas a recibir. Yo lo hice y después me dio la comunión. Y después que me dio la comunión me dijo que rezara el "Alma de Cristo" y que diera gracias y estuviera con la lengua afuera hasta que él desapareciera y la Virgen viniese. Y yo así lo hice. Cuando vino la Virgen me dijo que todavía no creen todos».

Esto es lo que cuenta Conchita, quien al caer en éxtasis no pudo saber lo que hacía. La verdad es que entró en trance y siempre con la cabeza hacia atrás, salió de su habitación y bajó la escalera y se fue andando por las calles seguida por la multitud que, deseando estar cerca, la rodeaba casi sin dejarla avanzar hasta la esquina de una calle donde se clavó en el suelo de rodillas, en una caída impresionante. Entonces sacó la lengua y los que estaban cerca la vieron limpia, pero en la fracción de un segundo surgió una Forma blanca de cierto grosor y sobre la lengua la tuvo bastante tiempo.

Transcribimos a continuación el informe que sobre este inexplicable fenómeno redactó don Alejandro Damians Damians, de Barcelona, quien providencialmente quedó a cincuenta centímetros frente a Conchita, en el momento del milagro y tuvo ocasión incluso de disparar su máquina tomavistas.

Dice así textualmente: «En diversas ocasiones he tenido que relatar la impresión que me causó el prodigio que tuve oportunidad de presenciar en San Sebastián de Garabandal el día 18 de julio del pasado año.

Según la concurrencia, mi estado de ánimo, la presencia de personas que hubieron escuchado anteriormente la explicación y muchas otras circunstancias, mi narración era más o menos extensa, y mejor o peor desarrollada.

Para evitar esas no contradicciones, pero sí ligeras variantes, creí conveniente que mi explicación se limitara a la lectura de un informe que yo mismo pudiera confeccionar con tranquilidad y previo examen detallado de cada una de las circunstancias. Algunas personas de claro criterio me aconsejaron, asimismo, en dicho sentido y resolví no demorar por más tiempo este escrito que tal vez pueda darles una idea clara de mi intervención en los hechos de San Sebastián de Garabandal.

Aquí les hablaré de personas que tal vez muchos de ustedes conocerán ya, y a otros les serán totalmente desconocidas. No detallaré en exceso sus características y tampoco pasaré totalmente por alto su intervención. Para los que ya sean conocidos, mis explicaciones serán ligeramente pesadas y para los otros suficientes. De todas maneras lo más interesante para todos nosotros es Garabandal, y creo que podemos, sin ningún riesgo, crear una confusión en los personajes si conseguimos, en cambio, una claridad en los hechos.

Empezaré mi informe remontándome al lunes, 16 de julio de 1962.

Sabía ya entonces que para el día 18 estaba anunciado el primer prodigio en San Sebastián de Garabandal o, mejor dicho, el primer prodigio público de trascendencia, ya que allí, como en todas partes, los prodigios de Dios se suceden continuamente con el transcurso de la vida. Siempre he creído ser un hombre de fe. Jamás he necesitado presenciar milagros para estar convencido de la verdad de mi religión. Pero la humana curiosidad me había llevado ya en el mes de marzo a visitar la pequeña aldea de la provincia de Santander. Sin ser particularmente impresionable, la bondad de sus habitantes, los éxtasis de las niñas, el ambiente sobrenatural que al pisar el pueblo se experimenta y los extraños casos de tipo interno y personal que me habían sucedido, habían producido un impacto en mis sentidos. No obstante, como experiencia me parecía ya suficiente, y si bien tenía deseos de volver a Garabandal, estaba totalmente indeciso sobre la determinación a tomar en aquella ocasión.

Confieso que soy un amante de la comodidad y tal vez por ello estaba dispuesto a pasar cuatro días de vacaciones en mi casa de Premiá de Mar, intentando ignorar que el día 18 debía producirse un espectáculo que difícilmente tendría ocasión de presenciar ya en sitio alguno. Intentaba buscar paliativos a mi abulia pretextando que si estaba destinado a ir a la aldea se cumpliría la divina voluntad sin intervención por mi parte.

Un primo mío tenía deseos de ir y yo había supeditado mi decisión a la suya. Habíamos quedado que antes de partir hacia allí pasaría por Premiá el día 16, de regreso de un pueblo de la costa, para que le confirmara si me uniría o no a la expedición. La hora de la cita era entre seis y siete de la tarde. Le estuve esperando en vano, hasta que resolví ponerme cómodo y cenar y así lo hice, ya plenamente resuelto a no interrumpir mis vacaciones.

A media cena recibía su visita y me dijo que por asuntos de familia le era imposible desplazarse, pero que un amigo suyo estaba dispuesto a ir si encontraba un compañero de viaje.

Decliné la invitación. Cada vez se me presentaban más propicias las circunstancias para excusarme. Lo intempestivo de la hora, la abstención de mi primo y la idea de realizar el viaje en compañía del que por aquellas fechas era casi un desconocido para mi reforzaban mi decisión de quedarme en casa.

Y en este punto, en la forma más humana, tuve plena conciencia de la voluntad divina en la presión que sobre mi voluntad ejercieron, no sólo mi esposa y primo, de quienes ya esperaba semejante reacción, sino principalmente mi hijo, a quien su poca edad parecía no autorizar a ello. Reconvenciones de mi esposa, consejos de mi primo y súplicas de mi hijo. Al fin cedí.

A partir de este momento los hechos se sucedieron a una velocidad vertiginosa.

La conferencia telefónica desde Premiá al amigo de mi primo, nuestra cita para las cuatro de la madrugada, el viaje con mi esposa a mi piso de Barcelona, preparar la maleta con lo más indispensable y dejar una nota en mi despacho comunicando que estaría unos días ausente... Todo fue realizado de manera precipitada y como una pesadilla.

A las cuatro en punto de la madrugada, mi amigo y su hermano, mi esposa y yo partíamos en un «Dauphine».

Y ahora un detalle que estaba destinado, tal vez, a ser el más importante: antes de marchar, mi primo me prestó una máquina de filmar de un amigo suyo, dándome unas ligeras explicaciones de cómo debía usarla, ya que mi desconocimiento en dicha materia era total y absoluto.

De nuestro viaje no vale la pena siquiera mencionar detalle alguno. Basta saber que, sin dormir, a las diez de la noche, aproximadamente, del día 17 llegábamos a San Sebastián de Garabandal.

La pequeña aldea estaba invadida de forasteros. Sin publicidad alguna, la noticia de la primera prueba visible se había extendido por toda España y una multitud de personas de distintas regiones y clases sociales daban un matiz de expectación que podía respirarse en el ambiente. Entre los visitantes había varios sacerdotes que departían entre sí con don Valentín, el párroco de Cosío, que había subido a San Sebastián por ser al día siguiente la fiesta mayor.

Encontramos habitación en casa de Encarna, tía de una de las videntes, donde dejamos nuestro escaso equipaje y a continuación fuimos a casa de Conchita, que es de las cuatro niñas de Garabandal la que tenía anunciado el milagro.

Aquella noche, presenciamos unos éxtasis, como siempre extraordinarios, que hicieron más mella en nuestra sensibilidad, toda vez que estábamos aguardando la demostración visible de lo sobrenatural.

Parece absurdo referirme al día siguiente, cuando en mi imaginación los días 17 y 18 son un mismo día sin interrupción de ninguna clase, ya que a aquella noche que entonces se me antojó extraordinariamente larga, la sucedió un pálido amanecer nublado de color gris plomizo que parecía una continuación de la noche.

A la misa de madrugada le siguió un pequeño rebullicio de pueblo en fiestas, muy tenue por la mañana y que fue aumentando después con las primeras horas de la tarde. Casi todo el día 18 lo pasé en el interior de la casa de Conchita, con mi esposa, mi amigo, varios sacerdotes y algunas otras personas.

Tuve ocasión durante el día de hablar mucho con fray Justo, un sacerdote franciscano con quien luego he sostenido correspondencia y que en una carta que escribía a un amigo mío le decía cuán incrédulo había partido de Garabandal después del prodigio. No había de tardar mucho tiempo en ver la luz y rectificar su primera postura. Pero esa es una historia aparte.

Dos circunstancias se daban cita en aquella ocasión para albergar dudas sobre si se produciría o no el prodigio esperado. Uno era el ambiente de fiesta que reinaba en el pueblo y la otra era la presencia de los sacerdotes.

En algunas ocasiones anteriores en que se había producido la primera de ellas, las niñas no habían entrado en éxtasis. Y, por otra parte, la presencia de los sacerdotes había motivado anteriormente el que la niña tomase la comunión normalmente y nunca por mediación del Ángel.

El ambiente era de franca duda, ya que, en contra de tales hechos comprobados, se decía entre los visitantes que Conchita personalmente había avisado a alguno de aquellos sacerdotes para que fueran a Garabandal el día 18 y que a las preguntas formuladas aquel mismo día en dicho sentido, había manifestado que ni la fiesta ni la presencia de los sacerdotes serían obstáculos para realizarse el prodigio.

Al mediodía Conchita nos anunció que iba a almorzar, lo cual nos dio el convencimiento de que si lo que había de producirse era la Comunión tendríamos que aguardar un mínimo de tres horas para que tuviese efecto.

La gente esperando en la calleja.

Así, entre dudas, ilusiones, tedio y esperanza, fue transcurriendo totalmente aquel día.

El día 18 había pasado sin suceder lo que todos esperábamos. Cundió el desaliento y la incredulidad.

Cerca de la una de la madrugada del día 19, cuando algunos habían emprendido el regreso ya a sus localidades, como un reguero de pólvora se extendió la noticia de que, según la hora solar, el día

18 no terminaba hasta la una y veinticinco de la madrugada.

Por aquel entonces los que estábamos en el interior de la casa sabíamos ya una cosa cierta: Conchita había recibido la primera llamada.

Poco después nos mandaron desalojar la casa y quedé en el portal en compañía de un amigo de la familia de Conchita, para evitar la entrada de cualquier persona.

Desde mi lugar de vigilancia dominaba visualmente la cocina y la escalera que conduce al piso superior de la casa.

Allí se hallaba Conchita, creo que con una prima y un tío suyo, cuando entró en éxtasis. Mi primera noticia fue al verla bajar las escaleras muy deprisa, con aquella clásica actitud en que sus facciones se dulcifican y embellecen.

Al cruzar el portal, la gente que aguardaba ante la casa se abrió el tiempo justo para permitirle el paso y a partir de ese instante la multitud se arremolinó a su alrededor, como un río desbordado que arrasa cuanto encuentra a su paso. Vi caer la gente al suelo y ser pisada por los demás. Que yo sepa nadie resultó lesionado. Pero el aspecto de aquella fantástica turba, a la carrera, empujándose unos a otros, no podía ser más aterradora.

Intenté seguir a Conchita, pero cinco o seis metros de cabezas se interponían entre nosotros. La distinguía a veces, pero con escasa claridad. Dobló a la izquierda, pasó por el pasadizo que forma la fachada lateral de su casa y un muro bajo, volvió a girar a la izquierda y, justo en el centro de aquella calleja, que es relativamente ancha, cayó de repente de rodillas.

Fue tan inesperada su caída que el alud de gente, por su propia inercia, la sobrepasó por los costados, rebasándola. Al librarme de esta suerte de los que me precedían quedé inesperadamente a su derecha a menos de medio metro de su rostro. Aguanté con firmeza el empuje de mis seguidores intentando con todas mis fuerzas no ser desplazado del privilegiado lugar en que me hallaba situado y lo conseguí.

Los empujones fueron decreciendo para quedar finalmente todo en relativa calma.

Poco antes de medianoche las nubes que oscurecían el cielo se habían ido disipando y el manto azulado se había tachonado de estrellas que brillaban alrededor de la luna.

A su luz, y a la de la infinidad de linternas que alumbraban la calleja, pude distinguir claramente que Conchita tenía la boca abierta y la lengua afuera en la clásica actitud de comulgar. Estaba más bonita que nunca. Su expresión, su gesto, lejos de provocar risas o presentar el más leve asomo de ridiculez, eran de un misticismo impresionante y conmovedor.

De pronto, sin saber cómo, sin darme cuenta, sin que Conchita hubiera variado en lo más mínimo su expresión, la Sagrada Forma, apareció de repente, en su lengua. Fue totalmente inesperado. No dio la impresión de ser depositada allí, sino que más bien podía decirse que brotó a una velocidad superior a la percepción de la mirada humana

Es imposible describir la impresión que sentí en aquel momento y que siento aún hoy al recordarlo. Con estas o parecidas frases he contado yo una y otra vez el suceso tal como aconteció y jamás he podido evitar, al llegar a este punto, sentir aquella impresión maravillosa que encoge el corazón en el pecho llenándolo de ternura y humedece los ojos en un deseo incontenible de llorar. Lágrimas de alegría, de caridad, de amor. Lo que sea, pero lágrimas al fin.

Más tarde me dijeron que Conchita estuvo unos dos minutos reteniendo inmóvil sobre la lengua la Sagrada Forma, hasta tragarla normalmente y besar, finalmente, el Crucifijo que llevaba en su mano. Según he sabido unos meses después, tan larga espera fue debida a que el Auge dijo a Conchita que la mantuviera a la vista hasta que la Virgen se le apareciera.

Yo apenas me enteré del tiempo transcurrido. Recuerdo sólo como un sueño las voces que reclamaban a gritos que me agachase y de haber sentido un fuerte golpe sobre mi cabeza.

Colgada de mi muñeca llevaba la máquina de filmar. Sin hacer caso de las protestas, sin recordar apenas las instrucciones de mi primo, apreté el disparador y filmé los últimos instantes de la comunión de Conchita,

Jamás había filmado, y sólo tenía la seguridad que había acertado en el enfoque de la figura, pero dada mi falta total de experiencia puse en duda el satisfactorio resultado de la película.

Conchita se levantó, aún en éxtasis, desapareció de mi vista seguida por todas las personas presentes en Garabandal.

Más tarde supe que el éxtasis duró todavía alrededor de una hora.

Por mi parte yo ya tenía bastante. Me quedé solo en un rincón. Recostado en la pared y apretando con las pocas fuerzas que me quedaban la máquina de filmar. No sé el tiempo que estuve allí. Cuando la tranquila laxitud de mis miembros sucedió a la rigidez provocada por el nerviosismo, fui recorriendo el pueblo, sin rumbo fijo y a paso lento. Cambié comentarios con la gente esparcida por todas partes y, finalmente, acudí a casa de Conchita. No estaba ya en trance y me escribió una estampa.

Me despedí de ella, de don Valentín que me había mandado llamar para pedir mis señas y, totalmente agotado, a las tres y cuarto aproximadamente de la madrugada, partía de San Sebastián de Garabandal en dirección a Barcelona.

Ni por un momento pasó por mi mente la idea de que el tomavistas hubiese podido impresionar nada, tanto por mi desconocimiento en el manejo de la máquina como por la falta de luminosidad, pues el fenómeno se produjo a la luz de las linternas. No obstante, llevé el rollo a revelar y aquí se produjo en nuevo «milagro». En la cinta aparecieron setenta y nueve fotogramas filmando la escena. Los empujones del público que me rodeaba hicieron que muchos fotogramas no lograran centrar la imagen, tomando sólo la parte alta de la cabeza de Conchita. Pero varios habían conseguido captar la imagen centrada con toda claridad. De ellos seleccioné uno que acompaño a este informe

No sé que opinarán ustedes de todo ello, ni la decisión que adoptará la Iglesia al juzgar los hechos. Lo ignoro en absoluto. Lo único que puedo asegurar sin ningún género de dudas, es que, el 18 de julio de 1962 en San Sebastián de Garabandal ocurrieron dos milagros. El primero fue la Comunión de Conchita que revistió caracteres sobrenaturales de enormes proporciones. El segundo, siendo muy pequeño, fue la prueba de la infinita condescendencia de la Virgen: porque sólo a su condescendencia infinita puede deberse el haber presenciado el prodigio y el que él mismo hubiese quedado impresionado en mi película».

Conchita dice: «Este milagro que Dios Nuestro Señor hizo por intersección del ángel San Miguel, después de haberlo hecho, los que vieron el milagro completo y algunos de los que sólo vieron la Forma en mi lengua, creyeron firmemente y muchos de los que no lo vieron creían también con los informes que los que vieron contaban. Pero cuando ya iban pasando los días la gente empezó a dudar y algunos decían que había sido yo quien había puesto la Forma sobre mi lengua. Y todo eran comentarios sobre la Forma durante mucho tiempo.

Un padre franciscano, el padre Justo, dijo que era mentira y que había sido yo quien lo había hecho. Pero a los dos o tres días me llegó una carta de dicho padre pidiéndome perdón de haber pensado así de mal y me decía en la carta que era el demonio quien le tentó. Y a los pocos días de haber llegado la carta vinieron tres padres de parte de él, porque él les había explicado cosas de aquí, de la Virgen, y esos tres padres me dijeron que el padre Justo había pasado unos días y unas noches muy malas sin dormir, pensando en lo de la Sagrada Forma, pero que ya había reaccionado y estaba muy contento y creyendo mucho».

A uno de los miembros de la Comisión, le escribió Conchita una carta en la que se quejaba de su afirmación sobre que ella había sido la autora del milagro de la Comunión. A esta carta corresponde el siguiente párrafo: «¡Qué responsabilidad para mí delante de Dios! ¿No le parece que yo ya tengo algo de conocimiento, para pensar eso...? Y además podía pensar que la gente me lo notaría y yo no sería tan inteligente como para hacer una cosa así. El ángel San Miguel fue el que puso sobre mi lengua una Forma visible para la gente».

Y termina la carta con el siguiente párrafo: «También estoy cierta de que el milagro vendrá, porque la Virgen me lo ha dicho, y también sé la fecha del milagro y el contenido del milagro que la Virgen hace para el mundo. Estoy tan cierta de que va a venir el milagro como de que dos y dos son cuatro».

Comprobado el estado real de éxtasis en Conchita el día de la Comunión visible, es evidente que la inconsciencia, la rigidez y demás fenómenos que se dan en este estado, son totalmente incompatibles con la maniobra artificial que entraña una simulación de este género. La Forma que la fotografía captó no pudo ser colocada en la boca por ella misma ni por ningún familiar, porque el estado de trance imposibilita el engaño.

Recibiendo la comunión invisible del Ángel.

Un francés, cuyo nombre y filiación ocultamos, estuvo también ante Conchita y no logró disparar su máquina. En una entrevista que celebró con el señor Damians, testigos ambos del fenómeno, atribuyó lo ocurrido a que no se encontraba en estado de gracia. Tomamos de la entrevista la explicación que nos da el interesado:

«Yo llevaba todo preparado para filmar el milagro todo a punto como nunca, sólo en el último momento o en la última fracción de segundo alcancé a ver la Hostia que ya desaparecía tragada por la niña. Y en ese momento sentí un dolor espantoso, horrible, que me ahogaba; la impresión de que pude entrever a Dios y se me fue; y entonces me di cuenta de que estaba en pecado mortal. Y sentí la necesidad de llorar, desesperado, y comprendí en un instante lo que era el infierno y lo que representaba vivir apartado de Dios. Desde entonces vivo siempre en gracia y espero que Dios me permitirá ver el milagro con el que recuperaré, estoy seguro, la paz interior que necesito».

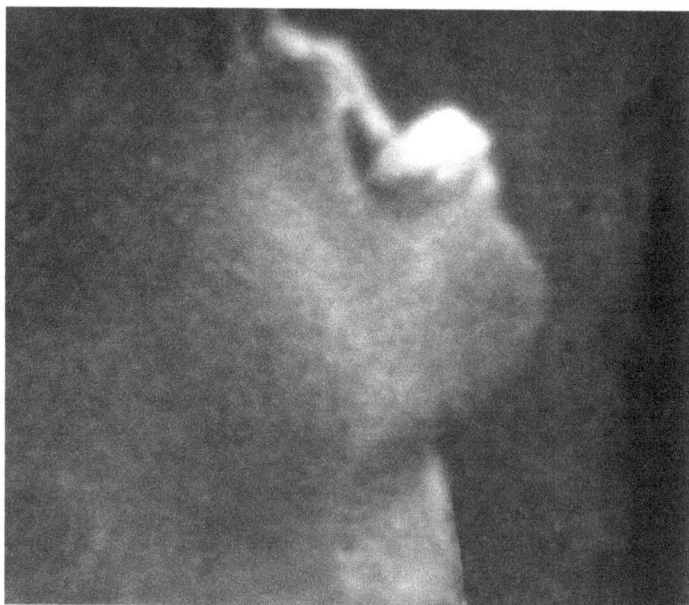

Esta foto corresponde al milagro de la comunión visible, anunciado ocho días antes por la niña, que tuvo lugar ante infinidad de testigos el día 18 de Julio 1962. Fotografía tomada de los escasos centímetros de película que logró captar con un tomavistas, a la pobre luz de una linternas, don Alejandro Damians y a cuya fotografía alude en su informe publicado en el capítulo nueve.

47. — Completaremos esta información con el testimonio de Benjamín Gómez, un trabajador de la tierra, oriundo de Potes, que subía con frecuencia a San Sebastián de Garabandal y que tuvo la oportunidad de encontrarse frente a la niña en el momento de recibir la Comunión visible.

En una entrevista que se le hizo y que fue grabada en cinta magnetofónica, hace las siguientes afirmaciones.

—Yo estaba a poco más de un palmo de Conchita en él momento en que ésta sacó la lengua; comprobé que la tenia limpia; allí no había «nada de nada»; pude ver la lengua con toda tranquilidad y puedo asegurar que no hizo el menor movimiento. De pronto me encontré ante la Forma. Era blanca, resplandeciente. Recordaba el color de la nieve cuando está helada y le da el sol. Sin embargo, no hería la vista. Tenía el tamaño de una moneda de cinco duros, pero más gruesa, como si se hubiesen colocado dos monedas, una encima de otra. No era redonda del todo. El rostro de Conchita aparecía con esa transformación propia de esta niña en éxtasis. Era un rostro angelical. Algunos dicen que tuvo que poner la Forma con la mano o llevarla en la boca; pero yo puedo asegurar que ni movió las manos, ni las levantó hasta la cara, ni retiró la lengua cuando la sacó mucho hacia afuera... Fue sin moverla como recibió la Forma... Y esto tuvieron que verlo, como yo, todos los que estábamos allí, que éramos muchos. Todos tuvimos tiempo para contemplar el fenómeno a placer y sin prisas. Yo no cerí hasta ese día... Yo lo digo porque es verdad, no por otra cosa, porque yo no soy tan católico como para dejarme sugestionar... Yo de Dios no me he preocupado nunca, como no sea «pa mentarlo» y ofenderle... Me confesé en el mes de abril, pero llevaba veintitrés años sin confesar... Cuando empecé a subir a Garabandal todo el pueblo se me reía y se extrañaba de que yo subiera. «Tú eres más serio que todo eso», me decían. Y sí que soy serio, pero por eso no puedo decir una cosa por otra... etc.

Hemos creído oportuno tomar de sus manifestaciones algunas de sus frases para reflejar lo más exactamente posible el testimonio de este trabajador de la tierra y testigo excepcional del milagro de la Comunión en la madrugada del día 19 de julio de 1962.

El milagro que se anuncia

48. — El misterio de Garabandal quedará aclarado el día que el milagro se produzca, ese milagro que Conchita anuncia insistentemente y del que ha dado toda clase de detalles.

Sabemos que será un jueves, a las ocho y media de la noche, coincidiendo con un acontecimiento de gran importancia para la cristiandad; que será además el día de un Santo indirectamente relacionado con la Eucaristía; que lo verán cuantos acudan a Garabandal o a sus alrededores en aquella fecha; que el Papa y el Padre Pío lo presenciarán desde donde se encuentren; que se curarán los enfermos que asistan; que los pecadores se convertirán; que durará unos quince minutos; que el Obispo levantará antes su prohibición para que puedan acudir los sacerdotes; y que quedará como prueba del hecho un testimonio permanente, etc., etc.

"Como el castigo que merecemos es muy grande —dice Conchita— el milagro será tan grande y espectacular como el mundo necesita".

Esperemos con confianza y preparémonos adecuadamente para ese gran día del milagro, pues es quizá la última oportunidad que nos brinda el cielo, el último esfuerzo de María para que el mundo rectifique su camino de perdición y pueda con esta rectificación eludir su castigo.

Si en Fátima fue el sol el protagonista del Suceso, en Garabandal ¿serán la luna y las estrellas las mensajeras del cielo?

Cuando los éxtasis se interrumpieron, las niñas mantuvieron el contacto con el mundo de sus visiones a través del fenómeno que se conoce con el nombre de las locuciones. "Son —dice Conchita— como una voz de alegría, voz de felicidad, voz de paz. Me han hecho mucho bien las locuciones, porque son como si la Virgen estuviera dentro de mí. Prefiero la locución a las apariciones, porque en las locuciones la tengo en mí misma. Jesús me dará la Cruz para purificarme y también hará que con mis cruces pueda hacer algo al mundo, pues sin la ayuda de Dios nada podemos".

Pues bien, las locuciones confirman a las niñas en su mensaje y en la promesa del gran milagro para que todos crean. De aquí deducimos que la hora se acerca... Preparémonos para conocer la fecha del gran prodigio y para que Dios nos conceda la gracia de poderlo presenciar... Y no caigamos en esa tentación de desentendernos... Si Dios nos quiere conceder un prodigio excepcional debemos de prestarle la atención y el reconocimiento que requiere un favor así, preparándonos para merecerlo primero, para agradecerlo después y para sacar del mismo el mayor fruto espiritual posible.

Desentenderse o rechazarlo, por innecesario, como acostumbro a oír con frecuencia de fervorosos católicos, revela en el fondo un pecado de soberbia que nos hace indignos de tal gracia.

Vivamos pendientes de ese día, el día de la confirmación de

Garabandal, para que a la cita de la Virgen, acudan, fervorosos y confiados, una gran parte de sus hijos; y el mensaje de Garabandal tenga así el eco y la difusión que aconsejan y exigen las obras de Dios.

CAPITULO 10

CONSIDERACIONES

49. —No existe obligación moral de creer en las revelaciones privadas. Pero esta afirmación genérica no quiere decir que determinadas individualidades, en virtud de circunstancias particularísimas, no adquieran la obligación de creer en ellas con fe sobrenatural. Como afirma el reverendo John Francis Maxwell, a veces existen hechos que no han merecido en principio la aprobación de la Iglesia y que sin embargo Dios los ha puesto de manifiesto, ante una pequeña minoría de personas, en circunstancias tan claras y contundentes, que impiden el que puedan ser rechazadas en conciencia.

Esto nos lleva a la conclusión de que si bien es cierto que sobre los cristianos en general no recae obligación alguna de creer en los fenómenos de Garabandal, que no han merecido, de momento, la aprobación eclesiástica, también es cierto que determinadas personas pueden sentirse obligadas a creer en ellos, porque el cielo les ha hecho vivir su realidad en condiciones moralmente incompatibles con la duda.

En este caso las recomendaciones pastorales deben ser cumplidas por espíritu de obediencia; si el Obispado recomienda a los sacerdotes el abstenerse de subir a Garabandal, nos parece muy correcta la actitud de aquellos que, no obstante su específica vinculación con estos fenómenos, han cumplido ejemplarmente desde el primer día las consignas de sus superiores. Pero a nuestro entender esto no significa que quienes hayan sido privilegiados espectadores de hechos sobrenaturales, deban retorcer su juicio para dejar de creer en "su verdad", en el regalo que Dios generosamente les hizo, como consecuencia del cual las dudas que en el prójimo son lícitas y justas, en ellos serían moralmente reprobables.

Sinceramente admiramos la actitud de quienes han logrado cumplir su delicada misión con tanto espíritu de obediencia como prudente celo, sometiéndose a la disciplina eclesiástica y ofreciendo a Dios, juntamente con su fe inquebrantable en la Virgen de Garabandal, el sacrificio de su silencio, de su renuncia y de los comentarios no siempre favorables de que fueron objeto. ¡Que los méritos de estos héroes anónimos lleguen hasta el cielo y sirvan de palanca para arrancar la rúbrica divina que estamos seguros ha de venir a esclarecer el misterio!

La Virgen en acción

50. —Vivimos en plena época de apostolado mariano; el siglo mariano a que se refirió Luis María Griñón de Monfort cuando decía que los últimos tiempos se caracterizarían por la presencia de la Virgen, presencia que hay que interpretar como prenda y promesa de la próxima venida del Espíritu Santo, es decir, de la conversión de los incrédulos y de la unificación de los cristianos.

La verdad es que la Virgen se va apareciendo a la humanidad periódicamente, y sus exhortaciones son cada vez más apremiantes. También más espectaculares resultan las pruebas que nos ofrece. En Garabandal se ha prometido un milagro público. Todo parece indicar que España, altar del catolicismo, ha sido elegida escenario para esta llamada de María a la conversión de sus hijos. Quizá el castigo que anuncia, para el caso de que la humanidad no se corrija, esté cerca. Por eso el milagro que se espera tiene que ser de fuerza convincente para nuestro racionalista espíritu de hombres de mundo. Ya hemos dicho que será a las ocho y media de la noche, de un jueves, coincidiendo con un acontecimiento de gran importancia para la cristiandad... El prodigio se anunciará con ocho días de antelación. ¿Conoce Conchita la fecha...? Creemos que sí. Al menos en la circular número ocho procedente del centro de información de Garabandal, se reproduce una carta de Conchita donde dice: "La Virgen no me deja decir en qué consiste el milagro, aunque lo sé, como también la fecha de él, que no podré decir más que ocho días antes".

En el diálogo tomado en cinta magnetofónica, del 8 de diciembre, del que conservamos una copia, se le escucha decirle a la Virgen, con la respiración jadeante y la ansiedad propia de los estados extáticos: "Del milagro ya no te digo na. Como lo se todo... Tengo unas ganas de que llegue ese día pa'decirlo... Me dicen cuándo es..."

Si el interrogante de Garabandal no estuviese planteado en estos términos, con el anuncio de un milagro público, este libro seguramente no se hubiera escrito. Pero el interrogante sigue abierto y en su fase más interesante: encerrada la promesa celestial en un callejón sin salida, o los hechos de Garabandal no tienen sentido o esa pequeña aldea de la provincia de Santander está llamada a ser escenario cumbre de una apoteósica revelación celestial.

La tercera parte del secreto

51. —De cuantas revelaciones privadas se conocen, de las manifestaciones de La Salette y de Lourdes, aprobadas por la Iglesia, del mensaje de Fátima, etc., se desprende que la Virgen pide oración, arrepentimiento y penitencia para salvar a la humanidad de un castigo que como el Diluvio Universal vendrá a restablecer el equilibrio de la justicia divina.

El secreto de Fátima tenía tres partes: la primera que hacía referencia a la Visión del Infierno; la segunda, a la guerra europea del año 1939, precedida de un extraño resplandor del Cielo, resplandor que fue anunciado por la Señora[1], que lo comunicó Lucía oportunamente y que se captó sin confusión ni duda posible la noche del 25 de enero de 1938, dando cuenta del fenómeno la prensa del día siguiente; y la tercera, que sigue encerrada en un sobre, redactado por la vidente, sobre que tuvo en depósito, durante mucho tiempo, el Obispo de Leiría y que actualmente se conserva en las habitaciones Pontificias del Vaticano. Esta última parte del secreto fue revelada a Lucía de Fátima, por la Señora, nada más terminar la escalofriante danza del sol.

"Acabas de ver —dijo— el prodigio de hace poco, el gran milagro del sol. Y ahora proclama en mi nombre: Un castigo vendrá sobre el género humano entero. No será hoy, ni mañana, sino en la segunda mitad del siglo XX. Lo que revelé en La Salette por medio de los niños Melania y Maximino lo repito hoy delante de ti. El género humano ha pecado y hollado con los pies el don que le ha sido dado. En ningún sitio reina el orden. Satanás ha llegado a los más altos puestos y determina la marcha de las cosas. Logrará introducirse y llegar hasta la más elevada cumbre de la Iglesia. Conseguirá seducir el espíritu de grandes sabios que inventarán armas con las cuales se podrá destruir, en algunos minutos, a la mitad de la humanidad. Tendrá poderosos pueblos bajo su imperio y les llevará a la fabricación en masa de estas armas. Si la humanidad no se dispone a impedirlo, me veré obligada a dejar caer el brazo de mi Hijo. Y entonces Dios castigará a los hombres mucho más severamente que cuando lo hizo por medio del Diluvio. Los grandes y los poderosos perecerán del mismo modo que los débiles y pequeños. Pero también para la Iglesia vendrá un tiempo de dura prueba. Cardenales se opondrán contra cardenales y obispos contra obispos. Fuego y humo caerá entonces del cielo y las aguas de los océanos se evaporarán; la espuma saltará hasta el cielo y todo lo que está de pie se hundirá. Millones de hombres perecerán de hora en hora, y los que queden vivos envidiarán a los que hayan muerto..."

No queremos seguir el escalofriante relato. Nuestra inquietud se cifra en esta pregunta: ¿Es este realmente el contenido del secreto que la vidente prohibió revelar antes del año 1960...? ¿Por qué no se abrió el sobre al cumplirse la fecha...? Y si se abrió, ¿por qué no se

---

[1] "Estigmatizados y Aparaciones" , paginas 153 y siguientes.

dio a conocer?

El documento que parcialmente he transcrito más arriba, fue publicado en fecha 15 de octubre de 1963 en la Neu-Europa (La Nueva Europa) de Stuttgart, bajo el título de "El porvenir de la humanidad", firmado por Luis Enrich y reproducido después en "Mensage de Fátima' de Fundao; "Agora", de Lisboa; "El Pueblo", de Madrid; "La Voz de España", de San Sebastián, etc., etc. La publicación de tal documento se justificaba diciendo que respondía al contenido del secreto de Fátima y que había sido enviado por el Papa Pablo VI al Presidente Kennedy, a Mac Millán y a Kruchef antes de las reuniones en las que se acordó el tratado de 6 de agosto de 1963, celebrado en Moscú, sobre control de pruebas atómicas y que el éxito del acuerdo, firmado hoy día por noventa países, se debió, en gran parte, a la influencia de este escrito. Lo sorprendente es que tal noticia no fue desmentida por el Vaticano como ocurre siempre que se afirman hechos de realidad dudosa, de donde se ha llegado a la terrible deducción de que la citada noticia es cierta.

Para cerciorarse acerca de la autenticidad del citado texto, la revista Miriam escribió al Carmelo de Coimbra pidiendo ratificara o desmintiera la versión publicada; y seguidamente se dirigió con la misma súplica al Obispo de Leira, diócesis a la que pertenece el Santuario de las apariciones. De Coimbra contestaron en los siguientes términos: "Nada sabemos respecto del asunto que se menciona". En cambio el Obispado de Leiría dio la callada por respuesta.

Aquella evasiva y este silencio —dice la revista Miriam en su número de enero y febrero de 1965— son susceptibles de las más diversas interpretaciones. Por otra parte el Arzobispo de Oviedo, en unas declaraciones que hizo a la prensa, contestó que "suponía que el Episcopado portugués haría al efecto alguna declaración". Pero ni el Episcopado portugués ni el Vaticano han hecho declaración alguna. Tan alarmante silencio, contrario a las normas tradicionales de la Iglesia, fue unánimemente interpretado en el sentido de que el documento parcialmente transcrito por nosotros, es por desgracia auténtico. En tal caso el tratado de Moscú no ha sido fruto de la feliz actuación de los políticos sino del exquisito tacto de Pablo VI y de la diplomacia vaticana. Y nuestra generación está viviendo, tan alegre como inconscientemente, sobre un volcán...

También se dice que éste no es en realidad el texto original, sino el que circula en los medios diplomáticos como consecuencia de la gestión de Pablo VI frente a los dirigentes de la política mundial. El texto original está redactado en términos más duros y espeluznantes.

De la verosimilitud de este documento tenemos otra prueba bien explícita. Me refiero a la visita que el Padre Agustín Fuentes, postulador de la causa por la beatificación de los videntes de Fátima, Francisco y Jacinta, hizo a Lucía el día 26 de noviembre de 1957. El contenido de la charla fue publicado en junio de 1959, con censura eclesiástica, en la revista "Fátima Findings" y posteriormente en "In Coure de María" (agosto-septiembre de 1961).

Del diálogo transcrito se desprende:

1.° Que Lucía está muy disgustada porque la humanidad no ha hecho el menor caso del Mensaje de la Señora, pisoteando la Gracia de Fátima y atrayendo sobre ella un castigo en el que millones de hombres corren el riesgo de perecer.

2. ° Tal situación acabará en un combate decisivo entre el Bien y el mal, ante cuyo combate todos tendrán que definirse y tomar parte.

3. ° La victoria final es para María, pero ¿a costa de cuántas desgracias? Este es el punto que está en manos de los hombres eludir, o al menos, suavizar.

El Padre Agustín Fuentes pone en labios de Lucía las siguientes palabras que copio textualmente'

"El Señor castigará al mundo muy pronto. El castigo es inminente. Piense, Padre, en todas las almas que caen al infierno; y esto sucede porque no se reza ni se hace penitencia. De aquí la profunda tristeza de la Santísima Virgen. Con frecuencia la Señora me ha dicho: El castigo está a punto de llegar; que muchas naciones desaparecerán de la superficie de la tierra; que Rusia será el látigo escogido por Dios para castigar a la humanidad, si nosotros, por la oración y los sacramentos no obtenemos la Gracia de su conversión. Hábleles, Padre, del dolor de los Corazones de Jesús y María ante las caídas de las almas religiosas y sacerdotales... Estamos a tiempo

Fotografía que corresponde al dia 18 de Junio de 1965. Los coches, ante la imposibilidad de aparacar en el pueblo, quedan en fila a lo largo de la carretera que conduce a Cosio.

Fotografías que corresponden al dia del Mensaje (18 de Octubre de 1961).

para frenar el castigo del cielo. Tenemos a nuestra disposición dos medios muy eficaces: la oración y la penitencia. Por tres veces me ha dicho la Señora, que nos acercamos a los últimos tiempos... Es urgente que nos demos cuenta de la terrible realidad, Y no olvidemos que desde que la Santísima Virgen dio una eficacia tan grande al Rosario, no existe ningún problema material, espiritual, nacional o internacional que no pueda ser resuelto por el Santo Rosario y por nuestros sacrificios. Recitarlo con amor y piedad permitirá consolar a María y borrar esas lágrimas tan amorosas de su Corazón inmaculado".

Conchita comenzó bien el año

52. —El día 1.° de enero de 1965, Conchita fue sorprendida en éxtasis, en los pinos, por dos pastorcitos del pueblo que bajaban del monte con su rebaño: Joaquín, de 12 años, y Urbano, de 9. Según las informaciones recibidas el éxtasis debió durar dos horas. La escena, tal como la cuenta Conchita, es encantadora. Dice que volvía de rezar de los Pinos, con su "perruco', cuando de pronto, sin previo aviso, se encontró ante la Virgen. "Me quedé sorprendida, mirándola y Ella me dijo:

—Hola, Conchita, ¿Adonde vas...?

Y yo le contesté:

—Voy a la mía cocina...

Y así comenzó el diálogo.

Según nos dicen testigos de absoluto crédito, la Virgen del Carmen habló mucho... Conchita asegura que la Virgen le dijo que daría un nuevo mensaje, pues del de fecha 18 de octubre de 1961 no se había hecho ningún caso. El mensaje que anuncia será el último... "La Virgen me ha revelado en qué consistirá el castigo. Pero no puedo decirlo, salvo esto: que será un efecto de la intervención divina de Dios, que lo hace más temible que todo lo que se pueda imaginar. Será menos terrible para los niños pequeños morir de muerte natural que morir del castigo".

"El castigo, si llega —dice después— tendrá lugar después del milagro".

Confiemos, no obstante, en la Virgen, que aun lucha por salvarnos y ofrece nuevos prodigios para vencer la fe vacilante de la humanidad, sin olvidar su promesa de Fátima, donde dijo: "Pero al fin, mi Corazón inmaculado triunfará".

El documento que hemos reproducido y que revela el presunto secreto de Lucía acaba también con promesas tranquilizadoras. "Posteriormente —dice— cuando los que sobrevivan a todos estén aun con vida, se proclamará de nuevo el Reino de Dios y la humanidad volverá a servirlo como en los tiempos anteriores a la perversión del mundo. ¡Llamo a todos los discípulos sinceros de mi Hijo Jesucristo, a todos los verdaderos cristianos de estos últimos tiempos!... ¡Qué desgracia si esta conversión no llegara y si todo quedara como hasta ahora o en situación todavía de más grave responsabilidad! Vete, hija mía y proclámalo. Para este fin yo estaré a tu lado y seré siempre tu ayuda".

Confiamos que María logrará con su espectacular apostolado la conversión de la humanidad salvándola así del suicidio colectivo que la amenaza.

Pidamos al Señor sacerdotes santos

53—Nos ha impresionado esa preocupación de la Señora, que manifestó por primera vez en la aparición de La Salette y posteriormente en Fátima, por los sacerdotes. "Cardenales se opondrán contra cardenales y obispos contra obispos", dice el documento. Esta preocupación que ha tenido también su reflejo en los diálogos de la Virgen con los videntes de Garabandal, nos trae a la memoria las noticias que han circulado últimamente, con insistencia, sobre ciertas maniobras del comunismo ateo en torno a los Seminarios.

Sobre tema tan delicado se publicó en "ABC", el 13 de abril de 1965, un artículo titulado "Los nuevos curas", al que contestó, en el mismo periódico, don Fernando de Urbina, director del Seminario teológico hispano-americano, en fecha 24 del mismo mes. Si este rumor es cierto no podrá extrañarnos que la Iglesia llegue a pasar por esa fase de oposición y lucha entre cardenales y obispos, corriendo el riesgo de una descomposición interna que puede producir, con el escándalo, la confusión de los fieles.

Argumentos de los detractores de Garabandal

54.—El que la Virgen pueda aparecerse y dedicarse a besar piedras, medallas, crucifijos y alianzas, se ha considerado como algo poco serio y que entraña una actitud un tanto ridícula.

Por lo general, las cosas de Dios, son tan simples y elementales, que en todas las épocas han resultado ridículas desde el punto de vista meramente humano. En el Evangelio se lee que para curar a un ciego, Cristo; tomó polvo y saliva; lo que hoy día resulta también ridículo y un tanto anormal. Que la Virgen se aparezca de madrugada, con tanta frecuencia y para dialogar con unas niñas ignorantes sobre cosas, muchas veces, de elemental vulgaridad, no lo considera posible el hombre racionalista que aplica a una visita del cielo el protocolo riguroso de cualquier autoridad humana. Pero el Reino de Dios es de los pequeños y para ver y creer hay que hacerse humilde y sencillo como un niño. Todas las apariciones que al final merecieron la aprobación de la Iglesia, se presentaron rodeadas de detalles que la humanidad consideró muchas veces demasiado vulgares y otras francamente ridículos.

Sin embargo, para nosotros, es una prueba a favor de su realidad; pues mucho más alarmante sería que los fenómenos se hubieran presentado de acuerdo con las ideas protocolarias que el hombre moderno tiene sobre lo que debe significar la recepción de un alto personaje.

Por otra parte, ¿es que lo raro no sirve de "colador" para seleccionar por el grado de fe al grupo de testigos y seguidores?... No olvidemos que el ser testigos de un milagro representa una Gracia y un favor que hay que merecer.

Al ser sustituido D. Valentín Marichalar en la Parroquia de Cosío, el Obispado envió a un sacerdote joven, con instrucciones de "pecar" de prudente, lo que exige una cierta predisposición en contra del carácter sobrenatural de estos acontecimientos. Y es que algunos piensan que la autoridad eclesiástica en un pueblo con fenómenos de apariencia milagrosa, debe ser, en principio, poco favorable a creer en lo extraordinario. Con ello se adopta una actitud de elemental prudencia que entiendo no puede ser motivo de crítica. El nuevo Párroco, D. Amador Fernández González, buen sicólogo, cumplió fielmente su papel de abogado del diablo. Dispuesto a salir airoso en su difícil cometido, extremó su vigilancia sobre las niñas en todo instante. Desde el primer momento afirmó que en lo de las niñas no había comedia ni mala fe, sino una enfermedad de difícil diagnóstico. Preguntado sobre si la Iglesia daría por cierta la verdad de las apariciones si se produjera un milagro concreto y de realidad comprobada, no dudó en contestar que no, pues el milagro —según él— tampoco probaría nada "ya que sería un premio de Dios a la fe de quien lo pidiera". Quizá esto sea retorcer las cosas más de lo normal y hacer imposible toda solución razonable. Pero no somos quién para opinar. Doctores tiene la Iglesia. Nosotros nos limitaremos a decir que estas cuatro niñas no pueden protagonizar un fraude durante tantos meses; que si hubiera enfermedad en las videntes, tendría sus efectos naturales y la intensidad y frecuencia de los éxtasis hubiera arruinado su salud; que de fuentes extranaturales, bajo un influjo demoníaco, no pueden tampoco proceder fenómenos que así despiertan el fervor, el espíritu de fe y el amor a Dios y a la Virgen... De donde parece deducirse que existen motivos fundados para poder creer que la causa no sea natural ni preternatural, reuniendo en sí las características propias de la sobrenaturalidad...

No olvidemos que a lo largo del Evangelio y de toda la historia de la Iglesia se pone de manifiesto esta gran verdad: las cosas de Dios, por muy grandes que sean, necesitan, por lo general, la cooperación de sus criaturas. ..

La paz del alma en Garabandal, el espíritu de amistad y alegría que existe entre los "garabandalistas"[2], unido a todo lo que allí ha

---

[2] (21 Doña Carmen Cavestany, testigo excepcional de una gran parte de los sucesos de Garabandal e infatigable apóstol del Mensaje transmitido por las videntes, comenta en sus informes el espíritu de unión, de amistad y de intima alegría que une a cuantos vivieron jumos las horas inolvidables de los éxtasis. A. ella se deben las siguientes frases, que tomo de sus escritos: "Todo en Garabandal nos lleva a purificamos, allí y fuera de allí, por el Mensaje vivido a diario".

"Conchita me escribió que la Virgen quiere que el Mensaje corra por el mundo'. '

ocurrido, son argumentos intuitivos que nos llevan a un convencimiento interior favorable a creer en un origen sobrenatural de estos fenómenos. Que esta fe crezca y se extienda es lo que hace falta; pero el resultado puede depender de nuestro comportamiento. Por un don gratuito hemos sido invitados a creer en Garabandal. El aumentar esa fe y el que el milagro se produzca y confirme su verdad sobrenatural, quizás dependa de nosotros; de ese factor humano cuya colaboración exigen siempre las cosas de Dios[3].

Debemos de hacer como una unión de todos los que vamos a Garabandal, comprometidos en un mismo programa: el cumplimiento del mensaje mariano".

[3] Estaba redactado este capítulo cuando llegó a nosotros la noticia de que Conchita había tenido el anuncio de lo que ella llama "un aviso para que el mundo se vaya enmendando". "Ese aviso —dice— es como un castigo, para los buenos y los malos; para los buenos para acercarlos más a Dios y para los malos para anunciarles que viene el fin de los tiempos y que estos son los últimos avisos. Es muy largo, no se puede decir por carta. Esto ya no lo quita nadie de que venga. Es seguro, aunque no sé el día ni nada de la fecha". De este párrafo, tomado de una carta que escribió Conchita, se deduce que el castigo llegará o no según comportamiento humano, pero en cambio es seguro que antes del posible castigo y como último argumento para convertir a la humanidad, habrá una llamada del cielo, que causará un estado de tensión y gran temor.

CAPITULO 11

EL OBISPADO DE SANTANDER

55. — El 7 de septiembre de 1961 la prensa[1] publicó la siguiente nota del Obispado de Santander sobre las «apariciones de San Sebastián de Garabandal».

«Ante las constantes preguntas que se nos hacen acerca de la naturaleza de los sucesos que vienen ocurriendo en la aldea de San Sebastián de Garabandal, y con el deseo de orientar a los fieles en la recta interpretación de los mismos, nos hemos creído obligados a estudiarlos detenidamente, a fin de cumplir con nuestro deber pastoral.

Con ese fin nombramos una comisión de personas de reconocida prudencia y doctrina para que nos informasen con toda garantía y objetividad y competencia acerca de dichos acontecimientos.

En vista del informe que nos ha sido presentado creemos prematuro cualquier juicio definitivo que quiera   pronunciarse

---

[1] Tomamos la transcripcíon del periódico «Ya»

acerca de la naturaleza de los fenómenos cuestión. Nada, hasta el presente, nos obliga a afirmar la sobrenaturalidad de los hechos allí ocurridos.

A la vista de todo esto, y condicionando el juicio definitivo a los hechos que se reproduzcan en el futuro, manifestamos :

1. ° Es nuestro deseo que los sacerdotes, tanto diocesanos como extradiocesanos y los religiosos de ambos sexos, aun los exentos, se abstengan por ahora de acudir a San Sebastián de Garabandal.

2. ° Aconsejamos al pueblo cristiano que hasta que la autoridad eclesiástica no dé su dictamen definitivo sobre él caso, procuren no concurrir al mencionado lugar.

Con estas medidas provisionales no estorbamos, ciertamente, la acción divina sobre las almas; antes al contrario, quitando el carácter espectacular de los hechos, se facilita grandemente la luz de la verdad».

Al poco tiempo, él 27 de octubre del mismo año, el Obispado de Santander publicó una nueva nota que decía textualmente:

«Por lo que respecta a los sucesos que vienen ocurriendo en San Sebastián de Garabandal, pueblo de nuestra diócesis, debo deciros que en cumplimiento de nuestro deber pastoral y para salir al paso de interpretaciones ligeras y audaces de quienes se aventuran a dar sentencia definitiva donde la Iglesia no cree aún prudente hacerlo, así como para orientar a las almas, venimos a declarar lo siguiente:

1.° No consta que las mencionadas apariciones, locuciones o revelaciones puedan hasta ahora presentarse ni ser tenidas como fundamento serio por verdaderas y auténticas.

2. ° Deben los sacerdotes abstenerse en absoluto de cuanto pueda contribuir a crear confusión entre el pueblo cristiano. Eviten, pues, cuidadosamente, el cuanto de ellos dependa, la organización de visitas y peregrinaciones a los referidos lugares.

3. ° Ilustren a los fieles con sobriedad y caridad acerca del verdadero sentir de la Iglesia en estas materias. Háganles saber que nuestra fe no necesita de tales apoyos de supuestas revelaciones y milagros para sostenerse. Creemos lo que Dios nos ha revelado y la Iglesia nos enseña: a esta categoría pertenecen los milagros claros y

auténticos de Jesucristo. El nos los dio como prueba de su doctrina, a la que ya nada hay que añadir. Si El, por sí o por medio de su Santísima Madre, tiene a bien hablamos, atentos debemos estar para escuchar sus palabras y decirle como Samuel: "Habla, Señor, que tu siervo escucha".

4. ° Inculquen igualmente a sus feligreses que la mejor disposición para oír la voz de Dios es la sumisión perfecta, completa y humilde, a las enseñanzas de la Iglesia, y que nadie puede oír con fruto la voz del Padre que está en los Cielos si rechaza con soberbia la doctrina de la Iglesia madre, que nos acoge y santifica en la tierra.

5. ° En cuanto a vosotros, amados fieles, no os dejéis seducir por cualquier viento de doctrina. Escuchad dóciles y confiados las enseñanzas de vuestros sacerdotes, puestos a vuestro lado, para ser maestros de verdad de la Iglesia.

Sé que habéis estado impacientes y expectantes y que la turbación se había apoderado de muchos ánimos ante la proximidad de las fechas recientemente pasadas. Quisiera yo llevar a vuestras almas el sosiego y la tranquilidad, que es el presupuesto básico de un juicio sereno equilibrado. Que nadie os arranque el don precioso de la paz que descansa en Dios y "no os alarméis ni por espíritu, ni por dicho, ni por carta", como decía San Pablo a los de Tesalónica».

De estas notas se desprende que el Obispado ante la concentración de gentes que acudían de toda España y las repercusiones que estaban tomando tales hechos dentro y fuera de nuestras fronteras, creyó oportuno reducir la expectación nada conveniente para fenómenos de esta especie.

Con ello dio una prueba más de su proverbial prudencia. Pero leídos ambos escritos con atención, de ellos no se desprende que se trate de hechos desautorizados ni condenados por la Iglesia, como algunos afirman.

En la primera nota se resume el pensamiento del Obispado en estas palabras: «*En vista del informe que se nos ha presentado, creemos prematuro cualquier juicio definitivo que quiera pronunciarse acerca de la naturaleza los fenómenos en cuestión*».

Después de decir que «hasta él presente, nada nos obliga a afirmar la sobrenaturalidad de los hechos», acaba acondicionando el juicio definitivo a los que se produzcan en el futuro».

La segunda nota, dictada después de la desilusión que sin fundamento alguno produjo en el público el mensaje del día 18 de octubre, ya que la mayor parte de quienes acudieron iban convencidos de que se produciría en aquel momento un milagro espectacular, tampoco desautoriza los fenómenos en cuanto se limita a decir que, «no consta las mencionadas apariciones, visiones, locuciones o revelaciones puedan hasta ahora presentarse ni ser tenidas con fundamento serio por verdaderas ni auténticas». No descarta, pues, la posibilidad dé que lo sean más adelante. Se limita a recomendar sosiego y tranquilidad ante la turbación que se había apoderado en muchos ánimos con motivo de los acontecimientos que se esperaban.

Aplaudimos muy sinceramente la prudente actitud de la Iglesia, tranquilizando los ánimos y recomendando espera; lo cual no quiere decir que alguno de sus informadores no hayan adoptado posturas personales de imprudente resultado, pues tanto se peca por exceso como por defecto. Pero comprendemos, que aunque la batuta se dirija bien en una orquesta, no es fácil evitar, cuando concurran muchos músicos de distinta preparación y categoría, que alguno desafine... [2]

---

[2] Al hacerse cargo de la Diócesis de Santander, el Excmo. y Reverendísimo Sr. Obispo D. Eugenio Beitia Aldazábal, publicó en el «Boletín Oficial del Obispado» un decreto fechado en 7 de octubre de 1962, donde ratifica y confirma el contenido de las notas publicadas por el administrador apostólico, Rvdo. Sr. D. Doroteo Fernández Fernández, decreto que comienza con las siguientes palabras:
«LA COMISION ESPECIAL qué entiende en los hechos que vienen sucediendo en la aldea de San Sebastián de Garabandal, nos ha remitido el correspondiente informe con fecha 4 de octubre del año en curso. Se ratifica la citada COMISION en sus anteriores manifestaciones, juzgando que tales fenómenos carecen de todo origen de sobrenaturalidad y tienen una explicación de carácter natural. En consecuencia, etc...»
Hemos creído oportuno transcribir el encabezamiento del decreto para hacer ver que la actitud del Obispado es obligada consecuencia de los informes que recibió de la citada Comisión especial, a la que el Sr. Obispo alude siempre con letra mayúscula, pues en ella queda personificada la responsabilidad de unas resoluciones que nosotros, en principio, consideramos precipitadas y que tienen

¿Qué sucede en San Sebastián de Garabandal?

56—A los pocos meses de esta última nota del Obispado de Santander, se publicó sin firma un artículo bajo el título del epígrafe, que consideramos de interés reproducir, pues en él se hace un perfecto y objetivo resumen de todo cuanto venimos tratando. Dice así:

«Desde hace muchos meses multitud de personas preguntan ¿qué sucede en San Sebastián de Garabandal?

Las cuatro niñas que ven a la Virgen, que desde hace once meses no descansan, dicen cosas asombrosas y sencillas y dan ejemplo de penitencia y caridad.

Mari Cruz, Jacinta, María Dolores y María Concepción afirman que ven a la Virgen. Es cierto que las niñas no mienten. Si ellas dicen que ven a la Virgen es que la ven. Las preguntas que nos hacemos todos los que llegamos a Garabandal son: ¿Cómo, por qué la ven?, ¿por qué no la ven otros niños...? ¿Por qué cuando la quieren ver, a veces, no consiguen verla? ¿Por qué la ven las cuatro niñas juntas? ¿Por qué la ven por separado? ¿Por qué se les anuncia con anterioridad? ¿Por qué pasan días enteros sin que alguna la vea basta que llega la fecha previamente anunciada? ¿Por qué suceden cosas tan asombrosamente sublimes y profundas, envueltas en una tan sencilla factura?

La leyenda y la realidad se han mezclado en forma casi inseparable. Los bulos, las mentiras, las desfiguraciones se han envuelto con los hechos reales. Esto es natural; pero para llegar al exacto conocimiento de los hechos hay que acudir a la experiencia directa.

Las soluciones que en el terreno médico han manejado do los profesionales se han ido desplazando una tras otras y queda siempre flotando una interrogación entre estos extremos. Las niñas son normales, las niñas abundan en hechos extraordinarios y no mienten. La clarividencia la metemsicosis, la histeria, la sugestión, la

_____

plena justificación dada la actuación de la citada Comisión y la provervial prudencia de la Iglesia.

autoinducción y otras muchas palabras definitorias de estados patológicos, neuróticos, etc., se han ido invocando.

Entretanto las cuatro niñas ven a los mismos personajes, les oyen, reciben lecciones y obediencia y humildad, son dóciles y mortificadas. Han sido invitadas por la Virgen a ser caritativas, modosas y hacer penitencia por los pecados de los hombres.

Asombra su sencillez a la vez que su penitencia. Con la mayor naturalidad se han levantado a las cinco y seis de la mañana todo el invierno para rezar el rosario en el «cuadro», lugar de las primeras apariciones. Un médico, después de verlo, dijo: La histeria es mucho más cómoda que todo esto.

Los hechos ciertos son que han dicho frases en inglés, francés, alemán, latín y griego; y lo más asombroso es que se han ido corrigiendo hasta llegar a una dicción perfecta repitiendo lo que oían.

Son varios los casos de conocimientos de conciencia que conozco y todos ellos se han realizado tan concreta como caritativamente. Solamente se ha enterado el interesado en cada caso. Han hablado de cosas desconocidas para ellas.

La anestesia al dolor que viene de fuera es completa. Corren por las calles con paso lento y a veces a velocidad rapidísisima. Las piedras puntiagudas y duras parecen suavizarse a sus pies.

En el terreno espiritual son tantas las conversiones de vida que parece como si este pueblo se hubiera convertido en una fuente de santificaciones. Han encontrado el camino del catolicismo, entre otros, una señorita judía francesa, un ingeniero protestante alemán, otro americano, etc.

La multitud acude en número incalculable, como un rosario de asombro y devoción, para ver a estas niñas que debieran estar agotadas o muertas y que presentan los rasgos de una normalidad absoluta a la vez que poseen una inocencia cautivadora por lo angelical. La prensa extranjera se ha hecho eco de estos acontecimientos con artículos bien estructurados.

Un señor, en un hospital de Suiza, herido en accidente automovilístico sintió la llamada de la Virgen y se presentó en peregrinación para agradecer la Gracia interior recibida. Una señora vino de Argelia para pedirle a la Virgen por la seguridad de la vida de su hijo. Subió descalza los últimos 6 kilómetros[3].

Son muchas las personas que agradecen recuperaciones físicas y curaciones fuera de lo normal. Se habla de soldadura de huesos instantánea en Barcelona, tuberculosis en último grado con recuperación instantánea en Cádiz, etcétera.

Lo cierto es que espiritualmente se siente un fuerte provecho.

Se ha señalado a personas concretas como autores de estos hechos. Yo he hablado y conozco a varias. Se que han tenido que sufrir por ello, pero he constatado que ellos son los más admirados ante los hechos que observan.

¿Cómo las niñas de Garabandal han podido predecir cosas que han sucedido puntualmente? ¿Cómo se mantiene todo dentro de un terreno tan espiritual? ¿Cómo médicos, industriales, teólogos, hombres de carrera y personas sencillas quedan desconcertados ante lo que ven?

Este es un fragmento mínimo de las múltiples actuaciones portentosas que en medio de un panorama rural y poético atraen la atención de miles de personas.

Estas niñas son cuatro, y dentro de muy pocos días se cumplirá el primer aniversario de su primera aparición. Estas niñas vieron el día 8 de agosto, a las diez de la noche, cómo la Virgen anunciaba al padre Luis María Andréu, sacerdote jesuíta, su próxima muerte. Murió este padre sin agonía, pasando de su estado normal a cadáver, después de decir: «Hoy es el día más feliz de mi vida». Murió seis horas después del anuncio.

Estas niñas dan a besar el crucifijo y, santiguando o no, sirven de vehículo a la Gracia de Dios, que toca los corazones de los hombres y humedece los ojos de los más fuertes.

Tal cantidad de casos existen que el reunirlos llevaría el trabajo

---

[3] Él sacrificio de recorrer descalzos los duros repechos que separan Cosío de Garabandal, ha sido imitado por muchas personas, entre ellas dos señoras pertenecientes a prestigiosas familias de Santander, que a pesar de su estado de embarazo, no dudaron en ofrecer a la Virgen esta dura penitencia.

de un volumen.

Lo único que se requiere cuando uno va a Garabandal es educación y buena voluntad.

La santa madre Iglesia, Madre de todos nosotros y que con su prudencia inmensa nos dirigirá en este camino de peregrinación, es la que debe decir la última palabra. El señor Administrador Apostólico de la diócesis de Santander, escribió una nota en el mes de octubre del 61, antes aún de que el tiempo fuera un argumento más en estos hechos. Entre varios consejos pastorales decía así: «Si El, por sí o por medio de su Santísima Madre, tiene a bien hablarnos, atentos debemos estar para escuchar sus palabras y decirle como Samuel: «Habla, Señor, que tu siervo escucha».

CAPITULO 12

CONCLUSIONES

57. — Ya hemos dicho que en todas las revelaciones dirigidas a la humanidad el factor divino ha exigido la colaboración humana y la actitud de ésta última influyó siempre, notablemente, en el desarrollo de los acontecimientos.

En Garabandal el Ángel no se presentó al día siguiente de su Primera aparición, acaso porque un grupo de niños apedreó el escenario del prodigio; el milagro de la comunión visible, anunciado para el 18 de julio se produjo en la madrugada del 19, quizá por culpa del baile que no quisieron suprimir los mozos del pueblo; cuando acudían grupos con poco espíritu de devoción o respeto, ya hemos visto cómo la Visión se despedía después de quejarse a sus videntes de aquel mal comportamiento... En realidad esta conducta divina no es propia tan sólo de Garabandal; lo mismo ocurrió en Fátima y en todos los lugares donde se produjeron fenómenos de esta clase. Cuando los videntes portugueses fueron secuestrados por el alcalde de Oruem y no pudieron acudir a la cita del día 13 con la Señora, la aparición se les presentó el 19 y les dijo que el milagro anunciado para el mes de octubre sería menos espectacular por culpa de aquel incidente. El comportamiento humano ha influido siempre en la actitud divina, lo que no tiene nada de ilógico. Quien recibe mal en su casa a cualquier visita, por bondadosa que ésta sea, acaba por perder su amistad y no verla más. Si esta conducta se sigue con personal de importancia, con un príncipe o un rey, la ausencia en tal caso resulta todavía más justificada, porque la desatención y la ofensa es mayor. ¿Qué diremos ante una reacción de descortesía y ataque contra Quien viene en nombre de Dios, rompiendo las leyes físicas de la naturaleza, para comunicamos un mensaje de salvación...? La prudencia no puede justificar un mal recibimiento. La prudencia exige, como hizo la Iglesia en este caso, evitar discusiones precipitadas y no dar oficialmente por aprobados ciertos hechos antes de que los pronósticos se confirmen y las circunstancias de todos ellos queden plenamente demostradas; pero esta actitud de espera en una decisión oficial es perfectamente compatible por parte de cualquier informador o comisionado con el respeto, el deseo interno de que todo se confirme, el amor a la Virgen y el espíritu de fe, aunque sea callada y oculta, cuando los fenómenos dan a entender que existen motivos suficientes para un mínimo de esperanza.

Retorcer las cosas a fin de encontrar una explicación natural a hechos incomprensibles, no es sensato; precipitarse en opiniones negativas cuando personas de gran preparación dudan o afirman lo contrario, no es prudente; cortar por lo sano para evitar complicaciones y molestias no es justo. La misma prudencia de la Iglesia exige prolongar el silencio al máximo, pero prolongar el silencio no quiere decir que eluda dar un «sí» precipitado con un «no» antes de tiempo. Por eso las notas del Obispado dejan el asunto sin resolver y se limitan a decir que «hasta el presente nada nos obliga a afirmar la sobrenaturalidad de los hechos, condicionando el juicio definitivo a los que se produzcan en el futuro». La desautorización no fue, pues, del Obispado; la desautorización y los juicios ligeros y quizá fuera de toda prudente razón, fueron de algunas individualidades que hicieron uso en sus comentarios de una autoridad que no tenían.

Yo pienso, que si a Nuestra Señora de Fátima le molestó el comportamiento del alcalde de Oruem, no obstante tratarse de un francmasón, de un ateo y de un enemigo declarado de la Iglesia —a quien el cielo castigó después, pues le explotó el maletín donde llevaba la bomba que pensaba arrojar al paso de la procesión contra un enemigo político—, mucho más le tienen que contrariar hechos similares, cuando provienen de quienes por tratarse de cató licos tienen obligación de estudiar los fenómenos con ecuanimidad, con cuidadoso celo, con gran caridad, con fe y amor de Dios.

Que los hombres se equivocan es indudable. El error en cualquier apreciación es esencial a nuestra condición humana. Que en nombre de altos ideales se ha llegado hasta el crimen, nadie lo duda. Que escudada en la prudencia condenó la Inquisición a santos inocentes, está demostrado y reconocido por la Iglesia. La misma Juana de Arco fue arrastrada a la hoguera por un grupo de santos varones escandalizados por las cosas que oía y decía la doncella, y ahora resulta que lo que oía era de Dios y lo que decía santo...

Sólo la voz de la Iglesia al formular sus declaraciones debe ser escuchada con espíritu de absoluta sumisión y obediencia. Fuera de ella, vivimos siempre en fase de superación, de progreso, de corregir posturas y rectificar errores. Incluso dentro de la Iglesia, las últimas sesiones del Concilio han demostrado claramente que había muchas cosas que rectificar; que toda discusión es buena cuando se hace con caridad y buena fe, sobre asuntos que no rozan el dogma.

Con esto quiero salir al paso de ciertas personas que toman por axioma indiscutible el pensamiento personal de un hombre por el hecho de estar revestido de cierta autoridad. Y su ignorancia les lleva a más: les lleva a seguir a pies juntillas aquel criterio particular, aunque su convicción íntima., por lo que han visto y han oído, les un ponga a gritos lo contrario. Profundamente me impresionó el sincero dolor de una madre, relatado en una obra sobre Fátima, que decía:

—Yo no pude ver con mis hijos el milagro del sol porque mi confesor me obligó a suspender el viaje...

Se calcula que más de noventa mil almas se quedaron en casa el día del milagro, sordos a la llamada de la Virgen, por culpa de personas que en uso de facultades que rebasan sus atribuciones, prohibieron creer en «visiones». Pero luego resultó que la Visión era verdad y la invitación de la Señora auténtica; y aquellos espíritus de ciega obediencia perdieron así la ocasión única de su vida. Quizá alguna de aquellas almas a quienes el presenciar el milagro les hubiera obligado a transformar su vida, estén ahora privadas de la presencia de Dios por haber seguido aquel inoportuno consejo, ¡Qué responsabilidad para los verdaderos culpables!

Fotografías que corresponden al éxtasis de Conchita del dia 18 de junio de 1965, en cuyo éxtasis recibó el mensaje a que se alude en el epilogo del libro.

*Tres aspectos de
la aparción del
dia 18 de Junio*

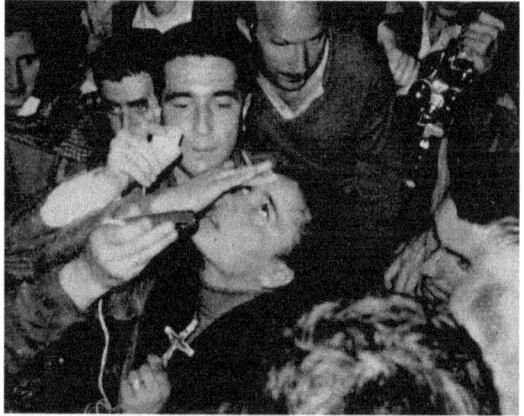

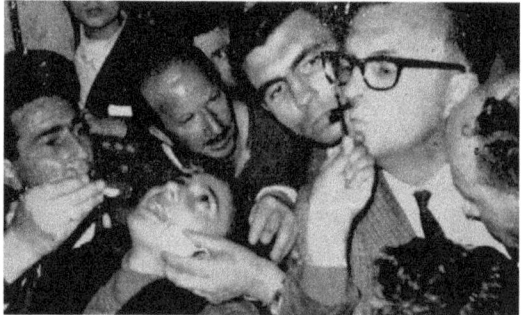

Por ello, y aún reconociendo mi falta de autoridad, yo me permito aconsejar prudencia, esa prudencia que exige no precipitarse afirmando ni negando nada antes de tiempo. Ciertamente, que una comisión designada por el Obispado dijo que todo lo ocurrido en Garabandal tenía una explicación natural; explicación natural que médicos y competentes teólogos especializados no encuentran. Pero también es cierto que otra comisión, que actuaba particular mente con el «visto bueno» del mismo Obispado, llegó a la conclusión opuesta. ¿Dónde está la verdad?

Nosotros lamentaríamos que si el milagro se confirma dejasen de presenciarlo muchas gentes, como ocurrió en Fátima, por indicaciones hechas en nombre de la prudencia. Porque el caso de Garabandal no está resuelto. El día que se cierre el interrogante nosotros seremos los primeros en reconocer, como colofón a este reportaje, el «sí» o el «no»; ese punto final que solamente puede darnos el cielo.

Sentiría que mis palabras fuesen mal interpretadas. Pero me las inspira la actitud de algunos católicos que se sienten «más papistas que el Papa». Para justificarme relataré una anécdota que me ocurrió:

Tengo amistad con un escritor especializado en temas marianos, a quien pensé le podría interesar conocer un reportaje filmado sobre Garabandal. Yo dispongo de una serie de seleccionadas diapositivas, de una cinta magnetofónica donde se comentan las mismas y donde está grabada la voz de las niñas, rezando el rosario en éxtasis y alguno de los diálogos con la Virgen. También dispongo de películas sobre determinados trances. Creo que todo esto tiene un valor humano, totalmente al margen de la posible verdad de estos hechos, para cualquier persona, y más todavía para quien se acredita como especialista en la materia. El impacto del reportaje es enorme, pues despierta y estimula eficazmente el amor a Dios y a la Virgen; por otra parte ninguna disposición de la Iglesia existe prohibiendo ver fotografías sobre Garabandal. Pues bien, mi ofrecimiento fue rechazado, con indignación, tocando madera y manifestando su sorpresa de que alguien se hubiera atrevido a proponerle idea tan descabellada, en la que veía el peor de los pecados. Con mi mejor espíritu de comprensión respeto su criterio, pero noblemente confieso que me parece absurdo.

Garabandal, repetimos, sigue en el misterio. La Señora que durante los años 1961 y 62, casi «vivió» en aquella aldea, se ausentó por una temporada, es cierto... ¿Por qué. Quizá la culpa sea de ese factor humano, que a mi entender, ha fallado bastante. Pero aunque se ausentó no ha roto el contacto. Sigue «escribiendo», pudiéramos decir, si la frase no es irreverente; y en sus «cartas» promete volver para el día del gran milagro...

El día 8 de diciembre de 1964, «llamó» a Conchita en una locución, para felicitarla por su santo[1]. El día 1 de enero de 1965

---

[1] Al salir Conchita de la iglesia, diciendo que había tenido una locución, un sacerdote testigo de estas manifestaciones le rogó dejara constancia de las mismas por escrito, y tomando en la sacristía papel y lápiz escribió espontáneamente, con gran facilidad, las palabras que transcribimos al pie de la letra:

«Estando yo dando gracias a Dios y estando pidiendo cosas El me contestaba, yo le pedía que me diera una Cruz, que estoy viviendo sin ningún sufrimiento, nada más que con el sufrimiento de no tener Cruz, y Jesús, cuando yo se lo estaba pidiendo, me contestó: *Sí te daré la Cruz,* y yo con mucha emoción le iba pidiendo más y le decía: ¿Para qué viene el milagro? ¿Para convertir a mucha gente? y El me contestó *Para convertir al mundo entero. ¿Se convertirá Rusia? También se convertirá y, así todos amarán a nuestros Corazones.* ¿Y vendrá después el castigo? y Él no me contestó. Por qué vienes a mi pobre corazón sin merecerlo? *Si no vengo por ti, vengo por todos.* El milagro va a ser como si yo sola fuera la que he visto a la Virgen. Y El me contestó: *Por tus sacrificios, tus aguantes, te dejo ser la intercesora para hacer el milagro.*

Y yo dije: ¿No es mejor que sea con todas, y si no que no pongas a ninguna como intercesora?, y me dijo: *No.* ¿Iré yo al cielo? y me respondió: *¿Amarás mucho y rezarás a nuestros Corazones?* ¿Cuándo me das la Cruz? Y El no me contestó. ¿Qué seré yo? Y no me contestó. Sólo me dijo que *en cualquier parte y en lo que sea tendré mucho que sufrir.* Y yo le dije: ¿me voy a morir pronto?, y El me dijo: *Tendrás que estar en la tierra para ayudar al mundo.* Y yo le dije: Yo soy poca cosa, no podré ayudar nada. Y El me dijo: *Con tus oraciones y sufrimientos ayudarás al mundo.* ¿Cuando se va al cielo se va muerto? Y El me dijo: *No se muere nunca.* Yo creí que no íbamos al cielo hasta resucitar. Le pregunté que si estaba San Pedro en la puerta para recibirnos y me dijo que *No.*

Cuando estaba en esta oración o conversación con Dios me sentía fuera de la tierra.

Jesús también me ha dicho que ahora hay más que aman a su Corazón. A mi, de los sacerdotes me ha dicho que tenia que rezar mucho por ellos, para que ellos sean santos y cumplan bien con sus deberes y hagan a otros mejores. Que a los anunció una nueva aparición del Ángel para el 18 de junio siguiente. Este anuncio encierra una profecía de gran importancia para los hechos de Garabandal. En primer lugar, porque se trata de una profecía anunciada con seis meses de antelación. Como dice el doctor J. M. Bonance: «que los partidarios y los adversarios de la sobrenaturalidad de las apariciones de Nuestra Señora del Carmen aprovechen esta ocasión inaudita para justificar su juicio y corregirlo. Es una nueva cita ofrecida a la humanidad entera con mucho más tiempo de antelación que la del famoso milagro de la Hostia, del 18 de julio de 1962. Además, esta indicación de fecha encierra un gesto de benevolencia de María, pues si esta profecía se cumple, la humanidad podrá prepararse mejor ante el anuncio del gran milagro, de cuya autenticidad será entonces muy difícil dudar...

COLOFON

58. —En resumen, podemos decir: que de cuanto hemos expuesto, fenómenos y circunstancias comprobados por miles de testigos, de las fotografías existen a cientos; de las cintas magnetofónicas con los diálogos y rezos en éxtasis; de las películas que se han tomado; de las pruebas practicadas para comprobar la realidad de los trances extáticos; de los reconocimientos e informes médicos; del estado de salud de las niñas, opuesto a toda significación de tipo patológico; del milagro de la comunión anunciado previamente y fotografiado; de todas las circunstancias que concurren en la muerte del padre Luis María; de las gracias obtenidas por mediación de la Virgen de Garabandal; de los interrogatorios y estudios de teólogos y especialistas, etcétera, se desprende un hecho indiscutible: estas niñas no mienten, estas niñas ven a «alguien» que les habla, les corrige, les enseña, les informa de cosas que desconocen, les anuncia pronósticos que se cumplen, les facilita datos para localizar objetos perdidos, les permite conocer el estado de conciencia de ciertas personas y descubrir a los sacerdotes

---

que no me conocen hagan conocerme y a los que me conocen y no me aman, que hagan que me amen».

Y firma Conchita González.

de paisano y contestar a preguntas formuladas en su interior... Todos esos fenómenos, en fin, perfectamente comprobados y que escapan a toda explicación natural.

Ignoramos si la causa será preter o sobrenatural. Pero ante la índole del mensaje, las conversiones que se producen y el fervor que despierta, no tenemos más remedio que pensar, apoyados en aquellas palabras de Cristo, que dicen: «por los frutos les conoceréis», que estamos ante un prodigio de origen sobrenatural... Es cierto que de momento la Iglesia no ha creído oportuno hacer una declaración definitiva, pero ya las niñas habían anunciado, en nombre de la Visión esta época de contradicciones, de dudas de recelos que se han producido y que fueron la causa dada la proverbial prudencia de la Iglesia, de su desautorización inicial.

Mas la Visión, repetidas veces, después de prevenir esta fase negativa, insistió en que el milagro se producirá y las gentes creerán... Y cuanto ha dicho esa especial Visión se ha cumplido fielmente hasta la fecha. Anunció el milagro de la comunión y el milagro se produjo; anunció que las niñas tendrían mucho que sufrir y llegarían a dudar de todo, y las niñas han vivido su momento de desconcierto, su noche negra del alma.

Pero las locuciones continúan. Los éxtasis vuelven... Para el próximo 18 de junio hay anunciadas nuevas manifestaciones angélicas y del milagro, como hemos dicho, se conocen todas las circunstancias...

¿Por qué, pues, hemos de dar el asunto por finiquitado, ahora que se encuentra en su fase prometedora?

Reconozcamos la verdad: la incógnita sigue en pie; el interrogante no se ha cerrado. Garabandal continúa siendo un misterio que como católicos y hombres conscientes tenemos la obligación de seguir devotamente y atender con el mayor celo... Y sólo así, cuando el milagro se anuncie, podrá cogernos preparados, evitando que la llamada de la Virgen quede ahogada en el silencio de la sorpresa o la ignorancia.

Si María nos llama, una inmensa multitud debe acudir a su llamada y presenciar ese regalo que nos ofrece, ese espectáculo maravilloso que vendrá a trazar la rúbrica divina al mensaje del cielo. ¿Nos ocurrirá como en Fátima que hicieron falta veinticinco años para que el mundo conociera la voluntad de la Virgen?

Que nuestros sacrificios y nuestras oraciones, nuestra actitud humana, en fin, colabore con el cielo para que pronto se cierre, y en términos favorables de inequívoca realidad, el interrogante de Garabandal.

Y termino agradeciendo a María el que en estos momentos de confusión, de apasionamiento, de dudas y recelos en que tantas palabras se han hablado y se han escrito en pro y en contra de Garabandal, a mí me haya brindado la oportunidad de ver, de creer y de romper una lanza en su favor... Porque las circunstancias de la vida con frecuencia confunden y extravían, y el autor de este libro, que ha tenido la suerte de escribir en defensa de las apariciones y de los mensajes marianos, podía con la misma facilidad, haber caído en la tentación de Monroy, a quien muy sinceramente invito para este momento de la cita celestial por todos esperada, con la seguridad de que si el milagro se produce y los hechos se aclaran, reconocerá su error sobre Garabandal —como yo estoy dispuesto a reconocer mis posibles apreciaciones equivocadas— y su brillante pluma trazará entonces, en honor de la Virgen, la más cálida y fervorosa oración de perdón, reconocimiento y amor...

UNA CRONICA DE VIAJE

59. — Estaba impresa la primera edición de este libro, pendiente sólo de encuadernar, cuando llegó el 18 de junio de 1965, fecha para la que Conchita había anunciado una aparición del arcángel San Miguel. Se cumplía, en dicha fecha, el cuarto aniversario de su primera manifestación. Conchita profetizó el éxtasis con más de cinco meses de tiempo. La Virgen se lo comunicó el día 1.° de año. Desde entonces no ha dudado en anunciar el suceso a cuantos le preguntaban por él.

Acompañado de un celoso sacerdote zaragozano, llegué a Garabandal a las dos de la tarde del día 17. El pueblo estaba abarrotado de coches con matrículas de todos los países. No fue fácil encontrar lugar de aparcamiento. En una calle estrecha, que mi vehículo taponaba aparatosamente, lo abandoné, pensando que en

San Sebastián de Garabandal no había afortunadamente guardias ni regía, de momento, norma alguna sobre aparcamiento de coches. Por las calles fuimos saludando a los conocidos. Coincidimos, en primer lugar, con los marqueses de Santa María, y tras ellos llegó en seguida Mari Loli. El sacerdote, que subía por primera vez a Garabandal, tuvo ocasión de hablar con ella, de admirar su sencillez, su dulzura, su encanto ese trato afable y de impresionante naturalidad que caracteriza a las cuatro niñas.

Llevábamos unos momentos de charla con Mari Loli cuando llegó Mari Cruz y ambas nos acompañaron hasta la iglesia. A la salida vimos a Jacinta. El padre habló con ella unos momentos hasta que las dejamos asediadas por los peregrinos. Después fuimos a casa de Conchita. Nos habían dicho que estaba en cama, enferma. La noticia había dado lugar a los más variados comentarios. Muchos lo consideraban como una salida airosa para eludir el compromiso en que se había colocado al anunciar aquella aparición. Pero la verdad es que Conchita llevaba dos días con un fuerte catarro y aquella misma mañana llegó a tener 39° de fiebre. Sin embargo, por la tarde, se encontró mejor y se levantó. Cuando nosotros nos acercamos a su casa, estaba departiendo amigablemente con un grupo de visitantes, sentada en el banco situado ante la puerta. Uno le dijo:

—¿Esperabas ver a la Virgen?

Y con la mayor naturalidad, contestó:

—A la Virgen, no. Sólo al Ángel.

—¿Y si no hubiera aparición?

—La Virgen no puede mentir.

—¿Estás segura entonces?

—Naturalmente, segurísima.

Y sonreía, tranquila y alegre, extrañada de que nadie pudiera tener dudas sobre la aparición del día siguiente.

Me sorprendió la portentosa memoria de que hizo alarde Conchita en aquella ocasión. El peregrino con el que hablaba le comentó que había subido por segunda vez y Conchita le recordó el mes de la primera visita y las características de las personas que le acompañaban entonces, circunstancia que el interesado parecía haber olvidado.

Con ella estuvimos mucho tiempo, admirando las respuestas oportunas que tenía para todos, dentro de ese tono simpático, salpicado de bromas y de inocente picardía con que alegra sus diálogos.

Recuerdo que uno le dijo ante el gran número de extranjeros que iban llegando que iba a tener que aprender idiomas para entenderse con todos, a lo que Conchita contestó :

—Al contrario. Desconociendo el idioma me ahorro el contestar a cosas que no debo o no entiendo.

Yo me aventuré a pecar, una vez más, de indiscreto:

—¿Conoces aproximadamente la hora de la aparición?, le dije.

Me miró sonriendo, pero no contestó. Di la respuesta negativa por supuesta, pero al día siguiente pude comprobar que no me dijo nada por no mentir, porque la verdad es que Conchita conocía a la perfección todos los detalles del éxtasis anunciado.

Nos despedimos para seguir recorriendo calles, casas, grupos. En Garabandal se vive en un ambiente de continuo diálogo y saludo. El alma se expansiona intercalando ideas y sentimientos. La tarde se me pasó rapidísima, hablando con unos y con otros, comprobando así, directamente, la autenticidad de muchos testimonios. Charlé largo rato con don Valentín Marichalar, con don Plácido Ruiloba, con el brigada de la Guardia Civil de los años de las apariciones que se había desplazado desde Barcelona para seguir presenciando maravillas—, con don Benjamín Gómez, el testigo de la comunión... Recuerdo que estuve con Mercedes Salisachs; con don Máximo Foerchler, con el doctor Gasca, con el padre Marcelino Andréu, con el padre Lopez de Ratenaga —quien ha estudiado meticulosamente los fenómenos de Garabandal, redactando un completísimo informe—, con el padre Corta, con varios familiares de las niñas, etc. Saludé también a los doctores Puncemau, de Barcelona, y Ortiz, de Santander... Tuve ocasión de aclarar algunos puntos oscuros, de completar datos...

A última hora fuimos al coche en busca de unas latas para

improvisamos una cena fría, y después, disfrutando de una maravillosa noche estrellada, organizamos el rosario, en sublime ascensión hacia los Pinos. Lo dirigía un sacerdote y contestaba un nutrido grupo de hombres y mujeres en diferentes lenguas. Rezamos las tres partes y el padre pronunció una preciosa plática sobre la conmemoración del día, festividad del Corpus, y las esperanzas e ilusiones que nos habían reunido allí, en aquel ambiente donde se respiraba la paz del alma y el amor a la Virgen.

Cuando regresamos, la carretera, desde arriba, parecía un rosario de luces. Bajamos para ver de cerca la larga fila de coches, que se perdía en el horizonte. En muchos de ellos, los viajeros dormían. En Garabandal, el coche es indispensable; porque el coche, a la manera de un pequeñísimo apartamento hace de despensa, cocina y dormitorio.

A la mañana siguiente, los sacerdotes se distribuían las horas de celebrar. La iglesia estuvo repleta de fieles toda la mañana. Conchita, en aquel día, centró de una manera especialísima la atención de todos. Adonde ella iba le seguía la multitud. Comulgó de manos del padre Andréu, misionero en Formosa y hermano del padre Luis María. Cuando salió, sobre la tapia que cerca la iglesia, había más de treinta fotógrafos y «cameramans» de cine. Conchita se vio rodeada de una gran multitud, que la besaba, entregaba medallas, le transmitía encargos... En lugar destacado de la iglesia estuvo toda la mañana un sacerdote francés, el padre Pele, de ochenta y siete años, que goza fama de santidad. Desde hacía tiempo seguía este santo varón los acontecimientos de Garabandal, y aquella mañana confirmó, a cuantos quisieron oírle, que esperaba para la noche un éxtasis maravilloso.

Después de comer corrió el rumor de que la vidente había tenido dos llamadas. Los asiduos de Garabandal se sorprendieron de la noticia, porque la aparición que se había anunciado era la del ángel y las «llamadas» sola mente se producen cuando se trata de la aparición de la Virgen. Pronto pudo comprobarse que el rumor era falso, fruto de la impaciencia de alguno, quizá no exenta de discutible buena fe. Conchita, que estaba tranquilamente hablando con cuantos se acercaban a ella, negó que hubiese tenido llamada alguna.

La tarde pasó en una larga espera. A coro se rezaba el rosario en diferentes lenguas. Franceses, alemanes, ingleses, italianos, polacos, americanos, etc., se unían ante la humilde parcela de Conchita, identificados en un mismo sentimiento de súplica y amor a María. Yo esperaba la aparición para la última hora de la tarde. Suponía que habiéndose manifestado el ángel por primera vez a las ocho y media de la noche, cuatro años antes, el prodigio anunciado debería producirse a la misma hora, aproximadamente. Por eso, me fui hacia el centro del pueblo y salí hasta la carretera para comprobar la procedencia de los coches. El resultado me confirmaba en una triste realidad: había más extranjeros que españoles. Garabandal es mucho más conocido fuera de España que dentro de ella;

¿Se debía a la actitud de la Iglesia y al respeto de nuestro pueblo hacia las decisiones de la jerarquía? ¿Por qué los sucesos de Garabandal se siguen tan de cerca por los católicos de todo el mundo ante la ignorancia, la indiferencia y el silencio de la católica España? Hablé con el padre Bernardino Cennamo, del convento de San Pasquale, de Benevento (Italia), que me entregó unas fotografías del padre Pío y como reliquia un pedacito de tela empapado en la sangre de sus estigmas; conocía a la periodista romana Gabriela Montemayor y a un famoso actor de la T. V. italiana, don Carlos Campanim. Estuve «con el padre Pele y con el apóstol de Garabandal en Francia, padre Laffineur. Saludé al doctor Caux, de quien se habla en el capítulo que trata del milagro de la comunión; y a don Jean Masure, a quien la Virgen había reservado una sorpresa para aquella noche y que me explicó cómo, desde Torrelavega, estuvo a punto de regresar a Madrid, pues un sacerdote le aseguró que lo de Garabandal era un mito condenado por la Iglesia.

Alrededor de las ocho y media de la noche, la hora que erróneamente había elegido yo para el éxtasis anunciado, me dirigí otra vez hacia la casa de Conchita. Seguía la multitud de pie o de rodillas, rezando en común y cantando himnos en honor a la Virgen. El espectáculo era impresionante. Serían cerca de las diez cuando Conchita dijo:

—La aparición será un poco más tarde, en el «cuadro». Recomienda que sigan todos rezando el rosario y haciendo penitencia. Yo acudiré allí en seguida.

En distintas lenguas se notificó el aviso. Y la muchedumbre se disgregó rápidamente, buscando el tomar posiciones sobre la calleja en el lugar denominado el «cuadro» donde tuvieron lugar las primeras apariciones. Aquella medida me permitió llegar hasta casa de Conchita. Su hermano, que estaba de guardia en la puerta, me invitó a pasar. Allí, en la cocina, una cocina humildísima y acogedora como pocas, estaba Conchita sentada ante la reja de la ventana, a través de la cual hablaba con los peregrinos.

Me acerqué a ella. Adivinó mi gesto de preocupación y me sonrió. Estaba tranquila como siempre.

—Falta poco para terminar el día. ¿Sabes todo lo que va a ocurrir? —le pregunté, preocupado por la decepción del público si no se producía lo esperado.

—Sí, no sé lo que me dirá el ángel, pero lo demás lo sé todo.

Miró el reloj. Después añadió:

—Falta un poco todavía.

Y se puso a dedicar estampas, dando más muestras de alegría que de impaciencia.

Me di cuenta entonces de las alianzas que llevaba en sus dedos y le pregunté si podía entregarle la mía. Pero en seguida me aclaró:

—Hoy no. El ángel no las besa... Y, riendo, afirmó: El ángel no es nadie...

De pronto se quedó seria, comprobó su reloj y dijo:

—Son las once y media. Vamos a la calleja.

Su madre —una mujer admirable, para quien las apariciones han sido motivo de especialísima prueba y sufrimiento, y que atiende con extraordinaria paciencia y caridad a todos los asistentes— le sacó una chaqueta corta. Conchita se la puso y se colgó del brazo de su prima, saliendo después protegida por sus hermanos, por algunos mozos del pueblo y por un nutrido número de guardias civiles.

La confirmación de Garabandal

Yo quise pegarme al grupo que protegía a Conchita, pero no pude. En seguida, una avalancha de gente me imposibilitó el seguirla de cerca. Cientos de linternas surgieron de la oscuridad para iluminar aquel camino, pedregoso y difícil. Conchita inició una carrera. Por segundos me iba separando de ella. Entramos apelotonados, por la calleja, y de pronto, aquella masa humana se frenó, en peligroso vaivén. Algunos cayeron al suelo. Se encendieron los focos de los reflectores que había llevado NODO y los equipos de la TV italiana. Como pude, me apreté a la pared de la calleja y haciendo un esfuerzo trepé por ella. Así pude llegar a la parte alta y asomarme, a cierta distancia, sobre la zona donde estaba Conchita, que al llegar al centro de lo que ellas denominan el «cuadro», cayó en éxtasis. Se la vio con los ojos abiertos, sin pestañear, recibiendo la luz de los focos y reflectores de los equipos cinematográficos. Su rostro, transfigurado, parecía transparente. Los magnetofones tomaban una parte del divino diálogo... «No, no, todavía no...», decía Conchita, acongojada, con ese tono de voz baja, un poco forzado, con el que habla en estado de trance. De pronto levantó su mano, que portaba una cruz y la extendió por orden de la Visión para darlo a besar al padre Pele, que ignoro cómo había logrado colocarse en primera fila. Después lo llevó hasta los labios de uno de los acompañantes del padre y al fin se lo dio a besar a don Jean Masure, un francés, residente en Madrid, a quien dijo:

Me encarga el ángel decirle que la Virgen le ha concedido lo que pedía.

El éxtasis, maravilloso, duró veinte minutos. De pronto se levantó, cayendo a los pocos instantes a plomo y clavando las rodillas sobre los guijarros del camino. Se oyó un duro chasquido, como el que produce una piedra al pegar sobre otra. A pesar del golpe, pudo comprobarse después que no se había hecho el menor daño.

Seguidamente se santiguó de la forma habitual y salió del trance. En aquel momento sus ojos, que habían resistido sin pestañear, durante veinte minutos, aquellos torrentes de luz, se cerraron y con sus manos se tapó el rostro para defenderse de tanta luminosidad.

Si la vidente no hubiera estado en situación de trance autentico y sobrenatural, sus ojos abiertos, que resistieron sin pestañear el impacto de tantos focos concentrados, se hubieran quemado en pocos minutos y hoy Conchita González estaría ciega. Por el contrario, volvió del éxtasis con absoluta naturalidad, sin sentirse ni siquiera deslumbrada y sus ojos se conservan expresivos y sanos como siempre.

La multitud imposibilitaba el regreso de Conchita. La Guardia Civil y varios mozos del pueblo la protegían como podían, frente a aquella muchedumbre apretada que avanzaba con dificultad. Varias personas cayeron al suelo y la masa pasaba por encima. Alguien gritó: «¡Qué me matan!» Yo sentí miedo, pensando en las consecuencias de aquella avalancha. Pero una vez más se produjo el milagro: no hubo víctimas, lo que sinceramente no acabo de entender.

Llegué a casa de Conchita y logré entrar. A nuestras preguntas contestó con esa naturalidad de quien no se percata de la transcendencia de los fenómenos que protagoniza:

—El ángel me ha dado un mensaje para el mundo

—¿Puedes decirlo?

—Ahora no.

—¿Es bueno o malo?

—Lo que viene de Dios es siempre bueno.

—Quiero decir si es alegre o triste.

Se encogió de hombros.

—¿No lo puedes decir ahora? (insistí).

—Me ha dicho que lo dé por escrito.

—¿Lo sabremos mañana?

—Sí.

El haber contemplado el hecho nos produjo un sentimiento interior de intensa alegría, sentimiento que pude comprobar era general. Por eso, fueron muy corrientes aquella noche los abrazos y las expresiones de afecto y de amistad entre desconocidos. Respondiendo a ese mismo sentimiento interno, me encontré abrazado con el padre franciscano Bernardino Cennamo, que había Regado desde Italia.

El éxtasis del día 18 era, a mi entender, la confirmación de Garabandal. Analicemos los hechos.

Conchita tiene un éxtasis el día 1 de enero. Estaba sola. La vieron unos pastorcitos de pocos años. Cuando avisaron al pueblo y subían en su busca, Conchita bajaba. Sorprendida, tiene que decir la verdad:

—He visto a la Virgen y me ha dicho que el 18 de jumo se me aparecerá el ángel para darme un nuevo mensaje.

La noticia corre por España, salta las fronteras extiende por todo el orbe católico. Conchita con esa naturalidad con que explica sus visitas divinas, lo confirma a cuantos le preguntan por el suceso. Espera tranquila el día anunciado por la Visión. No pierde su seguridad ni su alegría. A mi me tranquiliza diciendo que «lo sabe todo». A la hora fijada por el ángel sale feliz hacia el lugar que le indicó... Y en el momento de llegar a él, entra en trance. Los médicos comprueban que su arrobamiento y su estado de éxtasis es auténtico; los reflectores de potentísimas luces no le hieren la vista; su rostro aparece transfigurado; su respiración y su voz adquieren el tono propio de los estados extáticos: de pronto se levanta y cae, clavando sus rodillas en tierra y recibiendo un durísimo golpe que no lastima su piel... A los veinte minutos sale del trance y vuelve a ser completamente normal. Habla de un mensaje que dará por escrito y ese mensaje, redactado por una niña sin cultura ni formación, responde a un corte de perfecta teología. ¿Todo esto no es una prueba clara del origen sobrenatural de los fenómenos que estamos historiando?

El Mensaje del día 18 de junio de 1965

A última hora de la mañana, después de la misa, Conchita entregó el mensaje, escrito con torpe ortografía, sobre una pobre hoja de bloc. El sacerdote zaragozano lo leyó, desde la puerta de la casa de la vidente, en español, en francés y en italiano; el padre Marcelino

Andreu lo repitió después en inglés. El público que había quedado esperando este momento, lo escucho en silencio, muchos con lágrimas en los ojos y después lo pidió para copiar. Lentamente se dictó en diferentes idiomas para que todos pudiesen llevárselo por escrito con la redacción exacta. Después me lo entregaron y lo sostuve en alto mientras las máquinas de cine y las de fotografías se ocupaban de reproducirlo.

El mensaje, textualmente, dice así:

«Mensaje que la Santísima Virgen ha dado al mundo por la intercesión de San Miguel. El ángel ha dicho: Como no se ha cumplido y no se ha dado mucho a conocer mi Mensaje del 18 de octubre, os diré que éste es el último aviso. Antes la Copa se estaba llenando, ahora está rebosando. Los sacerdotes van muchos por el camino de la perdición y con ellos llevan a muchas almas. A la Eucaristía cada vez se le da menos importancia. Debemos evitar la ira del buen Dios sobre nosotros, con nuestros esfuerzos. Si le pidís perdón con vuestra alma sincera. El os perdonará. Yo, vuestra Madre, por intercesión del ángel San Miguel, os quiero decir que os enmendéis. Ya estáis en los últimos avisos. Os quiero mucho y no quiero vuestra condenación. Pedidnos sinceramente y nosotros os lo daremos. Debéis sacrificaron mas. Pensad en la Pasión de Jesús. 18-6-1965. Conchita González. »

Del mismo se desprenden estas ideas: el disgusto de la Virgen por el poco caso que se ha hecho a su manifestación del 18 de octubre; la preocupación por los sacerdotes; la necesidad de darle a la Eucaristía la relevante función que entraña y representa; la exigencia de aplacar a Dios con nuestros esfuerzos... Nos garantizan el perdón para quienes lo soliciten con sinceridad; nos dice que nos dará lo que pidamos; nos insiste en que nos quiere mucho y desea nuestra salvación; pide sacrificios y aconseja pensar en la Pasión de Jesús; nos asegura que estamos en los últimos avisos y que éste es el *último mensaje.*

Todo ello responde, perfectamente, al contenido de las profecías y se ajusta a lo esperado y a la verdad teológica.

La confirmación del éxtasis, anunciado con casi seis meses de tiempo y el contenido del mensaje que reveló la niña en el citado trance, representa para todo cristiano de buena fe la confirmación de las apariciones de Garabandal.

Pero esta confirmación no basta para el mundo, y menos para la Iglesia, a quien su propia prudencia le obliga a exigir más. Por eso la Virgen nos ha anunciado lo que debe representar la confirmación definitiva: ese milagro público, cuya fecha se comunicará previamente, y de características tan espectaculares que será incompatible con la duda.

Repetidas veces la Señora ha tranquilizado a sus videntes, cuando se quejaban de la poca fe de muchos, diciéndoles que «ya creerán»...

No obstante, la actitud humana, frente a este misterio, debe ser, mientras tanto, de observación respetuosa y esperanzadora. Retorcer las cosas para romper con toda argumentación lógica, resulta tan improcedente como injusto. Garabandal está pidiendo a gritos un estudio concienzudo y serio por parte de especialistas competentes y de buena fe: ese estudio que, hasta la fecha, no se ha hecho.

La noticia en la prensa

Con verdadera sorpresa, no exenta de contrariedad, leíamos en la prensa la nota que procedente de Santander se transmitió por la Agencia «Cifra» a la mayor parte de los periódicos españoles. Nota que bajo los epígrafes de «Supuestas apariciones en una aldea santanderina» y «La jerarquía eclesiástica no acepta la posibilidad de intervención sobrenatural», decía, textualmente, así:

«Circulares y folletos editados en Francia, han sido la causa de que vuelva a la actualidad el ya viejo asunto de las supuestas apariciones en el pueblo de San Sebastián de Garabandal, donde se reunieron el pasado viernes más de un millar de personas, la mayor parte extranjeras.

Se pudieron contar ciento-cuarenta coches de matrícula extranjera y apenas medio centenar de matriculas de diversas provincias españolas, siendo escasísimas las personas de Santander que acudieron a la citada población.

Según nos manifiesta un portavoz del Obispado, el asunto de estas supuestas visiones no es nuevo en absoluto. Por el contrario, se suscitó ya en 1961, año en el que, el 26 de agosto exactamente, el administrador apostólico de la diócesis, doctor Doroteo Fernández, firmó un decreto episcopal en el que se decía que, tras el estudio hecho al respecto, por una Comisión nombrada para este objeto, "nada" obliga a afirmar la sobrenaturalidad de los hechos ocurridos. En este decreto se añadía: "es nuestro deseo que los sacerdotes, tanto diocesanos como extradiocesanos, y los religiosos de ambos sexos, aun los exentos, se abstengan por ahora de acudir a San Sebastián de Garabandal".

El propio administrador apostólico, se dirigió nuevamente a sus diocesanos con fecha 19 de octubre del mismo año para señalar: "Sería en nosotros gran falta de cordura el aceptar como venido del Señor cualquier soplo de opinión humana. No consta que las mencionadas apariciones, visiones, locuciones o revelaciones, puedan hasta presentarse ni ser tenidas con fundamento serio por verdaderas y auténticas" En este decreto se insistía en la prohibición hecha a los sacerdotes y se les pedía que ilustrasen a los fieles acerca del verdadero sentir de la Iglesia en estas materias.

Por otra parte, un año más tarde, el 7 de octubre de 1962, fiesta del Rosario, el obispo de Santander, don Eugenio Beitia Aldazábal, firmó un nuevo decreto episcopal, cuya parte dispositiva decía textualmente:

"Confiamos en lodos sus partes las notas oficiales de este Obispado fechadas los días 26 de agosto y 19 de octubre de 1961.

Prohibimos a todos los sacerdotes, tanto diocesanos como extradiocesanos y a todos los religiosos aun exentos, concurrir al mencionado lugar sin expresa licencia de la autoridad diocesana.

Reiteramos a todos los fieles la advertencia de que deben abstenerse de fomentar el ambiente creado por el desarrollo de estos hechos y que, por lo tanto, deben abstenerse de acudir a la citada aldea con este motivo'.

Al reproducirse este año, por las causas antes indicadas, las supuestas apariciones, la actitud del Obispado, según nos manifiesta el citado portavoz, sigue siendo exactamente la misma. Se cree que científicamente es posible que la niña de catorce años que afirma contemplar las apariciones, sufra un complejo condicionado con posibilidad de éxtasis, pero todo ello de tipo natural y sin que quepa la posibilidad de intervención sobrenatural alguna».

Nos cuesta creer que la citada nota, en donde existen un montón de errores y contradicciones, haya sido facilitada a por un portavoz del Obispado de Santander; lógicamente tiene que ser fruto de la precipitada pluma de un periodista.

En ella se nos dice: «que las circulares y folletos editados en Francia han sido la causa de que vuelva a la actualidad el ya viejo asunto de las citadas apariciones», cuando lógicamente es al revés: los fenómenos inexplicables que se han producido y se siguen produciendo en Garabandal son la causa primera y única de las circulares, folletos y libros que se editan en Francia, en España y en todas partes. Por otra parte, todo el mundo sabe que el 18 de junio acudieron a Garabandal gentes de todos los países, no fue porque en Francia se editasen folletos, sino porque la vidente, que tantas pruebas ha dado de que sus predicciones son ciertas, había anunciado para dicho día una aparición angélica con un objetivo determinado: el de recibir de manos angélicas un mensaje de la Virgen. Predicción que, como todas las suyas, se confirmó plena mente.

En segundo lugar, vemos en la nota que se hace motivo de felicitación y orgullo el que la mayor parte de los coches que acudieron a Garabandal fueran extranjeros, siendo escasísimas las personas de Santander que acudieron a la cita del ángel. Nosotros, modestamente, opinamos lo contrario. A nuestro entender, es un bochorno para España y especialmente para Santander el que no obstante el favor que representa la simple posibilidad de haber sido elegido por Dios, nuestra tierra como escenario y nuestro pueblo como emisario de sus manifestaciones, rodeemos de silencio lo que puede entrañar una función excelsa y única en la historia de la humanidad.

Se dice en la citada nota que la niña tiene catorce años de edad, cuando la verdad es que tiene dieciséis.

Se niega el origen sobrenatural de las apariciones, confirmando los decretos episcopales promulgados hasta la fecha, cuando lo cierto es que los citados decretos, como hemos visto, se limitan a adoptar una postura de prudente espera y en ellos se dice repetidas veces que *por ahora* no consta el origen sobrenatural de los referidos hechos, pero sin cerrarse en la postura negativa y de condena que adopta la nota que impugnamos.

Se habla de que a los sacerdotes se les prohíbe subir a Garabandal, lo que tampoco es cierto, ya que los decretos episcopales de constante referencia, se limitan a exigir *«que no se suba sin su permiso»* con lo que se persigue una finalidad de simple control, pero nunca de prohibición general.

Y, por último, se afirma que «es posible que la niña de catorce años (?) que contempla las apariciones, sufra un complejo condicionado con posibilidad de éxtasis, pero todo ello de tipo natural y sin que quepa la posibilidad de intervención sobrenatural alguna».

El citado párrafo tiene dos partes, ambas inadmisibles. La primera el reconocimiento de que la niña tiene éxtasis auténticos, frente a los cuales no se toma ninguna medida, ni se estudia su origen ni se cataloga médicamente.

A la niña se le deja allí, sin asistencia alguna, y se declara, sin previo estudio, que los éxtasis son de carácter natural. Primera incongruencia.

La segunda es más grave. La segunda alega nada menos que esto (copio textualmente el segundo epígrafe de la nota, tal como apareció en el «Heraldo de Aragón» de Zaragoza, del día 20 de junio) :

«La jerarquía eclesiástica no acepta la posibilidad de intervención sobrenatural». Sinceramente nos parece muy fuerte que la jerarquía eclesiástica pretenda limitar la acción de Dios negando la posibilidad de que intervenga sobrenaturalmente cuando le plazca. Nosotros entendemos, que en Garabandal y fuera de Garabandal, la autoridad eclesiástica no tiene más remedio que reconocer la posibilidad de que Dios se manifieste a los hombres cuando considere oportuno.

Cuantos estamos convencidos de que en Garabandal existe algo muy serio, hemos llegado a esta conclusión tras un estudio meticuloso y cauto del asunto. No sería discreto por mi parte revelar nombres, pero sí puedo asegurar que los médicos más prestigiosos, los teólogos más prudentes, los especialistas mejor preparados, han pasado por Garabandal y se sienten resueltamente inclinados a afirmar la existencia de un algo, desde el punto de vista científico inexplicable.

¿Cómo la Comisión especial a que se refiere el Episcopado de Santander en alguno de sus decretos, adopta una postura tan intransigente y tan cerrada?... Lo ignoramos. Sólo podemos decir, a título informativo, que oficiosa mente actuaban también otras personas con autorización del obispado que han llegado a la conclusión opuesta.

Quizá todo se debe al deseo de santos varones, en nombre de la prudencia, de forzar a la Virgen, creando obstáculos, para que su manifestación sea así más clara, espectacular y contundente. El hombre de mundo no en tiende de estas tácticas. Pero tampoco se atreve a censurarlas. Las respeta muy sinceramente porque comprende, que si se confirman, como esperamos, los fenómenos de Garabandal, el triunfo de María será mayor, la Iglesia nos habrá dado una lección admirable de santa prudencia y los enemigos de Dios no podrán fundamentar sus ataques, siguiendo su habitual costumbre, hablando de comedias artificiosamente preparadas con la colaboración del clero .

Y si no se confirma, la citada comisión habrá prestado a la Iglesia su mejor servicio.

Dejemos abierto el interrogante de Garabandal en espera de que los hechos hablen con mayor elocuencia y el cielo lo cierre. Y mientras, en actitud de respetuosa espera, seguiremos confiando en María a la que humildemente le pedimos ilumine nuestras mentes y encienda nuestros corazones para cumplir el Mensaje, logrando hacer del mismo norma de vida y aspiración de santo apostolado.

NUEVA NOTA DEL OBISPADO

Con fecha 8 de julio de 1965, el obispo administrador apostólico de Santander, don Eugenio Beitia Aldazábal, publicó una nota que, entre otras cosas, decía: «Hacemos constar que no hemos encontrado materia de censura eclesiástica condenatoria, ni en la doctrina ni en las recomendaciones espirituales que se han divulgado en esta ocasión como dirigidas a los fieles cristianos, ya que con tienen una exhortación a la oración y al sacrificio, a la devoción eucarística, al culto de Nuestra Señora en formas tradicionalmente laudables y al santo temor de Dios, ofendido por nuestros pecados. Repiten simplemente la doctrina corriente de la Iglesia en esta materia».

En la citada nota se dice asimismo, que «el Obispado ha recogido amplísima documentación durante estos años de todo cuanto allí ha acontecido. *No ha cerrado su carpeta"* en este asunto. Recibirá siempre agradecido todos los elementos de juicio que se le remitan. La Suprema Sagrada Congregación del Santo Oficio ha tomado con tacto con la diócesis de Santander para obtener la debida información en este grave asunto».

En nuestro deseo de colaborar, dentro de nuestras posibilidades y siempre al servicio de la Iglesia y de la Jerarquía eclesiástica, el autor envía a la carpeta abierta del Obispado de Santander este libro, cuyas aseveraciones han sido reiteradamente comprobadas —libro del que se ha hecho una edición restringida, sólo para especialistas y seguidores de Garabandal[1]—, como un dato más para completar su información, en esta fase que ahora se inicia, de estudio profundo y objetivo.

Con ello creemos aportar nuestro modestísimo grano de arena y cumplir a la vez con un inexorable deber de consciencia que personales circunstancia hacían difícil de eludir.

---

[1] Esperamos que el Cielo confirme el origen sobrenatural de los fenómenos de Garabandal, para solicitar el «imprimatur» y poder darle a este libro la difusión que merece tan trascendental asunto.

APENDICE

Hemos creído oportuno añadir a esta nueva edición un apéndice con los últimos acontecimientos relacionados con Garabandal: el viaje de Conchita a Roma, la aparición del día 13 de noviembre de 1965 y la construcción de la capilla en honor de San Miguel.

A la vez, y ante la importancia de las afirmaciones de carácter profético de la vidente —nos referimos a cuanto ella ha dicho sobre el Aviso, el Milagro y el Castigo transcribimos a continuación tres notas, escritas de puño y letra de Conchita, en la que explica cuanto conoce sobre el particular. Con ellas el lector podrá interpretar por sí mismo el alcance y verosimilitud de tales anuncios. Dicen así:

EL AVISO. — *«La Virgen me lo dijo el 1.° de enero de 1965, en los Pinos. No puedo decir en qué va a consistir, pues Ella no me ha ordenado decirlo. Y cuándo será no me lo ha dicho, así que no lo sé. Sí sé que será visible para todo el mundo; será obra directa de Dios y tendrá lugar antes del milagro. Yo ne sé si morirán personas. Unicamente pueden morir, al verlo, de impresión».*

EL MILAGRO. — *«Lo del milagro me lo ha dicho, la Virgen, a mí sola. Ella me ha prohibido decir en qué consistirá. Tampoco puedo decir la fecha hasta ocho diás antes. Lo que sí puedo decir es que coincidirá con un acontecímiento de la Iglesia y con la festividad de un santo mártir de la Eucaristía; que será a las ocho y media de la tarde de un jueves; será visible para todos los que estén en d pueblo y en las montañas de los alrededores; los enfermos que asistan sanarán y los incrédulos creerán. Serán él milagro mayor que Jesús ha hecho para el mundo. No quedará la menor duda de que es de Dios y para bien de la humanidad. Quedará una señal del milagro, para siempre, en los Pinos. Podrá ser filmado y televisado».*

EL CASTIGO. — *«El castigo está condicionado a que la humanidad haga caso o no a los mensajes de la Virgen y al milagro. En caso de que suceda, yo sé en qué va a consistir, porque me lo dijo la Virgen, pero no lo puedo decir. Además, yo he visto el castigo. Sí puedo asegurar que si viene es peor que si estuviéramos envueltos en fuego; peor que si tuviéramos lumbre por arriba y lumbre por abajo. No sé el tiempo que pasará para que Dios lo envíe, después de hecho el milagro».*

Conservamos los originales de estos textos escritos de puño y letra de Conchita. Al transcribirlos, hemos creído oportuno respetar su redacción, pero corrigiendo las faltas de ortografía y colocando los puntos y comas en su sitio, para facilitar la lectura[1].

Carta de Conchita sobre su última aparición. — (13 de noviembre de 1965).

La carta de Conchita sobre la aparición del 13 de noviembre, dice así textualmente:

«El sábado, día 13 de noviembre, tenía anunciada por la Virgen,

---

[1] NOTA IMPORTANTE.—Se estaba terminando de Imprimir este libro cuando llegó a mis manos una profecía de Sor María Faustina religiosa de Polonia, muerta durante la Invasión del año 1938. La profecía fue escita el 22 de febrero de 1931 y decía así textualmente:
El Señor se me ha revelado hoy y me ha dicho: «Antes de venir como Justo Juez, vendré como Rey de Misericordia. Antes de venir el dia de la Justicia aparecerá una señal en el cielo y sobre la tierra. Esa señal será el signo de la Cruz y de cada una de la llagas de mis manos y de mis pies saldrá una luz intensa que iluminará durante unos minutos a toda la tierra. Esto será el final de los tiempos. ¿Puede ser ésta la predicción del gran milagro de ya desde el año 1931...?

en una locución que recibí en la iglesia que la vería en los Pinos: especial aparición para besar objetos religiosos y repartirlo» después, ya que tienen gran importancia.

Yo estaba con grandes deseos de que llegase ese día, para volver a ver a quien ha sembrado en mí la felicidad de Dios: a la Virgen con el Niño Jesús en sus brazos.

Estaba lloviendo, pero a mí no me importó. Subí a los Pinos y llevaba conmigo muchos rosarios que hacía poco me los habían regalado para repartirlos, y yo, como me había dicho la Virgen en la locución, los llevé para que los besara.

Subiendo sola a los Pinos iba diciéndome, como muy arrepentida de mis defectos, que yo no caería más en ellos, porque me daba apuro presentarme delante de la Madre de Dios sin quitarlos.

Cuando llegué a los Pinos empecé a sacar los rosario» que llevaba y estándolos sacando, oí una voz muy dulce, la de la Virgen, que se distingue entre todas, y me llamaba por mi nombre. Yo le he contestado: "¿qué...?" Y en ese momento la he visto, con el Niño Jesús en brazos. Venia vestida como siempre y sonriente. Yo le he dicho "Ya he venido a traerte los rosarios para que los beses". Y Ella me ha dicho: "Ya lo veo".

Yo traía masticando un chicle, pero cuando la estaba viendo dejé de masticarlo y lo he puesto en una muela Y Ella se conoce que ha notado que lo traía y me » dicho: "Conchita, ¿por qué no dejas tu chicle y lo ofreces como un sacrificio por la gloria de mi Hijo?" Y yo con vergüenza, me lo he sacado y lo he tirado en el suelo. Después me ha dicho: "¿Te acuerdas de lo que te dije él día de tu santo de que sufrirías mucho en la tierra?.,. Pues te lo vuelvo a decir. Ten confianza en Nosotros y lo ofrecerás con gusto a nuestros corazones, por él bien de tus hermanos, porque así estarás más unida a Nosotros".

Yo le he dicho: "Qué indigna soy, oh Madre nuestra, de tantas Gracias recibidas por Vos y todavía venir hoy a mí para sobrellevar la pequeña cruz que ahora tengo , Y Ella me ha dicho: "Conchita, no vengo sólo por ti, sino que vengo por todos mis hijos, con el deseo de acercarlos -a nuestros corazones". Y me ha pedido: "dámelas, para que pueda besar todo lo que traes". Y se lo he dado todo.

Llevaba conmigo una cruz y la ha besado y después me ha dicho: "Pásala por las manos del Niño Jesús. Y yo lo he hecho y El no ha dicho nada. Yo le he dicho: Esta cruz la llevaré conmigo al convento", pero no me ha dicho nada. Después de besarlo todo me ha dicho: "Mi Hijo, por medio de este beso que yo he dado aquí, hará prodigios. Repártelos a los demás"... "Claro, yo así lo haré".

Después de esto me ha pedido le diga las peticiones para los demás, que me habían encomendado. Y yo se las he hecho. Y me ha dicho: "Dime, Conchita, dime cosas de mis hijos. A todos los tengo bajo mi manto". Y yo le he dicho: Es muy pequeño y no cogemos todos". Y Ella se ha sonreído.

"¿Sabes, Conchita, por qué no he venido yo el 18 de junio a darte él mensaje para el mundo...? Porque me daba pena decíroslo yo, pero os lo tengo que decir para bien vuestro y Gloria de Dios si lo cumplís. Os quiero mucho y deseo vuestra salvación para reuniros en torno del Padre, del Hijo y del Espíritu Santo. ¿Verdad, Conchita, que tú me responderás?" Y yo le he dicho: "Si estuviese siempre viéndote, sí, pero si no, no lo sé, porque soy muy mala"... "Tú pon de tu parte todo y Nosotros te ayudaremos, como también a mis hijas, Loli, Jacinta y Maricruz".

He estado muy poco, también me dijo: "Será la última vez que me veas aquí, pero estaré siempre contigo y can todos mis hijos". Después añadió: "Conchita, ¿por qué no vas a menudo a visitar a mi Hijo al Santísimo?, ¿por qué te dejas llevar de la pereza, no yendo a visitarle cuando os está esperando de día y de noche?"

Como ya he escrito estaba lloviendo mucho y la Virgen y él Niño Jesús no se mojaban nada. Yo, cuando los estaba viendo no me daba cuenta de que llovía, pero cuando dejé de verlos estaba mojada. Yo le he dicho: "Ay qué feliz soy cuando os veo. ¿Por qué no me llevas contigo ahora?" Y me ha contestado: "Acuérdate de lo que te dije él día de tu santo y que al presentarte delante de Dios tienes que mostrarle tus manos llenas de obras hechas por ti en favor de tus hermanos y para Gloria de Dios y ahora las tienes vacías".

Y nada más. Se ha pasado ese feliz rato que he pasado con mi Mamá del cielo y mi mejor Amiga y con el Niño Jesús. Los he dejado de ver pero no de sentirlos. De nuevo han sembrado en mi ánimo una paz y una alegría y unos grandes deseos de vencer mis defectos para conseguir amar, con todas mis fuerzas, a los corazones de Jesús y de María, que tanto nos quieren.

Anteriormente la Virgen me ha dicho que Jesús no mandaba el castigo para fastidiarnos sino para reprendernos de que no le hacemos caso y para ayudarnos. Y el aviso nos lo manda para purificarnos, para hacernos ver el milagro con el cual nos muestra claramente él amor que nos tiene y por eso él deseo de que cumplamos él mensaje".

Debemos de poner, de nosotros, todo por la Gloria de Dios y nuestra bendita Madre.

Esta es la aparición del 13 de noviembre, sábado, a Conchita González.

Posdata. No es ningún secreto».

La carta es admirable desde el principio hasta el fin: el detalle, tan ingenuo como infantil de lo ocurrido con el chicle; la afirmación de la Señora, de que no viene por las niñas sino por la humanidad, contestando siempre con una sonrisa y sin darle demasiada importancia a los problemas personales de las videntes, circunstancia a favor de la sobrenaturalidad de los hechos que historiamos, concretamente en este caso su deseo de llevar la cruz besada por el Niño al convento, con cuya frase Conchita quería sacarle, habilidosamente, a la Virgen, el tema que hoy constituye su cruz y su preocupación; la expresión de la vidente, ante el interés de la Virgen por sus hijos, «a los que tiene bajo su manto», frase que da pie para que Conchita alegre, con un comentario irónico, el rostro de la Señora; la cariñosa explicación de la Madre que se excusa de habernos dado el mensaje del 18 de junio a través de intermediario, explicación que revela todo el amor y la delicadeza con que trata a sus hijos: el temor de Conchita de «no responder a las gracias que recibe», si no tiene la suerte de seguir viéndola, porque se considera «mala» la promesa de la Señora de estar pendiente de todos sus hijos; la afirmación de que Jesús nos está esperando de día y de noche en el Sagrario; y la revelación importantísima de que ésta es la última aparición, para Conchita, en Garabandal, frase que indica que seguirá la Virgen en contacto con su vidente pero fuera de todo lo que hasta ahora ha constituido el escenario para tan excepcional manifestación.

La Virgen no quiso «llevarse» a Conchita, porque está con las manos vacías de buenas obras; que todos meditemos esta frase y el cielo nos conceda también la gracia de llenar nuestras manos y permanecer en la tierra hasta reunir los méritos que nos permitan dejar este mundo con la satisfacción y alegría del deber cumplido. «La Madre y mejor Amiga de Conchita», como ésta le llama, le dejó llena de paz, de alegría y de santos deseos de perfección.

Fotocopia del mensaje que la vidente asegura ser el último.

Y para animarnos en nuestra lucha diaria, pensemos, que si Conchita, después dé Ver a la Virgen tantas veces, tiene el temor de caer en sus imperfecciones, si le falta la continuidad d sus visiones y asistencia cómo no va a estar justificado este temor y estas caídas en quienes no han tenido la suerte de vivir con los ojos del cuerpo la realidad del mundo sobrenatural!

Pero la Virgen lo ha repetido muchas veces: Viene para toda la humanidad, para todos sus hijos y a todos nos tiene bajo su manto; a todos nos «quiere mucho y desea nuestra salvación». Porque el aviso lo envía Dios para que nadie dude del milagro y éste tenga la máxima asistencia de público posible; y él milagro ha de ser cómo un último esfuerzo para convertir a los pecadores y evitar así, en lo posible, el castigo del Cielo. Leamos una y mil veces la carta que he transcrito con absoluta fidelidad y saquemos de ella los sorprendentes frutos espirituales que encierra.

El viaje de Conchita a Roma

La discreción que aconseja la visita de Conchita a Roma, nos impide dar cuenta detallada de las circunstancias y hechos que han ocurrido en esta peregrinación. Por ello nos limitaremos a decir que fue llamada por el cardenal Ottaviani; que pidió y obtuvo del Santo Padre la bendición para su próxima entrada en el convento; que estuvo dos horas y media en el Santo Oficio y que, accediendo a los deseos de quien les acompañaba, fue a visitar al padre Pío. También podemos decir que «todo fue muy bien, claramente providencial, existiendo motivos para estar contentísimos y profundamente agradecidos a Dios».

Conchita deseaba más que ir a Roma volver de Roma, pues su madre, Aniceta, le había prometido que al regresar la dejaría marchar a Pamplona.

Circunstancias comunes a todas las apariciones

Quiero hacer notar que en Garabandal se han producido unos hechos que coinciden plenamente con otros similares, propios de todas las apariciones oficialmente aprobadas por la Iglesia: las características de los éxtasis, con el gran peso que suelen adquirir las vidente muy frecuentemente; anestesia total al dolor; la caída instantánea de rodillas al suelo, como si les segaran las piernas», fenómeno que ha caracterizado a las diferentes manifestaciones de esta clase; la presencia de un Ángel que prepara a los videntes y les anuncia la visita de la Virgen (Catalina Laboure, niños de Fátima, etc.); las llamadas que sintió también Bernardette, conociendo así cuando tenía que acudir a la gruta; el secreto que hace alusión, por lo general, al castigo de la humanidad y que dio en las apariciones de París, y en el de La Salette y Fátima; la terminología empleada por la Señora, etc.

Una de las características del milagro, dicen los teólogos, es la nota de instantaneidad. Pues bien: en las películas que se conocen sobre la entrada en éxtasis de las niñas, la caída al suelo en el momento del prodigio, es tan instantánea que no se ha logrado captar, pasándose la película al relenti, el fotograma de la caída. La misma niña aparece en uno en pie, y en el fotograma inmediato en el suelo, la rapidez del cambio es impresionante y a esta instantaneidad se debe el fuerte golpe que reciben sobre las rodillas sin lastimar su piel, a pesar de los duros guijarros del camino.

La nota negativa de Garabandal

Esta etapa de confusionismo, que se estudia ampliamente en mi obra «Las Negaciones de Garabandal», comienza cuando las protagonistas de los hechos relatados, entraron en un período de dudas y contradicciones ajeno a su propia voluntad y predicho por ellas mismas con antelación, que les hizo dudar de la realidad de sus apariciones, haciendo surgir así esta nota negativa. Sin duda, a ella se debe la justificada actitud de la Iglesia, pero no olvidemos que todas las Apariciones que resultaron al final obra de Dios, pasaron por cierta fase negativa de confusión y apasionamiento.

En principio no debe sorprender, que asuntos tan delicados como los que entrañan una posible intervención sobrenatural, se presenten rodeados de un cierto ambiente de confusión con aspectos contradictorios, donde se mezclen argumentos positivos y negativos a un mismo tiempo; confusión que justifica la prudencia de la Iglesia y el que ésta aplace su juicio definitivo hasta el día de una plena confirmación milagrosa. Si el interrogante sobre Garabandal no existiera; si Garabandal fuese un problema claro, indiscutible, resuelto, y contara, desde el primer momento, con el apoyo de la Iglesia, la fe en Garabandal estaría ya exenta de todo mérito y la reacción de las multitudes haría imposible el desarrollo normal de su historia. Si la afirmación de Conchita sobre la curación de todos los enfermos que acudan el día del milagro fuese creída por la humanidad en bloque, por disponer de las pruebas claras e indiscutibles que aseverasen la realidad de esta afirmación, ¿imagina el lector lo que representaría?... El mundo quedaría conmocionado, la humanidad intentaría por todos los medios concentrarse en un solo punto geográfico, y la supervivencia se haría imposible. Por eso la Providencia de Dios ha rodeado siempre estos prodigios de un cierto ambiente de confusión, de contradicciones, de argumentos negativos, que al final, y ante un nutrido grupo de personas dignas de tal gracia, el cielo se encarga con un espectacular milagro, de aclarar. Solamente así puede transcurrir el desarrollo humano de estos acontecimientos por una vía de posible realización. Por algo Cristo, en el Evangelio, hablaba también de parábolas.

Como punto final diremos que la actividad apostólica de María es incesante y se extiende por todo el orbe, actividad que invita a preguntar:

¿El día del milagro de Garabandal se producirá simultáneamente el prodigio en todos los pueblos que han vivido o están viviendo manifestaciones marianas similares?

Esperamos que ésta sea la consecuencia del estudio que hemos iniciado y sobre el que publicaremos oportunamente su resultado, estudio centrado en localizar el mayor número posible de estos chispazos actuales de manifestación con probabilidades de sobrenaturalidad, a fin de comparar unos con otros, analizar el contenido de los respectivos mensajes y la promesa de su confirmación concertada en un milagro público, que entendemos, en principio, no es disparatado pensar que pueda producirse en todos estos escenarios, elegidos por María, el mismo día y a la misma hora. De nuestro estudio podrá deducirse el área geográfica de actuación celestial, pues lo que no cabe duda es que María se esta esforzando por salvar a la humanidad dentro de un plan providencialmente pensado y la humanidad afectada por esta actividad celestial está disgregada por muchos países y continentes. A todos ellos ha de llegar la voz de esta Señora, que aparece rodeada de resplandores, lanzando a cada pueblo en su propio idioma y según sus necesidades, problemas y circunstancias, el ancla de salvación.

A través de esta documentación que pretendemos reunir y para la que pido y espero la colaboración de cuantos puedan facilitar algún informe, se podrá calibrar todo el alcance de la misión apostólica, del amor y del esfuerzo de nuestra Madre del cielo.

En dicho estudio trataremos también de la sorprendente actividad de la Virgen en el corazón de Rusia.

LA CAPILLA A SAN MIGUEL

En virtud de circunstancias producidas en cadena determinadas personas se han sentido obligadas a cumplir el encargo de levantar a sus expensas una capilla dedicada a San Miguel en los Pinos de Garabandal, capilla que no obstante haber sido erigida a un santo que figura en el santoral, la autoridad eclesiástica ha prohibido visitar o rezar en ella.

La historia de esta capilla es impresionante y está relatada por uno de los testigos del suceso en cinta magnetofónica. Quizá algún día se escriba y se dé a conocer con todos los detalles que figuran en la misma. Sobre la festividad de aquel día memorable se publicó un opúsculo titulado «Reseña del acto celebrado en Garabandal el día 29 de septiembre de 1967, con motivo de inaugurarse la capilla dedicada a San Miguel». En él se transcriben las palabras que fueron pronunciadas con tal ocasión.

La capilla fue encargada por una vidente mientras vivía a la manera de Teresa Neumann todos los padecimientos de la Pasión de Cristo. Quienes recibieron el encargo tuvieron pruebas sobradas de su autenticidad. Cuanto anunció la vidente se cumplió. Las dificultades que encontrarían en su empeño, el resultado favorable de todos los esfuerzos y hasta la señal en el cielo que se daría para testimoniar la realidad sobrenatural del suceso. Aquella brillante estrella que se posó ante los ojos de Conchita y se desplazó después, dejando tras sí una cola de luz roja, hasta llegar al cuadro de la Virgen colgado de la rama de un pino, en donde desapareció. La historia de los Reyes Magos a escala menor se repetía así en Garabandal para que Conchita se incorporase al grupo de peregrinos cuando había tomado la decisión de regresar a su casa, y le ofreciera también a la Virgen el incienso y la mirra de sus oraciones. Las oleadas de aroma inconfundible, la luz que despedía el cuadro con la imagen de la Señora y que a indicación de la vidente vio durante quince minutos uno de los encargados de realizar el proyecto de la nueva capilla —aquella capilla en los Pinos que había pedido la Virgen en una de sus primeras manifestaciones del año 1961— resplandor milagroso que vieron otras personas también durante el viaje en el autobús, etc.

Todo lo ocurrido con motivo de esta inauguración merece darse a conocer y, sin duda, se dará algún día.

Por hoy nos limitaremos a decir que la capilla a San Miguel tiene su historia, una historia impresionante como todo lo relacionado con las apariciones de la Virgen. Y que la conducta de quienes levantaron la capilla estaba justificada ante los extraordinarios sucesos que tuvieron ocasión de vivir. Si ni un pelo de nuestras cabezas se mueve sin permiso del cielo, el acontecer diario nos indica con las incidencias que nos surgen e influyen en nosotros cuál es la voluntad de Dios en cada momento. Y quizá del cumplimiento o no de esas indicaciones, cuando se manifiestan en forma clara y rotunda, arranca nuestra responsabilidad y nos hacemos merecedores al premio o al castigo. De aquí el que nuestro acatamiento absoluto y sumiso a los representantes de la Iglesia es perfectamente compatible en algunos momentos, con la aparente desobediencia, cuando la interpretación providencial de nuestro acontecer diario a la luz de nuestra propia conciencia nos está pidiendo tal actitud. Porque tenemos que reconocer que también los obispos, como hombres, se equivocan, y de sus equivocaciones y rectificaciones posteriores tenemos en la Iglesia pruebas sobradas.

Justifica además esta postura de prudencia el conocer la orden de Stalin, secundada por sus sucesores, quienes para destruir a la Iglesia desde dentro, han ido introduciendo en los Seminarios incondicionales de su Partido, quienes lograron colarse así en las filas del escalafón eclesiástico. La realidad de este hecho explica el vaticinio que figura en el llamado secreto de Fátima, donde se dice que llegará un tiempo en que «cardenales se enfrentarán contra cardenales y obispos contra obispos y Satanás alcanzará las más altas cimas de la Jerarquía». Conscientes de esta verdad, el cristiano tiene que adoptar una postura de prudente sumisión, pero a la vez de justificado recelo, a fin de poder distinguir en todo momento al representante auténtico de Dios con respecto al falso.

Por todo ello, cuando el 29 de septiembre del año 1967 el cura de Garabandal comunicó a los promotores de las obras de la capilla la orden del Vicario de la Diócesis de Santander —quien, por cierto, falleció de repente, mientras se encontraba viendo la televisión en su casa el día 1 de mayo de 1969— de suspender los trabajos de construcción, prohibiendo rezar en dicho lugar hasta la más elemental Avemaría, los afectados, obrando en conciencia, se vieron obligados a pronunciar aquellas palabras con que las tradicionales Cortes españolas contestaban a los reyes cuando éstos les daban alguna orden claramente equivocada: «Se obedece pero no se cumple», y en el deseo de hacer compatible el cumplimiento del encargo recibido con la decisión del citado Vicario, dejaron la imagen de San Miguel en su pedestal, abandonado en penosa y triste soledad, para trepar hasta los Pinos donde se celebraron los piadosos actos.

Creemos que en este caso su aparente «desobediencia» estaba claramente justificada [1].

Con todos los respetos seguimos creyendo que el rezar con devoción y recta intención puede y debe hacerse en cualquier momento y lugar. Prohibir así, expresamente, el rezo sincero y devoto del santo rosario ante una imagen de San Miguel no deja de ser un orden muy discutible y, desde luego, susceptible de comentario y hasta de crítica.

---

[1] El oficio que el Vicario de Santander, en funciones de Administrador Apostólico, D. Enrique de Cabo, dirigió al cura de Garabandal don José Olano, para que lo leyese ante los portadores de la imagen, en su peregrinación de sacrificio y oración desde Barcelona hasta la Capilla que en aquel día se estaba terminando de levantar, decía así textualmente : «Prohibimos en este edificio toda clase de cultos y que si, no obstante, pese a nuestra prohibición se celebrase en él cualquier acto piadoso como serla el rezo del Santo Rosario, lo consideramos como desobediencia formal a lo dispuesto por Nos y los que así obran se atendrían a las consecuencias jurídicas que de su desobediencia se les pudiese seguir».

PALABRAS DEL SEÑOR SANCHEZ-VENTURA

La hora del seglar

«Nos reunimos aquí para cumplir un encargo del cielo que merece ser revestido con la máxima solemnidad. Por ello me considero en la obligación de subrayar el acto con unas palabras, que forzosamente tendrán un cierto aire do oración sagrada.

Es la primera vez que hablo en una función religiosa de esta naturaleza. En mí, y dadas las características de mis actividades habituales, hubiera sido más propio asistir a la inauguración de un cine o de un local con fines profanos, docentes o recreativos. Pero no podemos olvidar que somos criaturas en manos de Dios y que por voluntad del Cielo esta es la hora del seglar. En el último Concilio Vaticano se habló mucho de esta necesidad de incorporación del seglar a las funciones de apostolado y a determinadas actuaciones dentro de la Iglesia. En esa línea está, pues, el papel que por circunstancias providenciales me siento en la obligación de desempeñar.

La hora de María

Pero aunque se justifique así el hecho de hablaros, esa no quiere decir que las palabras de esta solemnidad religiosa no sean palabras de un pecador pronunciadas por un hombre de mundo y de la calle, indigno de afrontar temas de altura y excelsitud que exige cuanto está relacionado con la Madre de Dios. Porque si, como digo, ésta es la hora del seglar, también es, por voluntad del Cielo y así estaba anunciado desde tiempo inmemorial, la hora de María. De María, pues, quisiera hablaros el más indigno de sus hijos.

A manera de legionarios

Como auténticos juglares, enamorados de la blanca Señora, todos los reunidos aquí hemos sentido su llamada y queremos colaborar con Ella en su magnífico apostolado en pro de la humanidad. Todos acudimos a su llamada, convencidos de que seremos aceptados y con la esperanza de que nuestros hombros, en mayor o menor anchura, puedan servir de peldaño para que la Señora apoye su pie en este su incansable caminar por la Tierra...

Y no debemos sentirnos acomplejados ante el temor de no merecer tal gracia, porque esta actividad mariana tiene mucho de guerra y conquista, y en la lucha, en los despliegues de combate, observad cómo las avanzadillas suelen estar constituidas por rudos legionarios, un tanto desarrapados, y hechos muchas veces con material humano no siempre aprovechable. Pero ocupada la posición, después del triunfo, también es cierto que acuden puntualmente las dignidades y las personas de preparación y de prestigio para organizar, tras la guerra, la conquista de la paz Entonces los soldados de vanguardia desaparecen y se refugian en el anonimato. Yo os aseguro que lo mismo ocurrirá aquí y que por esta sencilla capilla desfilarán más adelante y Dios quiera que sea pronto— las más destacadas dignidades de la Iglesia y volcarán su amor a la Virgen con plegarias y palabras tan elocuentes como autorizadas. Porque esta posición que nosotros, pobres pecadores, hemos ocupado en este día, será pronto pieza clave para la salvación de la humanidad y para el logro de la unión espiritual y la paz del mundo.

Creemos en las apariciones de la Virgen

Cuantos estamos aquí reunidos creemos firmemente en el apostolado de María por salvar a la humanidad; creemos en Nuestra Señora de París, y en la de Salette, y en Lourdes, y en Fátima; creemos en la Madonna del Llanto de Siracusa, y en la Virgen de los Pobres, y en la Señora de Amsterdam, y en tantos y tantos escenarios celestiales donde se han producido, o se están produciendo hoy día fenómenos incomprensibles para nuestra propia razón; creemos, en fin, en los profetas y videntes que nos hablan de esta época reservada a la intervención personal de la Reina del Cielo; y creemos que todos esos chispazos de apariciones marianas que se están dando actualmente en todos los rincones del orbe, responden a un plan perfecto de actuacióndivina, para el que la Señora parece como si hubiera dividido la Tierra en esferas geográficas a fin de que a todos los hombres nos lleguen los rayos esplendorosos que afluyen de sus divinas manos...

Si estudiamos los mensajes de la Virgen, encontraremos en todos ellos un hilo común, pues la verdad es que todos forman como un apocalipsis mariano. Mensajes que por venir del Cielo debemos estudiar con atención, pues no podemos olvidar que en ellos se encierra también la voz de Dios...

El gran apocalipsis mariano

Es cierto que desde hace más de ciento veinte años el mundo está viviendo fenómenos incomprensibles, a través de los cuales una Señora llena de luz y majestad nos ha dicho repetidas veces que tiene una misión especial que cumplir en esta época. Y, precisamente, la labor apasionante de quienes nos sentimos atraídos por este espectacular conjunto de manifestaciones que forman el gran apocalipsis mariano, es el estudio de los chispazos de un sitio y una época en relación con otros sitios y otras épocas, pues en ese estudio comparativo se aprecia cómo la laguna o el punto oscuro de una manifestación queda aclarado en otra.

Nuestra fe en Garabandal

Muchos de los reunidos aquí creemos también, sin la menor reserva en Garabandal, y escudados en nuestra irresponsabilidad somos capaces de asegurar que Garabandal es una verdad indiscutible; que Garabandal es de Dios. La confirmación personal de estos hechos no se deduce propiamente de su historia; la confirmación de Garabandal la hemos obtenido a través de esas otras manifestaciones a que me he referido antes, cuando afirmaba que se acoplaban todas perfectamente y estaba en relación recíproca y complementaria unas con otras. Sinceramente os diré que yo creo en Garabandal por las pruebas e informes que me han venido de fuera, y por milagros, para mi clarísimos, qué rubricaron y avalaron su realidad, y por eso, con mi pobre autoridad de pecador, pero a la vez de inquieto investigador y aficionado o casi especialista de estos temas, os diré —siempre salvando la definitiva resolución de la Iglesia que la Señora ha bajado desde el Cielo a Garabandal y ha recorrido todas sus calles, como queriendo ocupar y tomar posesión de todo el pueblo para Ella; y estuvo en este lugar, junto al Cuadro, y subió a los Pinos, y entró en la iglesia, y se paseó por todas sus calles y visitó vuestras casas, y llegó hasta el cementerio en una noche intempestiva de nieve y hielo, adonde la vidente le siguió sola, sin temor ni miedo alguno, a pesar de su corta edad perdiéndose en la oscuridad para rezar así tranquilamente el rosario entre los muertos. En este pueblo convivió con vosotros casi dos años. Os lo dicen quienes vienen de fuera, porque de cerca los árboles no dejan ver el bosque. Por eso Garabandal no se comprende con claridad sino a distancia, y aunque parezca paradójico, cuanto mayor es la distancia más grande está resultado la fe y más diáfana la visión de perspectiva. ¡Vecinos de Garabandal, yo os envidio! Todos los que hemos venido de fuera cambiaríamos muy a gusto nuestra querida patria chica por este pedazo de Cielo, como decía el padre Rodrigo, por este lugar predilecto de la Virgen, que la Señora ha recorrido y elegido como escenario para manifestarnos su amor.

La capilla a San Miguel

Esta pequeña capilla dedicada a San Miguel, se pidió en una de las primeras visiones. Recientemente hemos recibido encargo de levantarla a través de otra vidente situada a muchos kilómetros de distancia y que nunca había oído hablar de Garabandal. Ante ella tuvimos la confirmación de que el encargo era auténtico y nos enteramos de que el día de la colocación de la primera piedra la Señora estaría entre nosotros para bendecirla y nos ayudaría vencer las dificultades que iban a obstaculizar nuestro proyecto; también supimos que al principio subiría poca gente, casi exclusivamente mujeres, pero pronto, ante el raudal de gracias que iba a dispensar a través de San Miguel, se volcarán los hombres y las muchedumbres de peregrinos ávidos de obtener la ayuda del Cielo.

Gracias por haber venido

Por el mismo conducto sabemos también que ahora está aquí, entre nosotros, acompañándonos y sonriendo, sin duda, ante estas piruetas humanas de torpe expresión. Madre, gracias por haber venido y por manifestarte dispuesta a escuchar nuestras pobres oraciones. Quisiéramos aprovechamos de tu sorprendente presencia entre nosotros para pedirte muchas cosas; para pedirte, en primer lugar, por todos los aquí reunidos, pobres pecadores, por nuestros intereses espirituales y materiales; para pedirte que no cejes en tu apostolado y tengas paciencia ante el escepticismo, la indiferencia y la actitud fría y resistente, adoptada por muchos de tus hijos frente a tus mensajes de salvación; para pedirte por los sacerdotes y por las nuevas vocaciones de religiosos, de las que estamos tan necesitados, y por el alma del ultimo Obispo de Santander, muerto en circunstancias trágicas; para pedirte por todas las naciones del mundo, y en especial por tu querida España y por esta aldea de Garabandal ; para pedirte que derrames, como has ofrecido, tus gracias entre los que imploren tu protección desde esta capilla de San Miguel, en donde colocamos también el cuadro de tu imagen, conforme Tú querías... ¡Señora!, por que pronto se aclare la oscuridad que nos envuelve, fruto de nuestras torpezas y egoísta comportamiento. Te pedimos por las niñas videntes, para que recuerden su maravillosa aventura y, si es posible, te vuelvan a ver, y si por ignorancia o ingenuidad faltaron en algún momento, o no supieron estar a la altura de las circunstancias, las perdones. Perdona también a los testigos y seguidores de estos hechos y la torpe colaboración humana con que hemos correspondido a tus delicadezas, esa colaboración humana que el exige siempre en sus revelaciones para manifestarse con claridad. Te pedimos por los enfermos que en Ti esperan y confían; por esta humanidad doliente y enfrentada entre sí; por el hambre en el mundo, consecuencia de esa egoísta e injusta administración humana que clama el castigo del Cielo; por la justicia social y por la paz; porque Cristo reine en el corazón de todos los hombres. Te pedimos por el Papa y por la Iglesia; porque sigas sosteniendo el brazo de la Justicia, cargado con los pecados de la humanidad. Te pedimos especialmente por los aquí reunidos, para que crezcamos y perseveremos en tu gracia y en tu amor.

Somos pecadores, pero te queremos mucho, y esta noche nos quedaremos aquí, en guardia continua, en oración silenciosa y a la vez alborozada, pendiente de tus palabras... Háblanos, Madre, claramente, que somos torpes para entender de lo divino. Háblanos,

Madre, y no te canses dé trabajar por nuestra salvación...

Arrasa, desde hoy, las malas hierbas de Garabandal

Y tú, arcángel San Miguel, tú que han sido destinado por Dios para vencer al enemigo, arrasa, desde hoy, las malas hierbas de Garabandal. Aunque tarde, ya hemos cumplido tu encargo. Ya tiene tu sencilla capilla. Haz que desde hoy desaparezca y muera todo lo que obstaculiza y oscurecía la historia de estas apariciones. Nosotros tardamos mucho en atender tu petición, es cierto, no tardes tú tanto en responder a la nuestra, porque el mundo está cada día peor y nos urge recibir la ayuda del Cielo.

El último intento de Salvación

Sabemos que estamos en los últimos tiempos. Lo dijeron las niñas videntes. Lo confirman otras muchas manifestaciones y profecías fidedignas, anteriores y posteriores a estos hechos. Los judíos han vuelto a ocupar Jerusalén, conforme se anunciaba desde tiempo inmemorial para esta época de proximidad a la nueva venida de Cristo. Ya fue el papa Pío XII quien nos dijo, en la mañana del día de la Resurrección del año 1957, que existen muchas señales de que la segunda venida no está lejos, e iría precedida de la Virgen, conforme prometió en Fátima, cuando dijo que su presencia personal constituiría el último intento de salvación para el mundo. ¿Consistirá el milagro de Garabandal en el conocimiento y la visión de María para todos los que se reúnan entre estas montañas? Como se dijo en Amsterdam: Ella será la precursora, de Cristo en su vuelta como Señor de todas las naciones.

¿Para que llegue el reinado de Cristo será preciso ese castigo que se anuncia siempre en forma condicionada? Madre y Señora nuestra, ten piedad de tus hijos y haz que llegue pronto el milagro prometido, y tenga virtud y fuerza para convertir a los hombres y eludir así, por el camino de la misericordia, el castigo que exige la Justicia de Dios.

Madre de Dios y Madre nuestra

Y ahora, de despedida, permite que te llamemos Madre de Dios y Madre nuestra, conforme enseñaste a las niñas de Garabandal. Roma está estudiando el dogma que te proclamará Corredentora, Mediadora e Intercesora, Madre, en fin, de todos los hombres. Déjanos, que adelantando con nuestra irresponsabilidad el juicio de la Iglesia, como nuestros padres se adelantaron a proclamar y defender tu Inmaculada Concepción este pequeño grupo de españoles lance a los cuatro vientos el nuevo y último dogma mariano, y considerándote corredentora y mediadora le llame desde hoy, en el Avemaría, Madre de Dios y Madre nuestra, porque todos necesitamos de tu maternal solicitud.

«Yo lo haré todo...»

Y como colofón final, con la capilla terminada y el encargo cumplido, quisiéramos pedirte la última gracia, la gracia de que la historia de Garabandal arranque de nuevo desde este instante, olvidando y tachando todas las conductas y actuaciones inoportunas de los últimos tiempos, uniendo así milagrosamente, en eslabón celestial, este sencillo acto de simples seglares —y de seglares irresponsables, movidos por la santa locura a la que aludió Juan XXIII, cuando dijo que: «sin un poco de santa locura nunca podría la fe extender sus pabellones»—, con el momento aquel en que los cielos se abrieron para pedir una capilla destinada al arcángel San Miguel. De entonces aquí, Señora y Reina nuestra, borrón y cuenta nueva. Y que tu divino Hijo, nuestro Hermano y nuestro Dios, siga cumpliendo su promesa de hacerlo El todo.

El Espirito Santo no ha olvidado a los seglares

Quizá mis palabras, por excesivamente sinceras, hayan pecado de atrevidas pero me anima a mantenerlas unas manifestaciones de Su Santidad el Papa Pablo VI, que encontré casualmente en un periódico durante este viaje hacia Garabandal, donde a preguntas del académico francés Jean Guitón, ha contestado, entre otras cosas, lo siguiente: «Los seglares no han sido olvidados por el Espíritu Santo.

Yo creo que en futuro tendremos teólogos seglares. ¡ Quién sabe! Puede incluso que la Teología del futuro sea obra suya. Ciertamente —sigue diciendo el Pontífice— que los seglares no tienen poder para predicar la doctrina, y menos para definirla ni controlarla, éstas son tareas del Magisterio. Pero sí tienen dones para proponer la verdad a los hombres de cada generación, a fin de que en cada siglo el corazón de Cristo hable al corazón del hombre de «una manera más íntima y eficaz».

Me tranquilizan estas palabras que llegan a mis manos en día tan oportuno. No tenemos preparación ni pretendemos inmiscuirnos en el excelso campo de la Teología, pero nos satisface saber que el Espíritu Santo no ha olvidado a los seglares, y que todos nosotros somos susceptibles de recibir su inspiración y estamos facultados para proponer nuestra verdad a los hombres de nuestro tiempo. Dios quiera que en estos momentos mis emociones —que son también las vuestras—, mi pensamiento, y hasta estas pobres palabras que lo expresan, sean realmente eco del Espíritu Santo y fiel reflejo de esa inspiración que sopla también sobre el corazón y la mente de los simples seglares, y que mi fe en Garabandal, tan diáfana y claramente sentida, no resulte engañosa y esté cimentada sobre la verdad más cierta y absoluta, sobre esa verdad en la que se cifra hoy nuestra esperanza y la esperanza para la salvación de toda la humanidad. Que así sea».

INTERVENCION DEL PRESIDENTE
DEL CENTRO DE GARABANDAL
EN BARCELONA

La llegada

«Después de las palabras de los que estaban, quisiera hablar en nombre de los que llegamos. Ochocientos kilómetros de una vez, sin haber dormido, sin apenas comer, subiendo a pie los últimos seis kilómetros, bajo este sol agobiador, nos han enturbiado un poco la mente, que normalmente entiende poco de las cosas sobrenaturales, y así no nos hemos dado cuenta de la gracia tan clara con que la Virgen, Nuestra Señora de Garabandal, nos recibió en Cosío.

Nosotros veníamos un poco ufanos. Veníamos con una imagen de San Miguel, para inaugurar con ella una capilla solicitada en una de las primeras visiones. Nos creíamos portadores de un poco de historia. Pero se nos había olvidado lo que escribió un teólogo, auténtica autoridad de la Iglesia, a raíz de la nota del trágicamente fallecido Obispo de Santander: «Garabandal debe ser purificado de todo lo que de humano puede tener, hasta del entusiasmo, para que sólo quede Dios. Y Dios es, esencialmente, sencillez y humildad». Y la Virgen nos mandó sencillez y humildad y no lo supimos comprender. Bajaron a recibirnos a Cosío y a anticiparnos lo que nos esperaba en Garabandal. Por orden de la autoridad jerárquica de la Diócesis no se podía rezar en la nueva capilla, «ni siquiera el rosario», como decía el comunicado. Fue un jarro de agua fría. La capilla no estaría terminada hasta la noche. Otro jarro de agua fría. Pero se nos decía también que a los Pinos sí que podíamos subir.

Y no lo captamos. No nos dimos cuenta de lo que nos quería decir la Señora con todo esto. Tuvimos que purgar nuestra pequeña ufanía.

Mirad. Subiendo hacia Garabandal la Virgen venía con nosotros. La Virgen está aquí y «bajo su manto cabemos todos», aunque los ojos humanos no nos permitan verla. Pero al recibir las noticias de lo que pasaba en Garabandal nos sentimos solos y desconcertados. Fue entonces cuando el poder diabólico nos ofuscó la mente y nos llenó de vanos temores e incertidumbres: ¿subimos?, ¿nos quedamos?, ¿hablamos?, ¿nos callamos?, ¿hacemos acto de presencia?, ¿nos volvemos? Entonces, como tantas veces, la cobardía se revistió de prudencia.

Y así alcanzamos la entrada del pueblo donde de pronto se nos hizo la luz. ¡Esto es una gracia de la Señora! La Virgen no quiere que nos paremos en la capilla. La Virgen quiere que sigamos hasta los Pinos y que no hablemos nosotros. La Virgen quiere hablar Ella sola... Si nosotros abrimos bien los oídos del alma, esta noche la Virgen derramará aquí gracias extraordinarias. Y si con nuestros esfuerzos lo merecemos, la capilla será inaugurada pronto con]a solemnidad que merece un encargo del Cielo, y por personas de más autoridad que nosotros.

Examen

Esta noche yo creo que será, que debe ser ante todo, noche de examen de conciencia. El examen de conciencia que mejor suele hacerse es el de la noche, cuando cerramos la puerta de nuestra habitación y quedamos a solas con Dios. Dios y nosotros. Y esta noche aquí debemos cerrar la puerta al mundo exterior y quedarnos a solas con Nuestra Señora, que ya está aquí, y entonces, delante de Ella hacer un detenido examen de conciencia. Porque los hechos que vosotros habéis presenciado en San Sebastián de Garabandal, hay que examinarlos a la luz de nuestra reflexión interior. Y entonces es cuando podremos llegar a una de estas tres conclusiones. Que era un inocente juego de niñas. Los que quedamos convencidos de que aquello era un juego debemos proclamar sinceramente que así se jugaba en Garabandal. Las niñas de este lugar se divertían dando mensajes al mundo, enviando comunicaciones a cincuenta obispos españoles intentando entrevistarse con el Papa, etc..., una serie de cosas, en fin, que sólo constituían un juego inocente. Si llegamos a esta conclusión, con firmeza y responsabilidad debemos proclamar que todo aquello no era nada trascendente.

La otra posibilidad es que fuera obra satánica. Si nosotros, en conciencia y ante Dios lo creemos así, también creo que es el momento de proclamar nuestra postura, de proclamar que el poder diabólico esta mal de la cabeza y por eso hace conversiones y derrama gracias maravillosas, gracias tumbativas, que a quien más o a quien menos le han caído como lluvia deliciosa a raíz de Garabandal. Sí creemos esto tenemos también el deber de proclamarlo.

Y si, en tercer lugar, después de un estudio honesto de su historia, llegamos a la conclusión de que aquí estuvo la Virgen, que Garabandal es un asunto sobrenatural, que las gracias maravillosas que vosotros conocéis mejor que yo son obra de la Señora, creo que debemos decirlo, que debemos proclamarlo y mantenerlo así ante quien sea y donde sea. Entonces cerraremos este paréntesis a que se ha referido Sánchez-Ventura e iniciaremos con nuestra conducta una nueva y definitiva etapa.

Esta noche debe ser histórica. Esta noche venimos por primera vez a Garabandal un grupo de españoles en viaje de penitencia y oración. No venimos a hacer fotografías, ni a coleccionar autógrafos, ni a entrevistar a las videntes, ni a traer regalos a las niñas. Venimos a regalar a la Madre. Venimos a obsequiar a Aquella de la que tantas veces, los que hemos subido aquí, nos hemos ingratamente olvidado. Y entonces tenemos el deber de proclamarlo así y asegurar que Ella estuvo en este lugar, que hay un mensaje que debemos cumplir y dar a conocer, que debemos visitar más al Santísimo y pensar en la Pasión de Jesús y rezar por las almas consagradas, hoy de forma tan escalofriante asediadas por el enemigo de la santidad. Sin embargo, sabed también que, afortunadamente, muchísimas almas consagradas estarán esta noche también en oración con nosotros.

Testimonio

Finalmente, después del examen de conciencia, viene el dar testimonio. Es algo de lo que hoy se habla mucho: tenemos que dar testimonio. Tenemos que dar testimonio de la Madre, como hijos, si es que no pretendemos merecer el título de hijos desagradecidos, que es el título más feo que se le puede dar a un hijo. Para ello rezaremos las Horas Santas. Nuestra intención era hacer esta noche siete horas de oración ante el Santísimo reservado, como las que hacemos en Barcelona los 18 de cada mes y como las que se rezan en tantos templos de toda la cristiandad, porque ya no se puede decir de España Solamente. Siete Horas Santas en conmemoración de los siete años que viene durando nuestro desagradecimiento hacia Garabandal. Hemos pedido permiso y no lo hemos obtenido. Ella ha querido que las hagamos aquí. Entre las paredes transparentes y vacías de sus Pinos y bajo el techo de sus estrellas, en el monte, a solas. Aquí haremos siete Horas Santas de reparación y súplica para que la Señora vuelva de nuevo a manifestarse en Garabandal. Que la veamos o no la veamos, es lo de menos. Pero esta noche estamos seguros de que sentiremos aquí la presencia dulce, cariñosa, hecha silencio y paz, de la Madre.

Pisáis tierra Sagrada

Entonces comprenderemos, y con esto termino, lo que nos quiso decir cuando llegamos aquí y no supimos comprender : «Callaos, no habléis vosotros, que no sean vuestras voces las que se oigan, que sean vuestras almas las que me escuchen». Que se pueda poner aquí también aquel maravilloso letrero que, cuando lo vimos en Fátima el 13 de mayo, tanto nos impresionó: «Silencio. Pisáis tierra sagrada». La Virgen nos entregó este aviso y no lo supimos ver. Pero ahora lo hemos visto. Ahora hemos empezado ya a sentir la presencia de la Señora. Estad atentos. En el silencio de esta noche. Ella, sin duda, tendrá muchas cosas que decirnos.

Invocación a San Miguel Arcángel

La oración que vamos a leer a continuación estaba prevista para rezarla ante la imagen de San Miguel, pero por la imposibilidad de hacerlo por las razones que ya conocéis, vamos a dirigirle esta invocación desde aquí. Está compuesta en parte por Su Santidad León XIII y en parte por Manuel, obispo Irurita de Barcelona, muerto en olor de santidad, mártir en nuestra Cruzada, imprimatur 19 de diciembre de 1931. Arrodillémonos».

(A continuación fue leída la citada oración con los Exorcismos contra Satanás y los ángeles rebeldes y se rezó el primer Rosario de la tarde, continuando los rezos y las Horas Santas hasta las siete de la mañana del día siguiente).

PUNTUALIZACIONES

Ante el gran número de cartas que hemos recibido, solicitando nuestra opinión sobre la última nota publicada por el Obispado de Santander en relación con los supuestos hechos milagrosos de San Sebastián de Garabandal, y dada la imposibilidad de contestar a cada una de ellas particularmente, hemos creído oportuno publicar la que en respuesta a una de las recibidas ha dirigido el señor Sánchez-Ventura, autor de los libros donde se resume la historia de los citados hechos. — «Editorial Círculo».

Carta del Barón de Vilagayá

«Barcelona, 22 de marzo de 1967. — Sr. D. Francisco Sánchez-Ventura. — Zaragoza.

Muy señor mío:

En mi calidad de creyente en los prodigios de Garabandal, tan objetiva y serenamente expuestos por usted en sus libros y conferencias, me tomo la libertad de dirigirle estas líneas poco después de publicada en la prensa la nota del Sr. Obispo de Santander, para rogarle que, de una forma u otra, nos haga conocer sus puntos de vista después de este hecho.

Si por una parte, como católicos, debemos sumisión y acatamiento a la jerarquía de la Iglesia, son tan especiales las circunstancias del caso, que se nos hace difícil calibrar hasta qué punto esta decisión de la Sede santanderina está involucrada en los mismos hechos milagrosos cuya autenticidad se niega, pues si ya estaba previsto que las niñas incurrirían en contradicciones, e incluso negarían la veracidad de las apariciones, ¿qué valor podemos dar a su retracción, base única, al parecer, de la resolución del Sr. Obispo de Santander?

¿Por otra parte no cree usted que la actitud de la "Sagrada Congregación de la Fe, al rehusar por sí misma toda declaración y remitirse a la resolución del Sr. Obispo, constituye una actitud expectante más que resolutiva?

Rogándole acepte mi incondicional adhesión, le saluda atentamente, el Barón de Vilagayá».

Texto de la carta del señor Sánchez-Ventura

«Zaragoza, 26 de marzo de 1967. — Excmo. señor Barón de Vilagayá. — Valencia, 320. — Barcelona.

Muy señor mío:

Contesto a su carta fecha 22 del actual.

Evidente es que la última nota del Obispado de Santander obliga a todo católico a meditarla con el mayor respeto y espíritu de sumisión. De este espíritu quisiera revestirme antes de contestar a su carta.

Pero también es cierto que el obedecer y cumplir cuantas indicaciones nos marque la jerarquía, no tiene por qué llevar implícito el hacernos cambiar de parecer a quienes por haber vivido de cerca ciertos hechos y disponer de pruebas inequívocas de ciertas verdades, tenemos centrada muy principalmente en Garabandal nuestra esperanza y nuestra fe.

La fe es un don gratuito que da el cielo a quien le parece y a nosotros, aun sin merecerlo, nos la ha dado. Por eso el acatamiento a las decisiones del Obispado es perfectamente compatible con mantener internamente nuestro criterio y ser fieles a nuestras creencias. También los religiosos en los conventos obedecen y cumplen a rajatabla las órdenes del superior, aunque vean claramente que son equivocadas y en muchos casos lo sean.

Por otra parte, si con espíritu de sana crítica, prescindiendo de consideraciones religiosas o de respeto filial analizamos los decretos del citado Obispado de Santander, en ellos encontraremos argumentos de lógica humana para entender que la nota en sí es perfectamente discutible en cuanto al fondo de la cuestión. En ella se encierran una. serie de contradicciones que saltan a la vista del lector más sumiso y obediente.

Solamente comparándola con el decreto anterior vemos cómo en uno se habla de que en los mensajes "no se ha encontrado materia de censura eclesiástica condenatoria" y en el otro, en cambio, se dice taxativamente que no existen tales mensajes. Asimismo se afirma en el primero que, estudiado el caso, se cree que la niña que "contempla las apariciones sufre un complejo condicionado con posibilidades de éxtasis" —reconociendo con estas palabras la existencia de éxtasis auténticos frente a los que, además, no se toma ninguna medida—, y, por el contrario, en el segundo, se asegura que todo ha sido el fruto de un inocente juego de niñas.

... Un juego que ha producido un sinfín de vocaciones religiosas y de conversiones espectaculares; fenómenos de conocimiento de conciencia, de hierognosis, marchas y caídas extáticas, levitaciones, etc.; que ha dado lugar a "representar" como consumadas actrices todos los fenómenos propios de la historia de la mística, protagonizados por niñas de once y doce años, muy versadas, según parece en el conocimiento de esta ciencia, a pesar de no saber leer y escribir... Un juego que ha permitido engañar a varios médicos especialistas y que ha provocado una difusión tan espectacular como incontenible en el mundo entero, con curaciones y gracias inexplicables de todas clases, realizando un milagro público y ocasionando la muerte de un joven jesuíta... Cuando frente a todos estos hechos indiscutibles se nos da como única explicación que se trata tan sólo del "inocente juego" de unas niñas de pueblo, no puede uno menos que comentar por lo bajo: "¡pues sí que tiene gracia el jueguecito!"...

En la nota se dice también que todo lo ocurrido puede explicarse por vía natural, pero como era de suponer no se dice dónde está el truco de tanto fenómeno de aparente prestidigitación, truco que ni los teólogos de buena fe que lo estudiaron, ni la ciencia médica, han sido capaces, hasta ahora, de descubrir.

También se habla de un presión social que no se personaliza en nadie y que es la mejor prueba de una actuación automática imposible de controlar ni de eludir; actuación que salta fronteras y se extiende por todas partes sin que nadie la empuje y que sin duda por no deberse a obra humana seguirá ahora con más intensidad que antes, a pesar del despliegue de fuerzas del Obispado, que no se contentó con dar la nota escueta y someramente sino que convocó a la prensa para que la lanzara a los cuatro vientos con titulares sensacionalistas, expresados algunos en términos irreverentes, como los de "La Gaceta del Norte", donde se habla de "las mil apariciones de un ángel con cara de garbanzo"; y autorizando la toma en cine de la reunión a fin de que fuera proyectada en la TV., ilustrada además con ciertas escenas de éxtasis que tras la explicación de que se trataba de una comedia resultaron de un irreverente ridículo.

En resumen, que sigue siendo más difícil para el hombre normal creer en la explicación natural de un juego de niñas que en la realidad de unos éxtasis auténticos, por muy condicionados que éstos sean.

Pero en la expresada nota existe un párrafo que con todo respeto considero inadmisible en virtud a las circunstancias de confusionismo y crisis religiosa que se padece a raíz del Concilio. El y sólo él me obliga a contestar tan extensamente a su carta. Me refiero a las siguientes palabras: "Una vez más es bueno recordar que los verdaderos Mensajes del Cielo nos vienen a través de las palabras del Evangelio, de los Papas y Concilios y del Magisterio ordinario de la Iglesia".

Este párrafo, en un texto aislado, no tiene nada censurable. Pero en este caso, sí. Porque se trata de enjuiciar unas posibles apariciones de la Virgen y por consiguiente al tratar de ellas, escribir concienzuda y serenamente estas palabras, no haciendo alusión para nada a los mensajes marianos que la Iglesia ha autorizado, supone tanto como decir que los mensajes verdaderos no pueden venir jamás por conducto de la Virgen, lo que equivale a condenar Lourdes y Fátima. Y esto sí que tiene importancia, cuando sabemos, además, que estamos viviendo un momento crítico, de desbarajuste y confusión; cuando sabemos que una parte del clero internacional quiere eludir a la Virgen de toda participación sobrenatural en la vida del hombre; cuando nos consta que algunos obispos defienden esta tesis —para mí, y lo digo con todos mis respetos— totalmente herética; cuando conocemos el ambiente que en tal sentido se respiró en determinados sectores del Concilio, obligando al Papa a proponer precipitadamente el título para la Virgen de Madre de la Iglesia, a fin de sofocar unos rumores que empezaban a ensombrecer el panorama. Todo ello, unido al influjo de la doctrina protestante, en quienes esperan la unión de los hermanos separados a través de peligrosas claudicaciones; y a los sermones tan sintomáticos de Garabandal, pronunciados por quien ha sido designado para representar al Obispado y cumplir celosamente sus instrucciones, sermones en los que raramente se habla de la Madre de Dios, y cuando la solemnidad de la fiesta lo exige se alude a Ella de pasada, presentándola siempre como la Virgen del silencio, de la inactividad, del vivir en la sombra, del permanecer oculta sin decir nunca nada, etc.; sumado todo esto a comentarios particulares en los que se ha puesto en duda la verdad de las apariciones marianas aprobadas por la Iglesia, entiendo que el párrafo de la nota de constante referencia exige una aclaración inmediata y debe ser en principio recibida con reservas y justificados recelos por todos los fieles, por sumisos y respetuosos con la jerarquía que sean.

He sentido la vocación de estudiar y profundizar cada día más en este esplendoroso apostolado de la Señora y puedo asegurarle a usted que algo trascendente se acerca, anunciado desde tiempo inmemorial por profetas y cada día más apremiantemente por visionarios y almas místicas de todos los países; que los chispazos de apariciones Marianas en el mundo entero son hoy día un fenómeno real difícil de eludir; que en todas ellas se dan características comunes; que algunas, como el famoso caso Erquioga, condenadas también por el entonces obispo de la diócesis durante la época de la República, sigue después de treinta y seis años "vivo" todavía, con manifestaciones periódicas de corte inconfundible; que las caídas extáticas y la expresión durante los éxtasis de la vidente del Bocco, en Italia, por ejemplo, es idéntica a las manifestaciones y expresiones de las niñas de Garabandal; que en el Bocco se dio un milagro espectacular, similar al de Fátima, y la Iglesia ha dado, por fin, su aprobación para levantar una gran basílica; que actualmente estos fogonazos de posible revelación celestial se están dando a la vez en diferentes países, como si la Señora hubiera dividido la esfera de su actuación por áreas geográficas para la mejor difusión de su apostolado; que todos los mensajes coinciden en el fondo de su contenido y en el tono de súplica y adarma; que tengo sobrados motivos para creer que el día del milagro se producirá el prodigio en todos estos escenarios de posible actuación celestial; y que el creer que en Garabandal todo se ha reducido a un juego de niñas es de una ingenuidad casi milagrosa por lo inconcebible...

A todo esto, y para terminar, quiero añadir que las gracias, favores y milagros que está produciendo los objetos besados por la Señora en la última aparición a Conchita son tan numerosos, que su control y estudio exigiría montar una oficina debidamente organizada. Ciertamente que pueden ser fruto de la fe de quienes esperan confiadamente e invocan a la Virgen, independientemente de que el fenómeno de Garabandal sea o no obra de Dios. Pero esta realidad siempre es sintomática para quien sigue los acontecimientos con un mínimo de prudente observación. Hechas estas aclaraciones a que me obliga su carta y mi conciencia, estoy dispuesto por espíritu de obediencia y acatar el decreto del Obispado de Santander y "colgar" mi pluma en lo sucesivo, dejando este asunto en manos de Dios, pues según afirmación de Conchita, que es muy capaz de confundirse pero no de engañar deliberadamente, el Señor le dijo en su locución de Pamplona "que no se preocupe por si le creerán o no lo creerán, porque El lo hará todo". En estos momentos de confusionismo y desconcierto que padecemos, nuestra esperanza se cifra, en parte, en esta promesa.

Por lo demás estoy totalmente de acuerdo con su argumentación de que basándose el decreto del Obispado en las negaciones de las niñas, negaciones que estaban anunciadas y previstas, nada representa esta decisión que no esté involucrada en los mismos hechos milagrosos. Y también estoy de acuerdo con su criterio de que al rehusar el Santo Oficio toda declaración y remitirse a las decisiones del Obispado de Santander, la actitud adoptada por Roma tiene más de expectante qué de resolutiva.

Perdone la extensión de esta carta, que de no existir el párrafo que he comentado y que se presta a una interpretación inadmisible, no hubiera escrito con tanta amplitud ni en estos términos de tan dura sinceridad, y reciba con el testimonio de mi reconocimiento un afectuoso saludo. — Firmado: Francisco Sánchez-Ventura».

EN TORNO A LA ULTIMA NOTA DEL OBISPADO DE SANTANDER, SOBRE LOS HECHOS DE GARABANDAL

Con el mayor respeto y espíritu de sumisión recibimos la nota de la Secretaría del Obispado de Santander, de fecha del presente mes de octubre, nota publicada en toda la prensa nacional. Pero la libertad que el Concilio ha impuesto faculta a los fieles para hacer las alegaciones oportunas cuando en las declaraciones de la jerarquía existan errores claros o contradicciones manifiestas, ya que la infalibilidad de los superiores solamente puede defenderse en favor de la agusta persona del Pontífice y en determinados momentos de su actuación; concretamente cuando habla excátedra.

Como éste no es el caso de la citada Secretaría del Obispado de Santander, respetuosamente nos vemos obligados a decir:

1. ° Que el Canon 1.399, a que alude en su nota a fin de fundamentar la prohibición de publicas libros, folletos o artículos sobre apariciones, visiones, revelaciones, etcétera, fue derogado en fecha 15 de noviembre de 1966 por Decreto de la Sagrada Congregación para la defensa de la Fe. El Decreto lleva fecha 15 de noviembre de 1966, fue aprobado por el Papa el 14 de octubre del mismo año y publicado en el «Acta Apostolicae Sedis» el 29 de

diciembre siguiente, figurando en el volumen 58, número 16. En él aparecen las firmas de Monseñor Párente como Secretario y del Cardenal Ottaviani como pro-prefecto.

2. ° Que una nota del Santo Oficio, fechada el 7 de marzo de 1967, no puede servir de autorización ni aprobación de otra del Obispado de Santander de fecha posterior, pues mal podría la Santa Sede sancionar una resolución en aquel momento inexistente.

3. ° Que en consecuencia, la frase que dice: «esta Sagrada Congregación no tiene necesidad de intervenir», no puede nunca interpretarse como aprobatoria de una nota de condena publicada diez días después.

4. ° Que si «todos los hechos acaecidos en aquella localidad tienen explicación natural», la mejor manera de abortar un movimiento espiritual de fe espontánea y devoción sincera es el de dar cuenta de las causas naturales que explican los citados hechos.

5. ° Que si él párroco de San Sebastián de Garabandal tiene órdenes que justifican su actitud de cerrar la iglesia, obstaculizar rezos, suprimir misas, rechazar confesiones y tratar a los peregrinos faltando a todas las normas de la más elemental cortesía y caridad, las órdenes que ha recibido no responden al espíritu del Evangelio ni a las normas que basta la fecha eran propias del estado sacerdotal y de los postulados y recomendaciones que emanan de la doctrina de la Iglesia.

6. ° Que ese «templo levantado en rebelde contradicción con el sentir de la Iglesia», frase que sugiere la idea de una gran construcción con aires de basílica, es en realidad una capillita sin cerrar, con un simple techo de aluminio, en donde la fe de los fieles ha colocado una sencilla imagen de San Miguel, protegida entre rejas. La capilla fue levantada en terreno particular y no se ha solicitado ni pretendido en ella ninguna clase de culto.

No creemos necesario recordar que a tenor de lo dispuesto por el canon 1.195 en relación con el 1.256 del Código Canónico, cualquier persona, sin necesidad de pedir permiso, puede levantar capillas y oratorios privados en casas o terrenos de propiedad particular, siempre que se pretenda colocar en ellos imágenes que figuren en el santoral. Esta sencilla capilla de Garabandal está dedicada a San Miguel, que además de ser un santo oficialmente reconocido es el patrono del pueblo.

7. ° Que si es de lamentar que ciertos fieles se obstinan en promover campañas apostólicas para difundir santos mensajes, organizar grupos de oración, levantar capillas y elevar el corazón al cielo, esforzándose por despertar la fe de los pueblos, más de lamentar debieran ser otras actitudes y otras conductas, como la de aquel sacerdote que justificaba desde el pulpito el sacrilegio de arrojar un crucifijo por el balcón o la de tantos y tantos ministros del Señor que con olvido de sus más elementales deberes apostólicos se dedican a soliviantar al pueblo, colaborar con el terrorismo, organizar manifestaciones políticas y pedir a gritos la dimisión de sus superiores, etcétera.

Estas son, entre otras, las alegaciones que nos creemos en el deber de conciencia de hacer constar, respetuosamente, ante la Secretaría del Obispado de Santander.

10 de octubre de 1968. — F. Sánchez Ventura y A. Miranda de Santiago.

TEXTO DE LA CARTA DIRIGIDA AL OBISPO DE SANTANDER POR UNA GARABANDALISTA DE BUENOS AIRES

«Buenos Aires, 15 ,de octubre de 1968. — A su Excelencia Rvdma. Monseñor José María Girarda Lachinde, — Santander.

De mi mayor consideración.

El pasado domingo 13, hablando con España por radioaficionado, nos informamos de la nueva prohibición del Obispado de Santander, con respecto a Garabandal. No quisimos dar crédito. Pensamos en una mala interpretación, por lo que nos reservamos la información, esperando noticias más claras. A los dos días teníamos el recorte del diario "Ya". No queríamos dar crédito entonces a nuestros ojos. Pero de inmediato vino a la memoria el anuncio de la "niña" que circula en los libros: "El Obispo (que estará para el milagro que será muy próximo), al principio no creerá, pero luego recibirá una prueba personal y levantará la prohibición".

Monseñor, nos mandan callar. Habría que ordenar a Ella, no continuar con las gracias y milagros y conversiones que realizan en el mundo los objetos besados por Ella en Garabandal.

No dudo de que María ya está en la tierra realizando su obra de los últimos tiempos, anunciada por tantos santos. Garabandal es para María, lo que Jerusalén fue para Cristo. Ha llegado la hora del triunfo de María, y como en aquel momento de la vida de su Hijo, si calláramos nosotros gritarían las piedras. Allí también se pidió a Cristo hiciera callar a sus discípulos.

También como entonces el triunfo va mezclado con voces de odio y rumores de muerte. Pero el triunfo es seguro, a pesar de la muerte, a pesar de la sepultura y a pesar de los Judas y sus monedas. Es cuestión de que cada uno tome posiciones, y se ubique a sí mismo, en esta otra Redención por María, en la que como en la de su Hijo, nadie podrá sustraerse o evitar responsabilidades.

Si no fuera por el profundo respeto que profeso a S. E. como obispo de la iglesia y como Obispo privilegiado de Garabandal, firmaría ésta con el nombre de 'La Burra de Balaham", porque creo estar reemplazándola; ahora como entonces, no dejó de ser tal el profeta, ni tampoco la burra.

Monseñor, si S. E. cree que algún garabandalista español se extralimita, perdónelo; es el resultado de ese empuje de la valiente sangre española, que logra todo lo que se propone, ya se trate de conquistar y colonizar todo un continente, como de rematar al comunismo en la patria, convirtiéndose en faro de luz de un mundo en tinieblas; quizá sea éste el motivo de la elección de la Señora.

No pido ni espero su respuesta a ésta ni a la anterior como no la pidió ni esperó la burra. Pero los garabandalistas, hermanos en la fe, piden y esperan el diálogo, tan de moda y tan justo, que se brinda gratuitamente a los que no lo piden y persiguen nuestra fe.

Si S. E. nos pidiera el silencio, para comenzar de inmediato un estudio de justicia a los hechos de Garabandal, créame, Monseñor, que entonces, hasta las burras callarían.

Pidiéndole a la Santísima Virgen apure su prueba personal, que le dará toda la valentía para no ceder a nuestras presiones, ni a las de los otros, sino sólo a las de Ella, le saludo rogándole me perdone.

A. S. R. de Castany. — R. José Hernández, 2535 Buenos Aires (Argentina)».